Political Economy of War on Terror

対テロ戦争の政治経済学

終わらない戦争は何をもたらしたのか

延近 充
Mitsuru Nobuchika

明石書店

◉目次

対テロ戦争の政治経済学——終わらない戦争は何をもたらしたのか

はじめに――本書の課題と分析視角

本書は、二〇〇一年のいわゆる九・一一同時多発テロをきっかけとして、ブッシュ大統領が開始を宣言した対テロ戦争（War on Terror）を政治経済学の視角から考察しようとするものである。その本題に入る前に、対テロ戦争を取り扱う政治経済学とはどのようなものなのか、また、なぜ対テロ戦争を政治経済学の視角から考察する必要があるのかについての私の考えを説明しておく必要があるだろう。

対テロ戦争を分析する政治経済学の基本視角とは？

政治経済学は英語ではPolitical Economyで、もともと古典派経済学やマルクス経済学など「経済学」そのものを指す用語であった。現在では、経済現象を純粋な経済要因以外の広い視野から分析する学問として様々な学派が存在している。私はマルクス経済学を専門とし、マルクス経済学の理論と方法に基づいて現代経済を研究しているが、政治経済学の性格についてはマルクス経済学界でも多様な考え方がある。読者のなかには経済学を学んだことのない方もおられるだろうから、まず経済学とは一般的にどのような学問なのかということから説明しよう。

① 経済学とはどんな学問なのか

経済学は人間の経済活動の法則を社会科学として分析する学問である。経済活動とは、衣食住など人間が生活していくために必要なものを労働によって生産し、その労働生産物を自分で消費するか、あるいは他人が生産した労働生産物と交換し合って消費することである。消費には次の生産期間以降も生産を繰り返す（再生産）ための生産的消費も含まれる。個々人が必要とするものはその種類も量も様々であるし、他人の生産物との交換も頻繁にではなく偶然的に行なわれるのであれば、その交換比率も一定しないであろう。例えば、農村と漁村との間で生産物の交換が行なわれるのが豊作と豊漁の場合だけで、それぞれの村で消費しきれない分だけが交換の対象となる場合である。

人間の経済活動の総体としての経済現象が一定の法則性を持って運動するようになるのは、資本主義経済が成立してからである。「経済学の父」と呼ばれるイギリス人のアダム・スミスが『諸国民の富』を書いたのは一八世紀後半であるが、この時期はイギリスで産業革命が進展し資本主義経済がイギリス経済において主要な位置を占めはじめた時期である。資本主義経済が発展したことによって経済現象の運動が法則性を持つようになったからこそ、その法則を社会科学的に分析する経済学が成立したのである。では資本主義経済の運動が法則性を持つのはなぜだろうか。それは資本主義経済が市場を舞台とする商品生産社会であり、商品の生産や売買が利潤を目的として競争的に行なわれる、という二つの特徴を持っているからである。

商品生産社会では、生産者や消費者それぞれの関係は人と人との直接の関係としてではなく、商品の生産と交換の関係として現れてくる。商品交換が普遍的なものになれば、商品の交換比率すなわち価格は交換が行なわれる場としての市場で決まり、商品に対する需要と供給の大小によって価格が変化することになる。こうして商品はその生産者の個性や主観からは独立し、商品価格は需要と供給の変化という客観的な要因に基づいて運動をするようになる。つまり、経済現象があたかも自然現象であるかのように運動を行なうようになり、その結果、商品とその価格の運動が逆に人々の意識と行動を支配することになるのである。

商品生産社会では、個々の経済主体（生産者・消費者または供給者・需要者）は直接的には自分の意思と判断にしたがって、自己の利益を求めて経済活動を行なっているのだが、そのような経済主体が多数存在することによって、その判断や行動は個別的な差が相殺されて平均化されていく。さらに自己の利益追及という目的にもっとも適合する行動をとるものが優勢となり、逆にその目的に適合しない行動をとるものは淘汰されていくという競争の作用によって、経済主体の行動自体が同一の方向性を持つようになっていく。

したがって、経済主体全体として生み出されてくる運動も、ある条件が与えられた場合あるいはその条件が変化した場合には必然的に一定の方向に進むというように、規則性を持って反復するものとなる。また長期的にその運動が反復されるなかで、経済主体の運動の場である市場や経済主体の性質自体を一定の方向へ変化させることも起こってくる。これが資本主義経済の運動が法則性を持つということである。

この法則を社会科学的に分析し明らかにするのが経済学なのであるが、分析の対象が人間の活動である経済現象であるから、自然科学のように様々な条件を与えて実験をし、法則を純粋な形で取り出すという方法をとることはできない。現実の複雑な経済現象のなかから法則性を抽出して理論化するための大前提は、現在進行中の経済現象はもちろん歴史的な事実も含めて、まず現実を知ることである。様々な統計データやフィールドワークなどによる事実の収集、つまり豊富な現実認識である。

そのうえで、その現実認識のなかから、ある国や地域に特有の例外的な現象や法則の攪乱要因などを排除して、より本質的で一般的な関係を取り出す必要がある。理論的抽象力を用いた取捨選択の作業である。つまり、豊富な現実認識に基づいて理論的抽象力によって資本主義経済の運動法則を明らかにし、その法則を理論的基礎として歴史の解釈や現状分析、政策提言を行なうのが経済学である。(1)

② 現在主流となっている経済学の問題点

現在、主流となっている経済学では、数学や統計学をツールとして理論モデルを構築し、そのモデルから法則を導き出して現状分析や政策提言の理論的基礎とするという方法がとられている。理論モデルの構築にあたっては、やはり現実の経済現象を集めてモデルに反映させることになるが、こうした方法による経済学では、数学や統計学の言葉で表せるように、多様な経済現象を経済学者の頭脳の中で取捨選択し抽象化することになる。

例えば、人々が生活していくために衣食住など様々な商品を購入する場合、個人個人は自分の好みや習慣などに基づいて、どんなものをどれだけ消費するかを自分の収入と照らし合わせて選択するのだが、一般的な経済学では、消費者は自分の効用を最大化するように選択すると想定する。また商品を生産して販売する企業は、どのような商品をどんな生産方法を用いてどれだけ生産するかを選択する際に、自らの利潤を最大化するように行動すると想定する。こうした個人や企業という経済主体の行動の総体として雇用や所得はどのように変動するのか、それが経済全体の運動にどのような影響をもたらすのかなどを、モデルを使って分析するわけである。

現実の経済を数学的なモデルに抽象化して分析するという方法によって経済学は発展し、現状分析や政策提言も精緻化されてきたといえるのだが、この抽象化には両面性がある。モデル化のために現実の経済現象を取捨選択する際には、前述のように、ある国や地域に特有の例外的な現象は捨象されることになるし、政治的要因や文化的要因によって経済の法則性が阻害されていると考えられる場合にも、そうした要因は捨象される。こうした取捨選択によって経済法則は一般化され、そのことによって例外的な現象はなぜ例外なのか、経済外の阻害要因がなければ経済はどのように運動すると考えられるかが明らかになる。これは、抽象化・一般化のプラスの側面といえる。

しかし、経済は政治や文化とまったく独立して存在しているわけではない。経済が政治や文化などと切っても切れないほど密接に不可分なものとして運動している場合、これらの要因を経済学者の頭脳の中で経済外要因として捨象してしまえば、現実の経済を社会科学的に分析する学問としての経済学は有効性を失ってしまう危険性がある。経済分析のツールとしての数学や統計学は有意義であるが、両者ともに抽象的な学問であるだけに、前提や条件の設定しだいで結論は大きく左右され、現実と乖離したものとなる可能性があるからである。経済と不可分の政治的要因や文化的要因を、数式モデルに反映するのが方法的に困難だからという理由で排除したとすればなおさらである。

③　現代の経済を分析するために必要な視角

このことはどのような国・地域のどの時代の経済を分析する際にもあてはまるのであるが、特に第二次世界大戦後の経済を対象とする場合には決定的に重要となる。例えば、大戦後のアメリカ合衆国（以下アメリカと表記）は、戦場となったヨーロッパ諸国と対照的に圧倒的な経済力を持つことになり、その群を抜く国際競争力によって巨額の貿易黒字国となった。しかし戦争終了からわずか二五年余りの一九七一年に貿易収支は赤字になり、その後第一次石油危機前後の例外を除いて、現在に至るまで巨額の貿易赤字を計上し続け、一九八〇年代後半には対外債務が債権を上回る純債務国に転落した。一方、日本は戦後わずか一〇年の一九五五年から約一五年間、実質年率一〇％前後の経済成長を実現した。貿易収支は六四年以降恒常的に黒字となり、六五年には対米貿易収支も黒字となった。

この日米両国経済の対照的なパフォーマンスの違いは、抽象的な経済モデル・理論では到底説明できるものではない。着目すべきなのは、経済外的要因としての国際政治・軍事要因である。日本が急速な戦後復興を遂げた要因として重要なのは一九五〇年に始まった朝鮮戦争である。占領軍として日本に駐留していた米軍が朝鮮半島で軍事行動を行ない、日本は後方支援基地として機能したために（当時の日本経済の規模としては）巨額のドル収入を獲得することができた（いわゆる朝鮮特需）。そのドルで外国技術を導入し戦争で荒廃した生産設備を革新（いわゆる合理化投資）したことによって、五五年以降の高度経済成長の基盤が作られたのである。経済成長率は六四年の東京オリンピック後に低下するが、六五年以降には輸出拡大をテコとして六〇年代前半以上の高い経済成長率を記録する。この輸出拡大はアメリカのベトナムへの本格的な介入＝ベトナム戦争を背景として、ベトナム周辺諸国やアメリカへの輸出が急増したことが最大の要因である。

アメリカの貿易収支が赤字に転化したもっとも重要な要因は、第二次世界大戦後の新たな国際政治・軍事状況としての米ソ間の冷戦である。大戦によってアメリカ以外の資本主義国は荒廃状態となった一方、東欧諸国が社会主義国になりアジア諸国でも社会主義をめざす動きが強まって、社会主義は戦前のソビエト社会主義共和国連邦（ソ連）一国から世界的な体制となっていった。こうした資本主義の体制的危機に直面したアメリカは、社会主義に対抗し西欧や日本の資本主義体制を再建し強化していくために、主導的役割を担って新たな資本主義世界体制を作り上げていったのである。冷戦は、資本主義と社会主義というイデオロギーおよび政治・経済体制間の妥協不可能な対立であることに加えて、米ソが核兵器を中心とする軍拡競争を繰り広げていったことを特徴としている。朝鮮戦争とベトナム戦争はこの冷戦の一環なのであるから、戦後の日本経済の復興と高度成長を冷戦との関係を除外して説明することはできないのである。

軍事力・軍事支出は、経済学的にみれば何らの国富を生み出さずに、国家の資本・労働を浪費するものである。このことは前述のアダム・スミスが一八世紀にすでに論じている。実際、米ソの軍拡競争は両国の経済力を侵食していった。その現れがアメリカの国際競争力の相対的低下による貿易赤字の累増、純債務国への転落である(2)。軍拡は経済に悪影響を及ぼすことは経済学的には自明であるにもかかわらず、なぜアメリカは軍拡競争に邁進したのか、そしてこの軍拡競争はアメリカ経済のみならず世界経済にどのような影響をもたらしたのか。これらを考察することは、戦後の経済を分析する際には必要不可欠となる課題なのである。[3]

以上のように、第二次世界大戦後の世界経済や各国経済を分析する場合、国際政治や軍事要因を含む多面的で総合的な視角が必要となる。こうした視角に基づく経済学を、純粋に経済的要因のみに限定して経済を分析する学問としての経済学と区別して、政治経済学と呼ぶことにすると、対テロ戦争の考察においても政治経済学的視角による分析が必要となる。九・一一同時多発テロを実行したとされるイスラム武装組織のアルカイダ[4]はソ連のアフガニスタン侵攻への対抗として設立されたが、アメリカは彼らを支援して育成したこと、イスラム革命によって反米に転じたイランに対抗させるために、アメリカはイラクのフセイン政権の軍事力強化を支援したこと、イラクのクウェート侵攻後のアメリカの対中東政策が、アルカイダのオサマ・ビンラーデン最高指導者の反米意識を強めて九・一一同時多発テロの誘因となったこと、国際連合安全保障理事会（以下では国連安保理、または安保理と表記）の大勢が反対するイラク攻撃をアメリカが強行した真の理由がアメリカ経済の繁栄を維持するためだったこと（第3章で詳述）、その結果がアルカイダから派生した「イラクとレバントのイスラム国（ＩＳＩＬ）」[5]の台頭をもたらしテロの危険を世界に拡大したこと。これらが、対テロ戦争を前述の政治経済学によって分析する必要性を示唆している。

対テロ戦争とはどのような戦争なのか？

対テロ戦争とは、一般には次のような戦争と理解されていると思われる。二〇〇一年の九・一一同時多発テロをきっかけに、ブッシュ大統領が対テロ戦争の開始を宣言した。そして、アフガニスタンのタリバン政権がこのテロ攻撃を首謀したオサマ・ビンラーデンを庇護しているとして、同年一〇月に、タリバン政権打倒を目的とするアメリカ主導のアフガニスタン攻撃によって、対テロ戦争が実際に開始された。二〇〇三年三月には、イラクのフセイン政権が大量破壊兵器（WMD、生物・化学・原子力の三種類の兵器の総称）を保有または開発しようとしているとして、アメリカ主導の有志連合国軍がフセイン政権打倒を目的にイラク攻撃を開始した。タリバン政権もフセイン政権もまもなく崩壊したが、両国内でのテロ攻撃は沈静化せずに戦争は長期化・泥沼化し、やがてこの戦争は中東全域とアフリカにまで拡大した。さらに欧米諸国でもイスラム原理主義的組織の影響を受けたとみられるテロが頻発し、対テロ戦争は世界的な広がりを持つようになっている。

しかし、タリバン政権への攻撃は、たとえオサマを庇護していたとしても、タリバン自体が九・一一同時多発テロを計画したり実行したりしたわけではなく、アフガニスタンを実効支配する国家体制に対する攻撃である。またフセイン政権への攻撃もイラクを政治的正当性をもって統治する国家体制への攻撃であって、テロ勢力自体に対する攻撃とはいえない。したがって、アメリカ主導のアフガニスタン攻撃やイラク攻撃を対テロ戦争とするのは適切ではない（第1章、第2章）。

タリバン政権打倒後のアフガニスタンは、NATOを中心とする国際社会の支援の下でカルザイ暫定政権が成立し、戦後復興と国家体制の再建が進むと期待された。しかし、二〇〇五年頃からタリバン勢力が復活し、アフガン政府や多国籍軍に対する攻撃が多発するようになった。アフガン治安部隊員や多国籍軍兵士の死者が急増し、コラテラル・ダメージ（collateral damage, 軍事力行使にともなう付随的被害）としての民間人死者も増加していった。このため、米軍・NATO軍は復興だけでなく、武装勢力との戦闘に力を注がなければならなくなった。この状況こそが対テロ戦争の開始といえる。ただし、タリバン側の立場からは、多国籍軍のアフガニスタン攻撃とその後の占領という「侵略」行為に対する防衛戦争という認識であろう。どちらの立場からみるかによってこの戦争の性格は異なることになる。そこでタリバン政権崩壊後の戦争状態を「対テロ戦争」とカギ括弧付きで表記し、ブッシュ大統領が開始を宣言した対テロ戦争は〝対テロ戦争〟と表記することにする。テロという語も立場によって性格が異なる可能性がある場合には「テロ」と表記する（第1章）。

イラクでも、フセイン政権打倒後の国家体制の再建・再編への取り組みが始まった矢先の〇三年八月にはバグダッドの国連機関への「テロ」攻撃が実行され、その後フセイン政権軍の残党やイスラム教シーア派（シーア派はスンニ派とともにイスラム教の二大宗派で、両者は対立関係にある。以下ではイスラム教を省略して、単にシーア派、スンニ派と表記する）の反米勢力などによるイラク政府・占領軍に対する攻撃が急増していった。このイラク国内の混乱と治安悪化に乗じて侵入し、勢力を拡大したアルカイダなどの武装組織による攻撃も多発するようになったために、有志連合国軍は「テロ」勢力との戦闘に注力することを余儀なくされた。もちろんアフガニスタンと同様に、この戦闘にともなって兵士だけでなく民間人の犠牲者も急増していった。これがイラクにおける「対テロ戦争」の開始である（第4章）。

つまり「対テロ戦争」とは、ブッシュ政権が軍事力によってアフガニスタンとイラクの国家体制を破壊した結果として、両国内での反米意識の高まりを基盤として反米武装組織の勢力拡大を招いて始まった戦争なのである。外国軍は最新かつ強力な武器を装備しているにもかかわらず、武装勢力のゲリラ的攻撃戦術によって「対テロ戦争」に勝利することはできず、戦争は泥沼化し長期化していった。多数の犠牲者や戦費の負担に耐えられなくなった各国軍は撤退を急ぎ、両国の復興や国家体制の再編の責任を放棄して治安の責任を現地政府に委ねる方針をとったが、これは事態をさらに悪化させた。

イラクではシーア派主体の政府のスンニ派抑圧政策によって、スンニ派の不満は高まり反政府活動が拡大するなかで、ＩＳＩＬが、シリア北部からイラク北部・西部の広大な地域を実効支配し、一四年六月にカリフ制国家「イスラム国（ＩＳ）」の樹立を宣言するにいたった。ＩＳは、中東地域の現在の諸国家や国境は、第一次世界大戦以降にヨーロッパ列強がオスマン帝国領を恣意的に分割したものとして、武力行使を含む手段によってイスラム世界を統一すると主張している。ＩＳの主張に共鳴して世界各地から多数の外国人もＩＳに参加し、軍事物資の生産や独自の通貨を発行するなど「疑似国家」としての体制作りが進められた。

アフガニスタンでもピーク時で約一六万人が駐留していた米軍・ＮＡＴＯ諸国軍が戦闘・治安維持任務から次々と撤退し、一四年末にはアフガン治安部隊の訓練目的の部隊約一万三〇〇〇人規模に縮小した。これ以降、タリバンなどの反政府武装組織の支配地域は拡大し、ＩＳ系武装勢力も侵入してその勢力を拡大していった。一七年末時点で政府が掌握している地域は全国土の六割に満たない状態である。中東地域だけでなく、アフリカやアジアでもＩＳに忠誠を誓うイスラム武装組織が増加している。

米軍中心の有志連合国軍はＩＳに対する空爆を一四年八月から開始し、シーア派民兵部隊や部族民兵部隊も政府軍に協力して、ＩＳ支配地域の奪還作戦も開始された。ＩＳは油田地帯の喪失と原油価格の低下によって経済的基盤を失ったこともあって、その勢力も支配地域も急速に縮小していった。イラクやシリアでのＩＳの勢力縮小と対照的に、同時期には欧米でＩＳの主張に共感したと思われる「テロ」が多発するようになる。制空権を持たず、住民の支持も失った疑似国家としてのＩＳは一七年末までに崩壊したが、それはＩＳ的な反欧米思想の消滅を意味しないから、「テロ」はむしろ世界に拡散していく危険性をはらんでいる（第４章）。

本書が明らかにしようとすること

ブッシュ大統領は、二〇〇九年一月の退任演説でフセイン政権打倒によって「世界はより安全になった」と宣言したが、現実は逆である。アフガニスタン攻撃とイラク攻撃によって、「対テロ戦争」という「終わらない戦争」に点火し、世界をより危険にしてしまったのである。では、なぜ「対テロ戦争」は「終わらない」のか、またアメリカはなぜ「テロ勢力」そのものではなく、アフガニスタンやイラクの国家体制に対して戦争を仕掛けたのか。特にイラクに対しては国連安保理の明示的な決議もなく、攻撃の大義名分としたフセイン政権のＷＭＤ開発疑惑の根拠は薄弱あるいは虚偽で、国際社会の大勢が攻撃に反対であったにもかかわらず、攻撃を強行したのはなぜか。そして、攻撃強行の結果としての「対テロ戦争」は何をもたらしたのか。これが本書で考察する主題であるが、この考察のためには、アメリカ主導で構築された戦後資本主義世界体制の性格を分析し、この体制の構造的危機の現れの一つとして「対テロ戦争」をとらえる必要がある。その理由は以下のとおりである。

戦後資本主義世界体制は、冷戦体制と国際経済体制という二本柱を特徴としている。冷戦体制はアメリカの核戦力を基軸とするグローバルな反共軍事同盟のネットワークであり、国際経済体制は国際通貨基金（IMF）を基軸とする資本主義諸国の戦後復興と経済成長の枠組みである。この二本柱は相互に関連しつつ、圧倒的な経済力を持つアメリカのドルを国際間の取引に使われる基軸通貨として資本主義体制を再編し、社会主義体制に対抗するとともにアメリカの国益を維持・拡大する基盤となった。

アメリカの国民通貨であるドルが基軸通貨となったことには重要な意味がある。アメリカ以外の諸国が商品を輸入するためには自国通貨をドルに交換して支払わなければならないから、基本的に輸出などで受け取るドルの額以上に輸入することはできない。しかし、アメリカの場合は国内で使用されているドルをそのまま国際取引でも使用できるから、外国から商品を輸入する場合の代金も、米軍が海外で活動する場合の費用も、比喩的にいえばドル紙幣を印刷して支払えばよいのである。輸出などで受け取るドルよりも支払うドルの方が多い場合、つまり国際収支が赤字でも取引相手がドルを受け取ってくれる限り、問題は生じない。これが基軸通貨特権である。特にアメリカはドルと金との交換を約束し、圧倒的な生産力を持っていたから、各国は経済復興に必要な様々な商品やサービスをアメリカから輸入するために積極的にドルを受け取ったのである。

しかし、前述のようにアメリカ経済が相対的に衰退した結果、一九七〇年代初めに貿易収支は赤字となり、ドルと金との交換も停止した（いわゆるニクソン・ショック）。ドルの基軸通貨としての地位が揺らぐことになったのである。さらに八〇年代、レーガン政権のもとで貿易赤字はさらに膨大となり、サービス収支や海外投資による所得収支を含めた経常収支も赤字となった。九〇年代のクリントン政権期のアメリカ経済は長期にわたって好況が続いたが、経常赤字は増加し続けた。経常赤字とは輸入などによる外国への支払い額が輸出などによる受取り額を上回っている状態であるから、赤字を埋め合わせる（ファイナンスする）ような資金の流入がなければ、一国が経常赤字を長期にわたって継続することはできない。実際、九〇年代後半、タイやインドネシア、韓国などアジア諸国が経常赤字を外国資本の流入でファイナンスすることができなくなり、通貨暴落の危機に陥った。この危機を収拾するためにこれら諸国はＩＭＦから資金提供を受けたが、その際には厳しい経済の引き締め政策が義務づけられ、国内景気は後退し賃金低下や失業の増大など、国民生活は深刻な影響を受けた。

一方、アメリカが膨大な経常赤字を長期間継続し、そのもとで「豊かな生活」・「経済的繁栄」を享受できているのは、言い換えれば国内で生産する以上に大量の商品やサービスを輸入し続けていられるのはなぜだろうか。それはドルが国際取引を媒介する基軸通貨として機能し、経常赤字によって国外に流出したドルがアメリカ国内に投資され、還流する循環が形成されたからである[6]。つまり、ドルが貿易取引や資本取引に使用されて基軸通貨という地位にある限りは、他国と違って経常赤字を継続できる特権を持つが、その地位が失われればアメリカの「繁栄」は瓦解することになるのである。

このドルの基軸通貨としての地位を危うくする事態が二〇世紀末に発生する。九九年一月の欧州連合（ＥＵ）内一一カ国による共通通貨ユーロの使用開始と、二〇〇〇年一〇月の「食料のための石油計画（ＯＦＰ）」に基づくイラクの石油売却代金をフセイン政権の要請によってユーロ建てに変更する決定である。さらにイランも〇二年一〇月から石油輸出のユーロ建てへの変更を予定していたから、この動きが中東産油諸国に連鎖的に拡大し石油取引におけるドルの地位が大きく揺らぐ可能性を秘めていたのである。これこそが、アメリカがイラク攻撃を強行しなければならなかった経済的理由である。イラク攻撃によってフセイン政権を打倒し、石油取引をドル建てに戻してドルの基軸通貨特権の危機を回避しようとしたのである。ブッシュ政権にとって、イラク攻撃の強行はアメリカの「繁栄」を維持するための「合理的」な選択だったのである（第3章）。

アフガニスタンでもイラクでも「対テロ戦争」が泥沼化するなかで、アメリカは米軍の早期撤退を進めていくが、その背景にもドルの基軸通貨特権の維持という要因が存在している。〇七年半ばからサブプライム住宅ローンの返済不能に起因する金融機関の経営危機や破綻が相次ぐようになり、〇八年九月にはアメリカ投資銀行第四位のリーマン・ブラザーズが倒産したことをきっかけに金融危機が発生した。金融危機は、GMやクライスラーのような巨大企業が実質的に倒産に追い込まれたように経済危機に発展していった。巨額の財政支出と大規模な金融緩和によって一九二九年のような恐慌の再現は避けられたが、連邦政府の財政赤字は急増した。

財政赤字が増え続ければアメリカ国債が債務不履行となるリスクが高まるし、金融・経済危機によって株価も暴落していたから、外国の対米投資が縮小してドル離れが進む可能性がある。そうなればドル安のスパイラルが発生しドル大暴落の危険性、つまり経常赤字をファイナンスする資金循環が崩壊する危険性が高まったのである。この事態を避けるためには、財政赤字と経常赤字の増大を抑制してドル離れを防ぎ、ドルの基軸通貨としての地位を維持する必要がある。これがオバマ大統領が「イスラム社会との和解」を掲げて、米軍のアフガニスタンとイラクからの早期撤退を実現しようとした経済的理由である。財政赤字と経常赤字増大の要因である「対テロ戦争」のための戦費を削減することが喫緊の課題だったのである。

しかし、前述のように「対テロ戦争」が泥沼化するなかでの米軍の早期撤退はＩＳの台頭を招き、「対テロ戦争」はグローバルに拡大していった。二〇世紀が、二度の世界大戦と米ソ冷戦という大国間あるいは大国を中心とする同盟諸国間の戦争によって、世界が劇的に変化したという意味で「戦争の世紀」と呼ぶことができるとすれば、二一世紀は「対テロ戦争」という大国と非国家勢力との戦争の世紀となるかもしれない（第６章）。

二一世紀が「対テロ戦争」の世紀となったとすれば、日本の安倍晋三政権が日米同盟を強化して進めようとしている「積極的平和主義」は、アメリカに追従する立場からこの戦争に関わらざるを得ないものとなる。本書の最後で、日本にとってこの方向での「対テロ戦争」への関わりがどのような意味を持つのか、国民にとってどれほど危険なものとなるのかを明らかにし、日本が進むべき道を考察する（第７章）。

なお、本書での「対テロ戦争」に関係する事実は、注記したもの以外は私が作成しウェブ上で公開している「イラク戦争を考える」（http://web.econ.keio.ac.jp/staff/nobu/）の「〈資料〉『対テロ戦争』関連年表」に基づいている。「対テロ戦争」の事実関係について、より詳しくはこちらを参照していただきたい。この「年表」は、アメリカのイラク攻撃が現実化しようとしていた二〇〇三年二月から、その状況と経過を資料として記録しておこうと考えて、マスメディアの報道をもとに作成を始めたものである。当初は新聞報道だけであったが、事態の進展とともに各国政府機関、国際機関、報道機関、民間団体等のウェブサイトも参照するようになった。依拠したウェブサイトは巻末に掲げた一覧表を参照していただきたい。

1　経済現象の法則性や経済学の方法について、より詳しくは延近『21世紀のマルクス経済学』（慶應義塾大学出版会、二〇一五年）の序章をお読みいただきたい。

2　ソ連の場合は過度の軍事力・軍事支出の負担に耐えられず、ゴルバチョフ共産党書記長による改革を経て、経済的困難が政治的な不安定ももたらして、国家自体が消滅するにいたった。

3　この課題についての私の見解は、『薄氷の帝国 アメリカ――戦後資本主義世界体制とその危機の構造』（御茶の水書房、二〇一二年）で展開した。また、マルクス経済学の理論を戦後のアメリカ経済と日本経済の分析に応用して解説した前掲『21世紀のマルクス経済学』も参考にしていただきたい。

4　日本ではアルカイダの他にアル・カーイダなどと表記されることもあり、後者の方がアラビア語の発音に近いようであるが、日本のマスメディアの多くは英語表記の発音による前者の表記となっている。本書ではアラビア語の人名・地名など固有名詞は原則として英語表記の発音で表記する。

5　日本のマスメディアでは「イラクとシリアのイスラム国（ＩＳＩＳ）」としているものが多いが、原語はシリアではなくレバノン、パレスチナ、ヨルダンなど地中海東部沿岸地方を指す「シャーム」である。ＩＳＩＬの認識は、この地方をこれらの国々に人為的に分割したのは欧米キリスト教諸国（十字軍）であり、イラクとこの地方を自らの手に取り戻すという意図を含んでいると思われる。ＩＳＩＳと表記すれば現在の国名のシリアだけを指すことになり、レバントとするほうが適切と思われる。

6　第３章で述べるように、この資金循環は経済学的にみて決して安定的なものではなく、ドルのアメリカへの還流をもたらす経済的要因が弱まれば崩壊する危険性を秘めているため、私は「危うい循環」と呼んでいる。

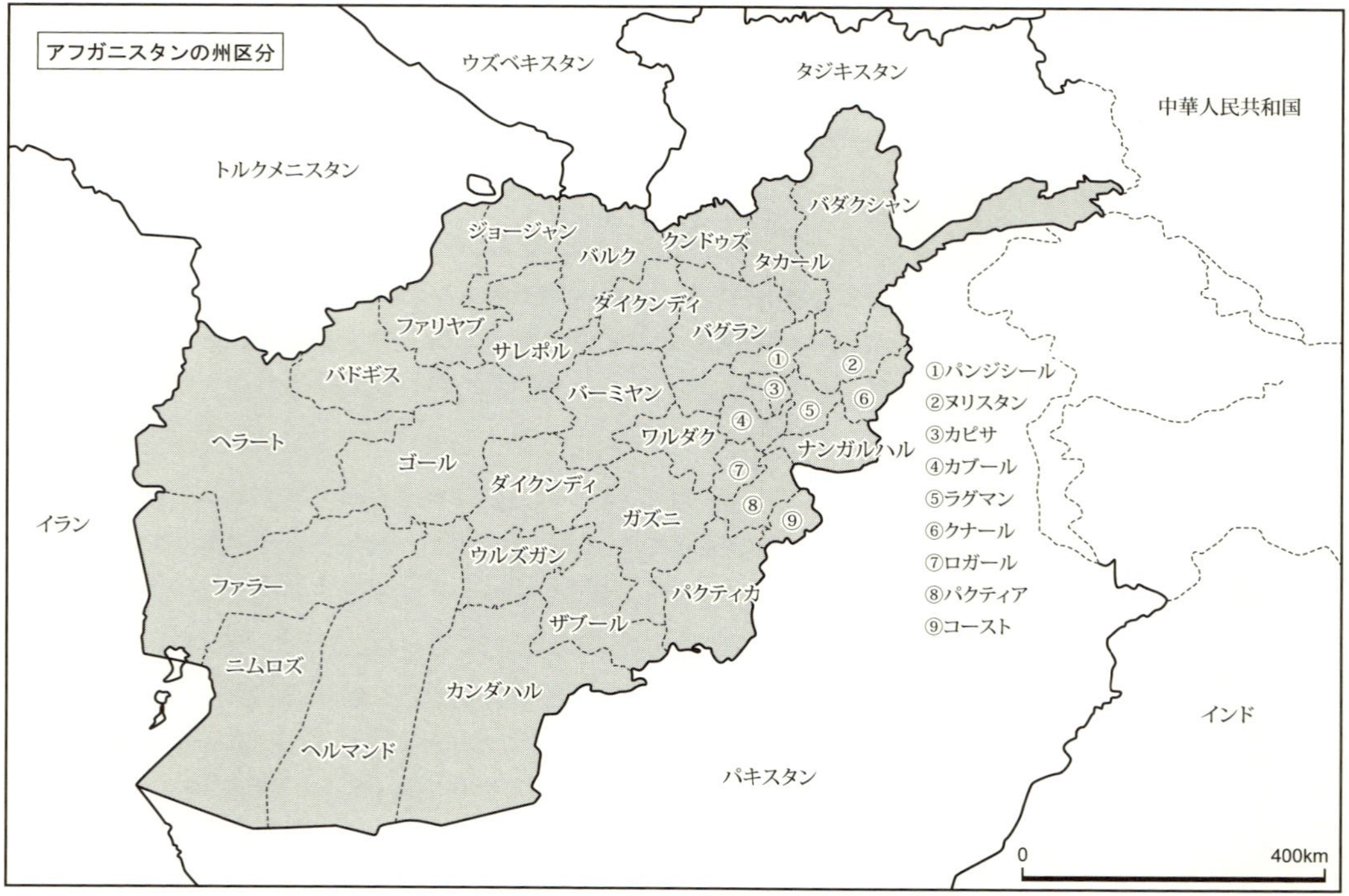
アフガニスタンの州区分
ウズベキスタン
タジキスタン
中華人民共和国
トルクメニスタン
イラン
パキスタン
インド
ジョージャン
バルク
クンドゥズ
バダクシャン
タカール
ダイクンディ
ファリヤブ
サレポル
バグラン
バドギス
バーミヤン
ワルダク
ナンガルハル
ヘラート
ゴール
ダイクンディ
ガズニ
ウルズガン
ファラー
パクティカ
ザブール
ニムロズ
カンダハル
ヘルマンド
①パンジシール
②ヌリスタン
③カピサ
④カブール
⑤ラグマン
⑥クナール
⑦ロガール
⑧パクティア
⑨コースト
0
400km

第1章　アフガニスタンにおける「対テロ戦争」

一九八九年一二月の米ソ首脳によるマルタ会談で冷戦終結が公式に宣言され、九一年一二月にはソ連という国家自体が消滅したため、アメリカは世界で唯一の軍事超大国となった。さらに、九〇年代、クリントン政権のもとでアメリカ経済は長期にわたる持続的経済成長を実現し、グローバリゼーションと膨大な金融取引に依拠した経済的「繁栄」を謳歌していた（↓第3章）。軍事的にも経済的にも世界一の超大国としてその覇権を揺るぎないものにしたかにみえたこの時期、一方では、左の年表のように非国家勢力による反米テロが続発するようになっていた。

一九九二年一二月二九日　イエメン・アデンのホテルでの米軍標的の爆破事件
一九九三年二月二六日　ニューヨーク世界貿易センタービル地下駐車場での爆破事件
一九九四年一一月一二日　フィリピンでのクリントン大統領暗殺未遂事件

一九九五年六月二六日　エチオピア訪問中のムバラク・エジプト大統領暗殺未遂事件
一九九六年六月二五日　サウジアラビア駐留米軍の宿舎爆破事件
一九九八年八月七日　ケニアおよびタンザニアのアメリカ大使館爆破事件
二〇〇〇年一〇月一二日　イエメン・アデン湾に停泊中の米海軍イージス駆逐艦コール爆破事件

これらは、いずれもアルカイダ・グループが実行または関与したテロ事件とされている。アルカイダは、ソ連のアフガニスタン侵攻に対して、オサマ・ビンラーデンらがソ連軍に抵抗するムジャヒディン（聖戦士）を支援するために設立した組織を前身とする。サウジアラビアはアフガニスタンの対ソ連抵抗運動を支援することを決定し、建設業によって財閥となっていたビンラーデン一族に支援を要請、オサマ・ビンラーデンがサウジアラビア代表としてアフガニスタンに派遣された。オサマは個人資産でムジャヒディンを支援するとともに、パキスタン北西部ペシャワールにアルカイダの前身であるマクタブ・アルヒダマト（Service Bureau, 軍務局）を設立し、ムジャヒディン支援のための資金集め、武器の供給、アラブ世界からの義勇兵の募集などを行なった。アメリカのＣＩＡはソ連との対抗のために、オサマを含めてムジャヒディン側に二一億ドルに上る資金援助を行なったといわれている。

この資金援助はソ連のアフガニスタンからの撤退にともなって打ち切られた。オサマは、湾岸戦争に際して米軍がイスラム教の二大聖地のあるサウジアラビアに大軍を駐留させ、戦争後も米軍基地を拡張・強化し、サウジアラビア王室もサウジ防衛の名のもとに異教徒の軍隊（オサマによれば十字軍）

の駐留を承認したことから、反米・反サウジアラビアに転じたといわれている。

冷戦終結後のアメリカの安全保障戦略として、クリントン政権は国家に支援されたテロリズムへの対処を重要課題の一つとしていたのだが、右の年表をみれば反米テロの抑止に成功しなかったことが明らかである。というよりも、もともと少人数で自爆もいとわずに様々な手段を用いて、多様な標的に対して実行されるテロ攻撃を未然に防止するのは不可能といえるほど困難なことである。ただし、これらのテロ事件は死傷者が出たとはいえ小規模で個別的な犯罪レベルであったから、アメリカの覇権と国家安全保障を揺るがすと受け取られるようなものではなかった。

しかし、二一世紀に入ってクリントン政権からブッシュ（第四三代大統領）政権に代わり、九〇年代のアメリカ経済の好調も終わりを迎えていた二〇〇一年九月一一日、アメリカ経済の「繁栄」の象徴的存在であるニューヨークの世界貿易センタービルに、ハイジャックされたボーイング七六七型旅客機二機が相次いで突入して爆発炎上し、ツイン・タワーのビルはまもなく崩壊した。ツイン・タワーへの旅客機の突入から数十分後、アメリカの強大な軍事力の要であるワシントンDC郊外の国防総省本庁舎に、やはりハイジャックされたボーイング七五七型旅客機が突入した。ハイジャックされた四機目のボーイング七五七型旅客機はペンシルバニア州で墜落したが、ホワイトハウスを標的としていたと推測されている。このいわゆる九・一一同時多発テロ事件による死者は合計三〇二五人、負傷者六〇〇〇人以上とされている。

冷戦の終結によって世界で唯一の軍事超大国となって確保されたと思われたアメリカ本土の「聖域」[1]性が虚構であったこと、アメリカの国家安全保障はテロ攻撃に対しては脆弱なものであったことが、この事件によって明白となったのである。そして、この事件をきっかけとしてブッシュ政権は、アメリカの「聖域」性を再建し「繁栄」を維持するために、単独行動主義による主権国家への先制攻撃や予防戦争も辞さない戦略への道を選択することになる。しかし、その道は、終わらない「対テロ戦争」の泥沼に続く道であった。

1　「聖域」性とはアメリカ本土が敵対国の攻撃を受けて深刻な損害を被る可能性がきわめて小さいことである。アメリカはもともとその地理的位置からヨーロッパやアジアの強固な軍事力を持つ国から攻撃を受ける可能性が低かった。さらに第二次世界大戦末期に歴史上初めて核兵器の開発に成功し、その核兵器の独占によってアメリカは敵対国に対して短期間に甚大な損害を与えうる能力を持つが、相手側はそうした能力を持たないという状況となった。この軍事力の非対称性を基盤として、アメリカは他国に自らの意思を強制できる国際政治上の能力も持つにいたった。
しかし、一九四九年八月にソ連が原爆実験に成功するとアメリカの原爆独占は崩壊し、五七年一〇月にソ連が人類初の人工衛星スプートニク一号の打ち上げに成功したことによって事態は一変する。人工衛星と大陸間弾道ミサイル（ＩＣＢＭ）の技術は基本的に同じであるから、スプートニク一号の成功はソ連がアメリカ本土を核弾頭を搭載したＩＣＢＭで攻撃することが可能となったことを意味する。アメリカの「聖域」性はスプートニクによって破壊され、アメリカが核戦力によって相手を一方的に威嚇し、自己の意思を貫徹できる状況は消滅したのである。「聖域」性と米ソの軍拡競争との関係については第３章第３節で述べる。

第1節　アメリカ主導のアフガニスタン攻撃

九・一一同時多発テロとアフガニスタン攻撃の論理

九・一一同時多発テロ発生直後、ブッシュ大統領はさらなるテロに備えて非常事態宣言を発令し、一二日には当初のアメリカに対するテロという表現から「これは戦争だ」と表現を変え、対テロ戦争の開始を宣言した。アメリカ国民やメディアの一部には「なぜアメリカはこのように敵視されるのか」というきわめて真っ当な問題提起も見られたが、ブッシュ大統領はそうした問題提起を黙殺して問題を単純化し、世界に対して「我々の側につくか、テロリストの側につくか」と迫ってアメリカへの協力を強要した。また、同日にはアメリカの要請によって国連安保理決議一三六八が採択された[2]。この決議は、「国連憲章に従って、個別的または集団的自衛の固有の権利を認識し」とした後、テロ攻撃を「国際の平和および安全に対する脅威である」と認めて、「テロ攻撃の実行者、組織者および支援者を法に照らして裁くために緊急に共同して取り組むこと」を国際社会に要請するとともに、テロ攻撃の「実行者、組織者および支援者を援助・支持し、あるいは匿う者もその責任が問われることを強調する」とした。

ブッシュ政権は、九・一一同時多発テロの首謀者をオサマ・ビンラーデンと断定して、彼が潜伏しているとされたアフガニスタンのタリバン政権に対してその身柄の引渡しを要求し、これに応じなかったタリバン政権を安保理決議一三六八に基づいてテロ支援者と位置づけた。タリバン（神学生たち）は、ムッラー・ムハンマド・オマル師がパキスタン北西部の難民キャンプのマドロサ（イスラム神学校）の学生や出身者らと一九九四年八月に結成した。ソ連軍のアフガニスタン撤退後の内戦の混乱のなかで、イスラム教に基づいて治安と秩序を回復させることが結成の目的という。同年一〇月にはアフガニスタン国境近くのカイバー峠のルートを制圧し、アフガニスタン東部ナンガルハル州から南下して一一月には南部カンダハル州を支配した。タリバンは、内戦下での軍閥の暴行や略奪など無法状態に対して、イスラム法に基づく施政により秩序を回復したことから住民の支持を獲得し、以降カンダハル州を基盤として勢力を拡大していく。

オサマ・ビンラーデンは九一年にアフガニスタンからサウジアラビアに帰国後、湾岸戦争での政府の政策を批判して追放されスーダンで活動していたが、アメリカの指示によってスーダンからも追放されると、九六年五月にアフガニスタンに入国した。タリバンはナンガルハル州に滞在していたオサマを客人として庇護する。アルカイダは戦闘員用の訓練キャンプを建設するなど豊富な資金によってタリバンを援助し、その勢力拡大に貢献した。

タリバンは九六年九月にカブールを制圧し、アフガニスタンの大部分を実効支配してアフガニスタン・イスラム首長国を樹立した。その後はイスラム法や戒律を自らの解釈に基づいて厳格に適用し、服装規制や音楽・写真・飲酒・娯楽の禁止、女性の教育や就労の禁止などを強制したため、しだいに住民の支持を失っていく。また、バーミヤンの仏教遺跡を偶像崇拝として破壊するなどしたため、国際的な批判も受けるようになる。

九月二八日には安保理決議一三七三が採択され(3)、この決議では国連憲章第七章に言及したうえで、国連加盟国に対してテロの防止と制圧に緊急に協力することが要請され、テロ組織への援助も禁止された。国連憲章第七章は第三九条で「平和に対する脅威」に対して、安保理が「非軍事的強制措置・軍事的強制措置をとる」ことを決定できると規定している。したがって、安保理決議一三六八と一三七三とを合わせて、アメリカは「個別的自衛権」に基づいて、ＮＡＴＯその他の諸国は「集団的自衛権」に基づいて、タリバン政権に対する「軍事的強制措置」すなわち軍事力による攻撃が承認されたと解釈されることになったのである。

もちろん、国際法学者のなかにはこのような解釈に反対する見解もあった。例えば、自衛権とは国家が自己に対する急迫不正の侵害を排除するために、やむをえず必要な行為を行なう国際法上の権利とされているが、「急迫不正の侵害」とは外国による侵害を指すものであって、アルカイダのような組織は国際法上は「外国」という概念に該当しないから自衛権の対象とはならないとするものである。また、タリバン政権はアルカイダを庇護しただけであって、そのアルカイダがテロ攻撃を実行したのだとしても、それをタリバン政権の責任とするのは問題があるという批判も行なわれた。こうした国際法の解釈による批判だけでなく、タリバン政権に対する軍事攻撃の是非を実態に即して検討すれば、次のような問題点を指摘することができる。

タリバンが九・一一同時多発テロの首謀者とされるオサマ・ビンラーデンを庇護しアルカイダに援助をしていたとしても、それだけでアフガニスタンという国家に対する軍事攻撃が正当化されるわけではない。タリバンが直接テロ攻撃を実行したわけではなく、タリバンにとってオサマとアルカイダはアフガニスタンに侵攻したソ連軍との戦いを支援してくれた「英雄」である。また、庇護を求めてきた者を客人として扱うのはイスラム教の伝統でもある。なによりも、アメリカはタリバンが要求した九・一一同時多発テロの首謀者がオサマであるという明確な証拠を示さなかったのだから、オサマ引き渡し要求に簡単に応じるわけにはいかなかったのも当然といえよう。

さらに、テロを計画・実行した本人や組織を摘発する努力を充分にすることもなく、現にアフガニスタンを実効支配するタリバン政権を軍事力によって攻撃すれば、テロ勢力でもタリバン政権関係者でもない一般住民にもコラテラル・ダメージとして多数の犠牲者が発生するのは明らかである。アフガニスタン攻撃の正当化の根拠とされた自衛権とは、外国からの不法な攻撃を必要な範囲で排撃する限りで国際法上合法とされるものである。国連安保理決議一三六八は「テロ攻撃の実行者、組織者および支援者を法に照らして裁くために緊急に共同して取り組むこと」を国際社会に要請したのであるから、一般住民の多数の犠牲を不可避的にともなうタリバン政権打倒のための軍事力行使は、明らかに自衛権の発動としての要件を超えるものである。このことは個人の犯罪と処罰に例えればわかりやすい。日本の刑法の場合、罰金以上の刑にあたる犯罪を実行した犯人に隠れ場所を提供したり、逃走のための援助をしたりして犯人の発見・逮捕を妨害した場合、犯人蔵匿罪が適用され、二年以下の懲役または二〇万円以下の罰金に処せられる（刑法一〇三条）。つまり殺人などによって死刑に処せられる可能性の高い犯人を匿ったとしても、その行為自体は死刑に値するような罪ではないということである。

したがって、タリバン政権がオサマを庇護しアルカイダを支援していたとしても、そのことを理由にして多数の死傷者の発生が予見される軍事攻撃を行なうことは、罪と罰とのバランスを著しく欠く不当な行為である。テロを明確に定義することは困難であるが、「暴力的手段によって政治目的を達成しようとする行為」とするのが一般的な解釈であろう。この解釈に基づけば、九・一一同時多発テロが「テロ」であるのと同様に、ブッシュ政権のアフガニスタン攻撃も「国家テロ」(4)と呼ぶべきものであって、国際法的にも人道的にも正当化できるものではない。多数の無辜のアフガン国民の犠牲が不可避的に発生することが予想されるにもかかわらず、オサマやアルカイダという反米勢力を撲滅するという政治目的のためにタリバン政権を攻撃し打倒しようとする行動だからである。

以上のことを考慮すると、テロ勢力ではないタリバン政権に対する軍事攻撃を対テロ戦争と規定するのは妥当ではない。

アフガニスタン攻撃とタリバン政権の崩壊

九・一一同時多発テロが世界に与えた衝撃の大きさからか、前述のようなアフガニスタンへの軍事攻撃に対する疑問や反対の声が広がることはなかった。アメリカはタリバンへの軍事攻撃が国連安保理決議によってオーソライズされたものであるとして、二〇〇一年一〇月七日に「不朽の自由作戦(OEF)」を開始し(5)、戦闘機や巡航ミサイル、無人攻撃機などによってアフガニスタンへの大規模な空爆を実行した。空爆はタリバンの政権中枢や軍事拠点、アルカイダの訓練施設などを標的としていると説明されたが、誤爆や標的情報の誤りなどによって住民や民間施設も損害を受けている。その後、米軍地上部隊がアフガニスタンの軍閥の連合体であるアフガニスタン救国・民族イスラム統一戦線(北部連合)軍とともに首都カブールへ向けて進軍し、一一月一三日にカブールを制圧した。

タリバンの多くは南部カンダハル州へ敗走し、一部は東部のパキスタン国境地域から越境してパキスタン北西部の部族地域に逃れ、タリバン政権は実質的に崩壊した。一二月七日には北部連合軍がカンダハル州の州都カンダハルを制圧し、ここにアフガニスタン国家を統治する主体としてのタリバン政権は消滅した。しかし、アフガニスタン攻撃の本来の目的であったはずのオサマ・ビンラーデンの拘束には成功しなかったし、その所在すらその後長期にわたって不明のままであった。

なお、アフガニスタン攻撃は米英主導の多国籍軍によるとされているが、攻撃の主体はアメリカ軍で、その他の諸国は後方支援任務が中心である。各国の支援活動は以下のようになっている。

イギリス＝インド洋に空母・駆逐艦・原子力潜水艦（原潜）などを派遣し、巡航ミサイルで攻撃。空中給油機から米空母艦載機に給油、英領ディエゴ・ガルシアの基地から米軍爆撃機Ｂ1、Ｂ52が出撃。地上部隊の本格的展開は〇二年から、米中央軍の指揮下で行動。

フランス＝当初は対米支援活動と偵察飛行。〇一年一一月下旬にインド洋に空母や原潜を派遣。〇二年三月から戦闘行動に参加、戦闘機による米地上部隊に対する支援。

カナダ＝駆逐艦・フリゲート艦などをアラビア海に派遣し臨検など。〇一年一一月にアメリカの要請により地上部隊一〇〇〇人規模を派遣。

ドイツ＝後方支援中心、ドイツの米軍基地からトルコへ物資輸送、ソマリアなどにシーレーン確保のための艦船や哨戒ヘリを派遣。特殊部隊一〇〇人を秘密裏に派遣。直接戦闘参加の代わりにアフガニスタン地域以外のＰＫＯなどに協力。

イタリア＝空母戦闘群をアラビア海に派遣、工兵隊の派遣、輸送活動支援。

スペイン＝軍艦をソマリア地域へ派遣し監視活動。北部バグラムに野戦病院などの設置。

デンマーク＝一〇〇人の特殊部隊派遣、輸送活動支援など。

ノルウェー＝特殊部隊、地雷除去部隊派遣、補給物資・人道支援物資などの輸送。

ポーランド＝工兵隊派遣、地雷除去活動など。

トルコ＝空中給油、特殊部隊派遣、反タリバン勢力の軍事訓練などの支援。

オランダ、ギリシャ、チェコ、ハンガリー、ベルギー＝補給・物資の提供など。


カブールの制圧には北部連合軍の貢献が大きかったのだが、北部連合は九〇年代の内戦期に、軍閥や諸民族組織がタリバンの勢力拡大に対抗する目的で結成した同盟であった。したがって、北部連合がタリバンに代わるアフガニスタンの統治主体になると、軍閥間の利害の対立や民族間対立が顕在化し、内戦が再発することが危惧された。そこで、早急に国連主導で暫定政権を樹立するために、一一月一四日からドイツ・ボンで国際会議が開催され、一二月五日、暫定政権の樹立、国際治安支援部隊（ＩＳＡＦ）の創設、国連アフガニスタン支援団（ＵＮＡＭＡ）の創設などを内容とするボン合意が成立した。この合意に基づいて、一二月二〇日にＮＡＴＯ加盟諸国を中心とする三八カ国が参加してＩＳＡＦが創設され、同月二二日には暫定行政機構が発足し、同国最大の民族であるパシュトゥン人のハミド・カルザイが議長に就任した。

〇二年三月二八日にはＵＮＡＭＡが発足、六月一九日にはアフガニスタン・イスラム移行政府が成立、〇四年一月四日に憲法が成立、同年一〇月九日には大統領選挙が行なわれてカルザイ議長が当選し、一二月七日に大統領に就任した。こうしてタリバン政権崩壊後のアフガニスタンの国家体制の再建と復興は、国連主導によって順調に進むかと思われたのだが、軍事力によって国家の統治機構を強引に解体したことの無理がやがて噴出することになる。

---

2 Security Council Resolution 1368, http://daccess-dds-ny.un.org/doc/UNDOC/GEN/N01/533/82/PDF/N0153382.pdf.

3 Security Council Resolution 1373, http://daccess-dds-ny.un.org/doc/UNDOC/GEN/N01/557/43/PDF/N0155743.pdf.

4 ノーム・チョムスキーは、九・一一同時多発テロ直後から「九・一一テロ」が許されざる行為であると批判しつつ、アメリカが過去に行なってきた数々の「国家テロ」と同様に、アフガニスタン攻撃も「国家テロ」であると批判している。チョムスキー『9・11――アメリカに報復する資格はない!』(山崎淳訳、文藝春秋、二〇〇一年)。

5 米軍が九月に攻撃部隊をペルシャ湾岸地域に配備し始めた頃の作戦名は「無限の正義作戦(Operation Infinite Justice)」であったが、Infinite は「神」の意味を含む言葉であり、イスラム教では神の正義はアラーのみが与えられるとしてイスラム国家やイスラム法学者から批判を受けたため、作戦名はOEFに変更された。

第2節　アフガニスタンにおける「対テロ戦争」の開始と長期化

タリバンの勢力拡大と治安の悪化

九〇年代の内戦期に軍閥に対抗し、住民の一定の支持を得ながらアフガニスタンを実効支配していたタリバン政権を軍事力で打倒したのだから、内戦期の混乱状態の再現を防ぎつつアフガニスタンの国家体制を再建するためには、慎重で実効性のある復興計画が必要になるはずである。少なくとも、多くの国民の支持と協力が得られるような民主的な国家体制を建設していくためには、どのような勢力に復興を担わせるのが適切なのかを慎重に検討すること、もし適切な担い手が存在しないとすれば、一定期間は多国籍軍によって治安を維持しながら、国連主導で国家体制の再建を進めつつ担い手を育成していくことが必要になるだろう。

しかし、アフガニスタン攻撃は九・一一同時多発テロからわずか一カ月余りで実行されたのだから、ブッシュ政権も国連もそのような明確で実効性のある戦後計画を準備していなかった。その結果、北部連合が政権を掌握し復興と国家体制の再建の主体となっていったが、彼らはやがて多国籍軍参加諸国などから提供された復興援助資金を私物化し、賄賂・汚職などによって腐敗していった(6)。他方、タリバンは南部地域のカンダハル州やヘルマンド州でケシや麻を栽培して麻薬を製造し、その販売によって得た豊富な資金を基盤として、九〇年代と同様の統治によって住民の支持を獲得し、〇三年頃から南部各地域で勢力を回復していくのである。

米国防総省と中央軍のニュース・リリースによると、〇二年のアフガニスタンでの作戦行動に関連する米軍の死者数は一六人（米軍以外のＩＳＡＦの死者数は五人）であるが、その多くが東部のパキスタン国境隣接地域でのタリバン残存勢力の掃討作戦（Operation Anaconda）実行中の死者である。〇三年の米軍の死者数は一七人（同七人）で前年と大差はないが、南部のカンダハル州やヘルマンド州地域で米軍部隊への武装集団の攻撃による死者が目立つようになる。タリバンが勢力回復とともに米軍への攻勢に転じたものと考えられる。〇四年になると、米軍の死者は二三人（同三人）に増加し、そのほとんどが武装勢力の攻撃によるものとなっただけでなく、大統領選挙の実施や正式政府の発足を妨害するためか、政府機関・職員への攻撃も散発的にではあるが見られるようになる。さらに南部地域だけでなく、首都カブールでロケット弾攻撃やＩＳＡＦを標的とした自爆攻撃、タリバン系武装組織による国連の外国人スタッフの拉致事件も発生した。

治安の維持は一義的にはアフガニスタンの国軍・警察などの治安部隊であるが、こうした治安悪化のもとでＩＳＡＦも対応を余儀なくされた。ＩＳＡＦの任務は「アフガニスタン当局者および人道・復興分野に従事する国連要員その他国際文民要員等が安全な環境で活動できるように、アフガニスタン国内の治安維持について同国政府を支援すること」とされ、その活動範囲も当初は首都カブールとその周辺地域に限られていた。しかし、武装勢力の「テロ」攻撃が目立つようになった〇四年六月にはカブール地域以外への活動範囲の拡大が決定された（ＮＡＴＯ首脳会議）。

「対テロ戦争」の開始

〇五年四月末、南部から中部、東部地域の山岳地帯の雪解けとともにタリバンの本格的な攻勢が始まった。米軍とアフガン治安部隊に対する銃撃やＩＥＤ攻撃をきっかけとする大規模な戦闘が頻発しただけでなく、国連などの支援機関の車両や職員に対する攻撃も実行された。[7] 六月にはアフガニスタン政府の国防相が「タリバンが再結集し、攻撃をエスカレートさせつつある」と警告するにいたった。実際、六月以降ほぼ毎日、タリバンによる攻撃事件がマスメディアで報道されるようになっている。また、五月にはアメリカ政府がテロ勢力容疑者を拘束して尋問（実際には拷問と呼ぶべきもの）しているキューバのグアンタナモ米軍基地で、米兵がコーランを冒瀆したとするニューズウィーク誌の報道をきっかけとして、イスラム圏諸国で反米抗議行動が高揚した。アフガニスタンでも反米意識が高まって抗議デモは全土に拡大し、抗議行動を鎮圧しようとする米軍や治安部隊とデモ隊が衝突し、多数が死傷する事件が多発している。[8]

タリバンの攻勢の本格化にともなって、〇五年の米軍の死者数は六七人、（米軍以外のＩＳＡＦの死者数は七人）と〇四年の約三倍に急増した。こうした治安の悪化に対応するために、ＩＳＡＦの活動範囲は西部地域（〇五年五月）、南部地域（〇六年七月）、東部地域（〇六年一〇月）へと拡大され、活動内容もアフガン治安部隊の支援や訓練にとどまらず、武装勢力との戦闘の前線に立たざるをえなくなった。米軍・ＩＳＡＦおよびアフガニスタン政府にとって、タリバンの攻勢は「テロ」という認識であるとすれば、この状況こそがアフガニスタンにおける「対テロ戦争」の開始である。タリバン側の立場からは、多国籍軍のアフガニスタン攻撃という「侵略」または「国家テロ」に対する本格的な

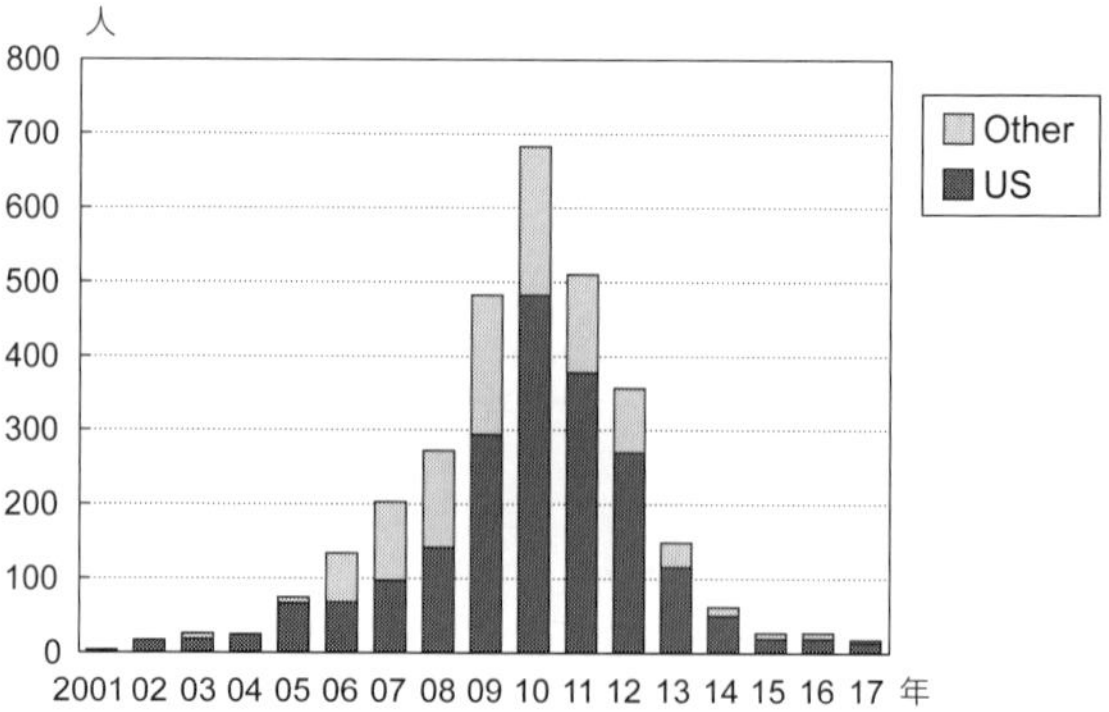

第1-1図　アフガニスタン戦争における多国籍軍の死者数（年）

防衛戦争の開始ということになる。どちらの立場に立つかによってこの戦争の性格は異なることになるが、以下では、ブッシュ大統領が開始を宣言した〝対テロ戦争〟によって点火された戦争という意味で、「対テロ戦争」とカギ括弧つきで表記することにする。

ブッシュ政権は大規模な軍事攻撃によってタリバン政権を短期間で崩壊させた一方で、その後の国家体制再建を誰に担わせるのが適切なのかという検討や、治安維持のための政策の準備が充分に行なわれてはいなかった。その結果、住民の反政府・反外国軍意識の高まりを基盤としてタリバンなどの武装組織が勢力を拡大し、アメリカおよび攻撃に参加した多国籍軍、復興支援が目的であったはずのＩＳＡＦは、「対テロ戦争」を戦わざるを得なくなったのである。「対テロ戦争」の開始にともなって、〇六年の戦闘に関連する米軍の死者は六八人、イギリス・カナダ・フランス・ドイツ・イタリアなど米軍以外のＩＳＡＦ参加国の兵士の死者も六六人と急増した（第１－１図、第１－２図）。

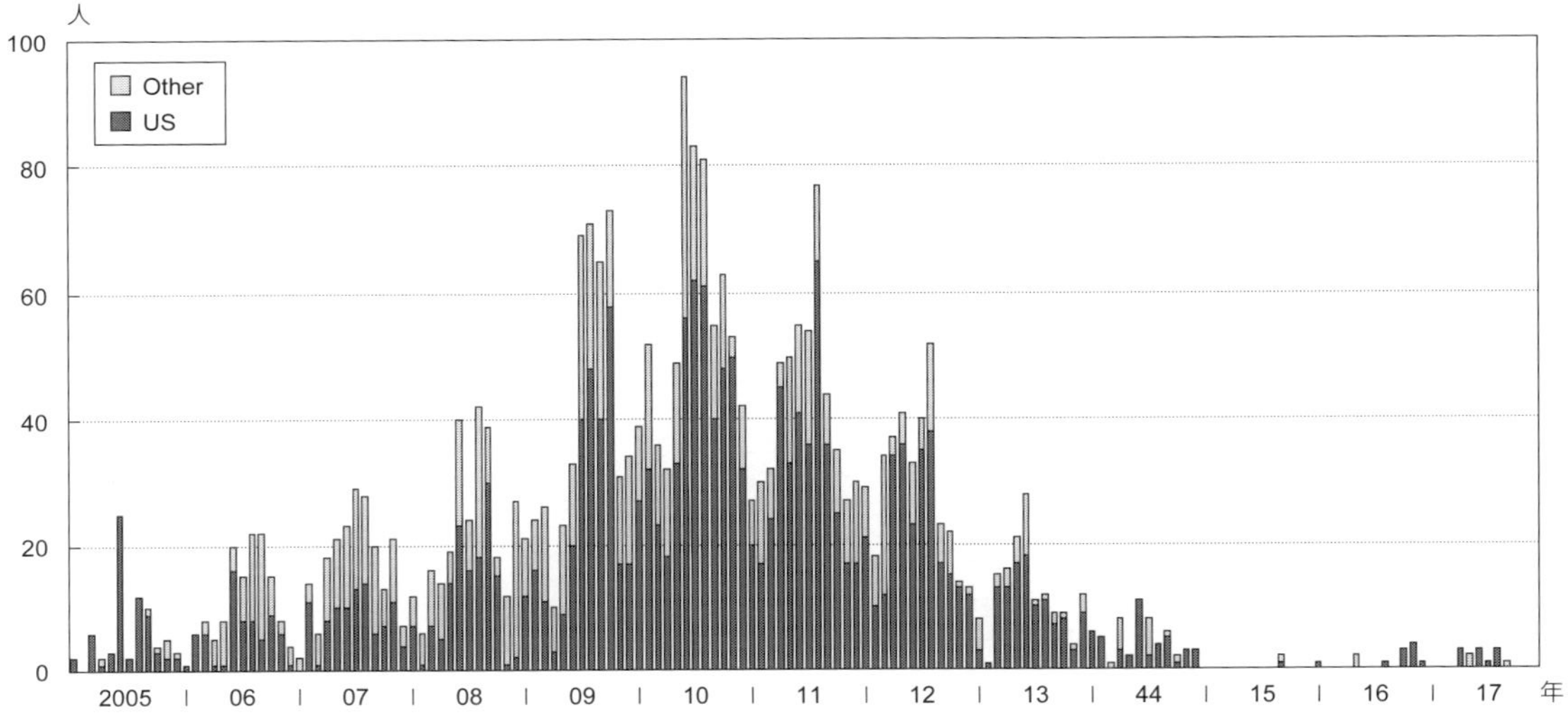

第 1-2 図　アフガニスタン戦争における多国籍軍の死者数（月別）

［備考］第 1-1 図、第 1-2 図とも 2017 年は 9 月 30 日までの数値。

US: OEF と ISAF での戦闘行動中の米軍の死者数。

Other: 米軍以外の多国籍軍の死者数。

多国籍軍の死者数が毎年秋から冬にかけて少なくなり、春から夏に増加しているのは、武装勢力と多国籍軍・アフガン軍の主戦場である山岳部は冬季には雪に覆われ、毎年、両者の交戦数が低下するためと考えられる。

［資料出所］延近「イラク戦争を考える」http://web.econ.keio.ac.jp/staff/nobu/iraq/

「対テロ戦争」の本格化

武装勢力の攻撃から部隊を守り、さらに治安回復のために武装勢力の掃討を実行しようとすれば、ＩＳＡＦ創設当初の兵力四万一〇〇〇人規模では兵力不足は明らかとなる。〇七年二月、米軍は三二〇〇人規模、英軍は一四〇〇人規模を南部地域に増派し、その他のＩＳＡＦ参加国も次々に増派を余儀なくされ、〇八年末にはＩＳＡＦの兵力規模は約五万一〇〇〇人規模に拡大した。ＩＳＡＦの枠外での米軍一万四〇〇〇人規模と合わせると、アフガニスタン駐留外国軍は六万五〇〇〇人規模に達した。しかし、これだけの増派をしてもタリバンなどの武装勢力側の攻勢を押しとどめることはできず、〇七年の米軍の死者は九五人、米軍以外のＩＳＡＦの死者は一〇七人、〇八年には同一三九人、一三〇人と増加し続けた(2)。

さらに、〇七年までの米軍・ＩＳＡＦの死者が発生した事件は南部地域および中部・東部地域が中心であったが、〇八年に入って首都カブールや周辺地域においてもＩＥＤ攻撃や自爆攻撃による死者が多発するようになった。〇八年五月頃からはファラー州・ヘラート州など西部地域における武装勢力との戦闘による死者も増加し、北部地域でも戦闘による死者が発生するようになる。タリバンなどの武装組織の勢力拡大とともに、「対テロ戦争」の戦場もアフガニスタン全土に拡大していったのである。

武装勢力と多国籍軍との戦闘が激化し戦闘地域も拡大していくのにともなって、コラテラル・ダメージとしてのアフガン民間人の死者も増加していった。アフガン民間人の犠牲者数の統計は〇七年からＵＮＡＭＡが集計し発表しているが、〇七年は一五二三人（うち反政府武装勢力の活動に起因する死

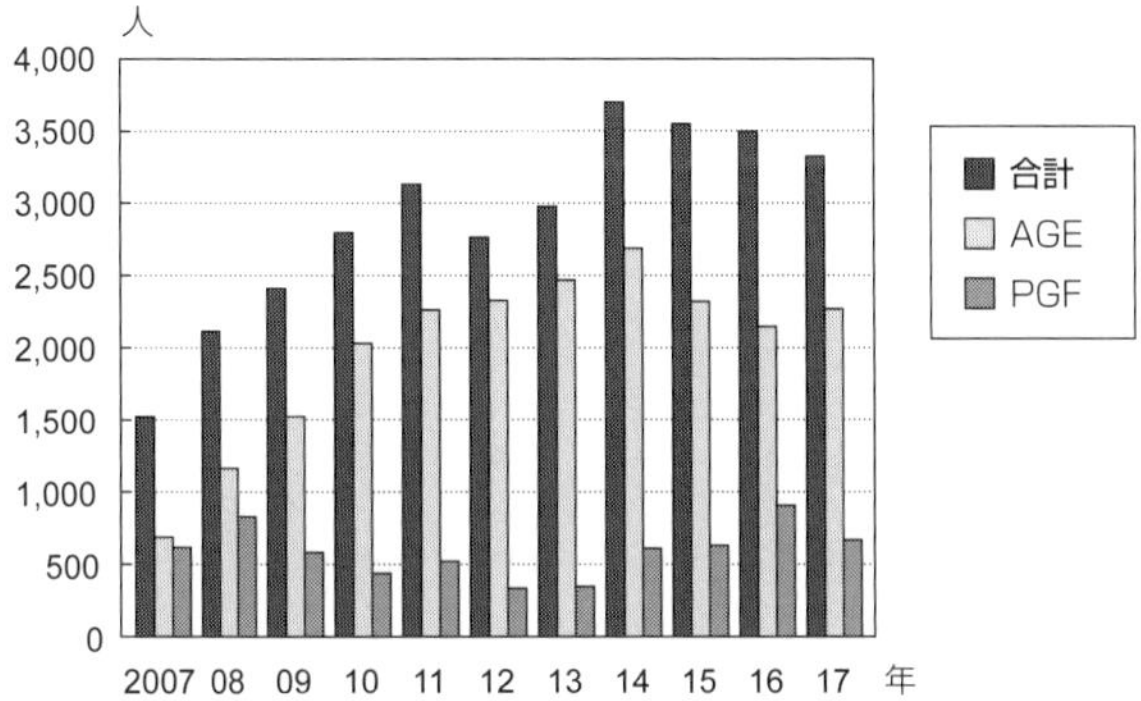

第1-3図　アフガニスタン戦争における民間人の死者数

［備考］AGE (by Anti-Government Elements): 反政府勢力の行動に起因する死者
PGF (by Pro-Government Forces): 政府軍および外国軍の行動に起因する死者
2017年は6月30日までの数値を年率に換算。
［資料出所］UNAMA 発表の資料より作成。

者は七〇〇人、多国籍軍やアフガン治安部隊の活動に起因する死者は六二九人、残りは特定不能）、〇八年は二一一八人（同一一六〇人、八二八人）に達した。〇八年の多国籍軍やアフガン治安部隊の活動に起因する民間人死者の三分の二にあたる五五二人は、武装勢力を標的として実施された空爆による死者であり、まさに「対テロ戦争」のコラテラル・ダメージである（第1－3図）[10]。

しかも、米軍・多国籍軍による武装勢力掃討作戦では、こうした民間人の死者の発生は事実上容認されているのである。例えば、〇六年五月二二日、南部カンダハル州アジジ村のタリバン勢力の拠点を米軍機が空爆し、アフガニスタン駐留米軍当局は、武装勢力約六〇人が死亡したと推定、民間人の死傷者については調査中と発表した。州知事はタリバンの他に民間人一六人が死亡し一五人が負傷したと発表した。現地の複数の住民は、「米軍ヘリがマドラサ（少年宗教学校）を空爆しタリバンが付近の民家に逃走した。米軍ヘリはそれらの民家を空爆し、タリバン三五〜四〇人と民間人三五人が死亡し、四〇人以上が負傷した」と証言している。空爆によって民間人に死傷者が発生したことについて問われた米軍報道官は、「民間人の中に隠れた敵を攻撃する際にはよくあること（common）」であり、「我々はタリバンの建物を標的とし正しい標的を攻撃したと確信している」と答えた。州知事は「タリバンが民家に隠れている場合には、この種の事故は戦闘中に起こりうることであり、住民はタリバンに隠れ家を提供しないよう勧める」と発言した。

米軍およびアフガン政府側がこのような認識に基づいて武装勢力の掃討作戦を実施すれば、民間人など非戦闘員の犠牲者が発生することは必然である。一方、タリバンが戦闘員たちに配布している「軍事行動規定」によれば、「軍事行動においては民間人の犠牲を避けるために最大限の努力がなされるべきである。拘束した政府職員、兵士、契約業者たちを傷つけてはいけない」などが記載されているという（アルジャジーラ・テレビの報道）。この「規定」がどこまで実効性のあるものかはわからないし、NATO軍報道官はタリバンのプロパガンダに過ぎないと批判している。

しかし、最新兵器を装備し質・量ともに圧倒的な戦力を持つ外国軍に対して、タリバンが対抗しうる戦術は民衆の中に身を隠しながらゲリラ戦を行なうことである。そのためには多数の民衆の共感を勝ち取り、支援と協力を得ることが戦略的に不可欠となる。このことを考慮すればタリバンの「軍事行動規定」は名目的なものとはいえないであろう。少なくとも前述の駐留米軍報道官の発言に見られる認識とは対照的である。民衆に対するタリバンと外国軍の姿勢の違いこそが「対テロ戦争」を泥沼化させ、終わりのない戦争としていく最大の要素となるのである。

米軍・ＩＳＡＦの増派によってもタリバンなどの武装勢力の拡大と攻勢を押しとどめられず、「対テロ戦争」が本格化し長期化する状況の中で、〇八年一〇月に米中央軍司令官に就任したペトレイアス陸軍大将は打開策として、〇九年一月にアフガニスタン民衆防衛部隊（ＡＰＰＦ）計画を開始した。これはアフガン人に武器を与えて民兵組織を構築させ、タリバンやその他の武装勢力と戦わせる計画である。ペトレイアス司令官の前職はイラク駐留米軍司令官であり、イラクでスンニ派武装勢力に報酬と武器を与えて自警団を組織させ、イラクの治安情勢を劇的に改善した経験を、アフガニスタンでも再現しようとしたのである（イラクの治安情勢の改善については第4章で述べる）。

しかし、イラクではフセイン政権期に国家による統治体制が確立し、民衆の武装も禁止されていたのに対して、アフガニスタンではソ連の侵攻およびソ連の撤退後の内戦状態のなかで、民衆は自衛のために武装することが常態化していた。カルザイ政権下でも民衆の武装解除はほとんど進んでいなかった。そうした状況下で民衆に武器を与えて民兵組織を作らせても、アメリカの思惑どおりに彼らがタリバンと対峙して治安改善に貢献するとは限らない。ＡＰ通信の〇九年二月四日付の配信記事は次のように述べている。

あるアフガン政府高官は、「民間人のほとんどは戦闘でタリバンと出会うリスクを負いたくないであろうから、隊員になるのは犯罪者だけであろう」と、この計画に懐疑的であると話す。
また、ＡＰＰＦの最初の展開予定地であるワルダク州議会のファヒミ副議長は、この計画を批判する立場から、「アフガニスタンにおける暴力の原因の一つは、ほとんどの民衆が武器を手放さないことにある。村々にもう一度武器を与えようというのか？　我々は過去から学習していない」と、（タリバン政権崩壊以来）政府や国連がこの国から膨大な武器を減らすために努力してきている時に、再び武器を渡す考え方自体を問題視している。AP通信のインタビューでは、彼だけでなく地方政府高官や住民も含めてすべてがこの計画に疑問を呈した。

実際、APPF計画は実効性に乏しく、イラクのように治安状況を劇的に改善することはなかった。逆に、この計画で創設されたアフガニスタン地方警察（ALP）の志願者の身元調査が不充分なために、タリバン・メンバーがALPに侵入して潜伏戦闘員（sleeper agent）となり、アフガン治安部隊員やISAF要員を攻撃し殺害した事件や、ALPに参加したものの給与支払いの遅延を不満として、集団で内部者攻撃（Insider attack）を実行して同僚警官を殺害した後に、武器等の装備を奪ってタリバンに参加した事件などが頻発した。イラクとアフガニスタンの「対テロ戦争」の共通点と相違点を実態に即して慎重に検討し、計画の立案や実施に生かす作業が不足していた結果といえよう。

6　実際、アフガニスタンの復興支援を協議する国際会議が開かれるたびに、汚職と腐敗問題の解決が重要議題となり、カルザイ大統領や後任のガニ大統領も汚職対策の必要性を表明している。この問題が現在に至るまで重要議題であり続けているということは、それだけ汚職や腐敗が深刻で、各国からの援助資金が復興のために効果的に利用されていないという現状を表している。

7　IEDとは米軍用語で軍隊の正式装備としての爆発物以外の爆発装置を包括的に表現したものである。アフガニスタンやイラクの武装勢力が、外国軍や現地政府の治安部隊に対する攻撃手段として主として使用しているのがＩＥＤである。

手榴弾や迫撃砲弾を利用した爆発力の小さいものから高性能爆薬を使用した強力なものまである。設置方法も道路脇に設置したり地中に埋めたりするほか、空き缶や動物の死骸、人間の死体の中に隠すなど巧妙で発見は非常に困難となっている。また起爆の方法も、攻撃実行者がＩＥＤの近くに隠れて標的通過時に有線で起爆する初歩的なものから、やがて携帯電話や車のリモコンキーなどを利用した電波による無線遠隔起爆に高度化していった。

ＩＥＤのみによる攻撃に加え、ＩＥＤの爆発によって統制の乱れた部隊に武装勢力が小火器やＲＰＧ（Rocket Propelled Grenade, ロケット推進式榴弾）などで攻撃を加える場合や、ＩＥＤ攻撃の被害者の救援や支援のために駆けつけた部隊に、さらにＩＥＤや小火器で攻撃するという方法がとられることもある。爆発時にはＩＥＤのみによる攻撃か武装勢力のさらなる攻撃がともなうのかが判断できず、また爆発によって部隊がパニック状態になる場合も多いため、兵士が無差別に周囲に発砲し民間人が死傷する事件も頻発している。

8　例えば、〇五年五月一一日に発生した東部ナンガルハル州ジャララバードで抗議デモを鎮圧しようとした米軍と警官隊の発砲によって、デモ参加者四人が死亡し七〇人が負傷した事件、五月一三日の北東部バダクシャン州ファイザバードで警官の発砲によりデモ参加者三人が死亡した事件など。

9　なお、「対テロ戦争」の開始・本格化とともに米軍兵士の自殺者が増大している。国防総省の調査（*Annual Report on Suicide*）によれば、〇八年の陸軍現役兵士の自殺者総数は一二八人、確認作業中で自殺によると思われる死者が一五人、計一四三人で、前年比二四・三％増となっており、過去四年間、毎年増加傾向にある。〇八年の確認済みの自殺者のうち、三〇％がイラクまたはアフガニスタンに派遣中の自殺で、三五％がイラクまたはアフガニスタン派遣から帰国後の自殺である。海兵隊員の自殺者も〇八年は四一人と前年比二四・二％の増加である。ポートランド州立大学のカプラン教授の調査によれば、男性帰還兵の自殺率は一般男性の二倍、女性帰還兵の自殺率は一般女性の三倍に上るという。戦闘行動中の死者数とほぼ同数の兵士が毎年自殺しているのである。戦闘による直接の死者ではないが、彼らも「対テロ戦争」の犠牲者といえるだろう。

10　ＵＮＡＭＡ調査の殺害主体別の数値について、タリバンは「敵によるプロパガンダであることは明白」であり、「我々の聖戦の目的はすべての民間人の生命、尊厳、財産を守ることである」と批判している（ＡＰ通信、二〇一四年七月九日付配信記事）。

第3節　アフガニスタンにおける「対テロ戦争」の泥沼化

「対テロ戦争」におけるオバマ・イニシアティブの意味

二〇〇九年一月に就任したオバマ大統領は「対テロ戦争」の収束を急がなければならない課題を抱えていた。〇八年九月のいわゆるリーマン・ショックをきっかけとした金融危機は、ＧＭやクライスラーというアメリカ経済を代表するような企業が実質的に倒産状態となったように、アメリカ経済全体の危機へと発展していた。〇八年第四四半期の経済成長率（実質ＧＤＰ増加率）はマイナス三・三％、失業率は六・九％に上昇し、〇九年以降もさらなる悪化が予想されていた（実際、〇九年第一四半期の経済成長率はマイナス四・五％、第二四半期はマイナス五・〇％、失業率は同八・二％、九・三％に悪化）。経済危機は世界にも拡大し、工業生産がほぼ半減し大量の倒産と失業が発生した一九二九年恐慌以来の「一〇〇年に一度の危機」といわれた。大企業への巨額の金融支援（七〇〇〇億ドル規模）や財政出動（五三〇〇億ドル以上）によって、一九二九年恐慌の再現は回避されたが、一〇月の財政収支は約二三

第1-1表　「対テロ戦争」戦費（2001～2012年度）

作戦別	2001-02	2003	2004	2005	2006	2007	2008	2009	2010	2011	2012
OIF	0.0	53.0	75.9	85.5	101.6	131.2	142.1	95.5	71.3	49.3	17.7
OEF	20.8	14.7	14.5	20.0	19.0	39.2	43.5	59.5	93.8	118.6	113.7
その他	13.0	13.5	3.7	2.1	0.8	0.5	0.1	0.1	0.1	0.1	0.1
合計	33.8	81.2	94.1	107.6	121.4	170.9	185.7	155.1	165.3	168.1	131.7

［備考］金額は予算支出権限（Budget Authority）ベースで、単位は10億ドル。
［資料出所］Amy Belasco, *The Cost of Iraq, Afghanistan, and Other Global War on Terror Operations Since 9/11*, Congressional Research Service Reports 各年度版より作成。

七〇億ドルの赤字となり、財政は危機的状況となっていた（実際、〇九年度の財政赤字は一兆四一二七億ドルと前年度の三倍以上に膨張）。

一方で「対テロ戦争」の戦費は累増し続けていた（第1－1表）。ＯＥＦの戦費は、〇七年度には三九二億ドルと前年度から倍増し、〇八年度には四三五億ドル、イラクでの軍事行動「イラクの自由作戦（ＯＩＦ）」の戦費との合計額は、〇七年度一七〇九億ドル、〇八年度一八五七億ドルに上っていた。財政赤字額は〇七年度一六〇七億ドル、〇八年度四五八六億ドルであるから、「対テロ戦争」の戦費が連邦財政の大きな負担となっていたのである。オバマ大統領就任時点で承認されていた〇九年度予算では、ブッシュ政権のイラクからの出口戦略（→第4章第3節）の実行によってＯＩＦの戦費は減少したが、ＯＥＦ戦費は五九五億ドルに増加したため、合計では一五五一億ドルと高水準である。金融・経済危機対策に巨額の財政支出が必要とされ、危機からの回復にはかなり長期間がかかると予想されたから、「対テロ戦争」に巨額の戦費を支出し続けるわけにはいかなくなっていたのである。

オバマ大統領は、〇八年一一月の大統領選挙の勝利演説で「グリーン・ニュー・ディール」を提唱し、〇九年一月二〇日の就任演説では、国際協調主義への復帰と、イラクをイラク国民に委ねアフガニスタンの平和構築のために力を傾注する外交方針を表明した。同月二六日にはドバイのアラビア語国際衛星放送アル・アラビーヤのインタビューに対して、イスラエルとパレスチナに対して和平交渉の再開を呼びかけるとともに、「イスラム社会に対する私の仕事は、米国民が敵ではないことを伝えることだ」と述べた。四月五日にはプラハでの演説で「核兵器のない世界」の実現をめざすことを宣言し、四月六日のトルコ国会での演説では「イスラム社会との和解」を提起した。前政権までのアメリカの外交を劇的に変更するものとして、これらのオバマ政権の外交方針をオバマ・イニシアティブと呼ぶことができよう。

オバマ・イニシアティブが掲げるスローガンは輝かしいが、これらを実現するためには、かなりの時間と持続的な努力を必要とすることは誰の目にも明らかである。したがって、実現可能性は別として、アメリカ経済の危機的状況と長期化する「対テロ戦争」によって脆弱化しつつある国家安全保障に対して、アメリカが再生のために行動すべき方針を理想主義的に語ったものと解釈することもできる。しかし、たとえ実現困難な課題であっても、これらを実現していかなければアメリカの再生も困難であることも明らかである。その意味では、オバマ・イニシアティブとは、理想を夢見るだけの理想主義でも現状追認の現実主義でもなく、アメリカが直面する現実の困難な諸課題を解決するためには、現状を理想に近づけていく方向性しかないという現実主義に基づいているといえよう。こうした視点からみれば、オバマ・イニシアティブの意味は次のように考えることができる。

「グリーン・ニュー・ディール」は、金融危機・気候変動・原油価格高騰の三大危機を解決するための政策ミックスとされている。その内容を経済学的にみると、九〇年代の持続的経済成長を実現したのがアメリカン・スタンダードの情報通信革命であったように、地球環境保全や石油代替の再生可能エネルギーの技術開発と実用化のための投資を促進し、地球環境技術革命においてもアメリカが主導権を握って経済を再生させることをめざすものと解釈できる。金融危機の解決手段としての国際的な投機的金融取引の規制と公的監査の強化は、地球環境技術革命のための長期的視点に立った技術開発や投資が、短期的利益を追求する投機的金融取引によって阻害されることを抑止するための政策という位置づけになる。

「核兵器のない世界」を追求しなければならない理由は、核兵器技術の拡散防止がアメリカの国家安全保障にとって現実的かつ焦眉の課題だからである。ブッシュ政権がイラク攻撃の大義名分としたフセイン政権の核兵器開発疑惑が根拠のないものだったとしても（↓第2章第3節）、核兵器技術が拡散していけば、反米武装勢力が核兵器や核分裂物質を入手してアメリカを攻撃する危険性は高まっていく。実際、タリバンやアルカイダはアフガニスタン東部と核保有国であるパキスタンの北西部に拠点を持っており、パキスタンのタリバンも反政府武装闘争を実行している。しかもパキスタンの情報機関の一部はタリバンを支援しているといわれている。パキスタンでタリバンやアルカイダが勢力を拡大すれば、反米武装勢力によるアメリカへの核攻撃の危険性は現実のものとなりうるのである。

「イスラム社会との和解」は、言うまでもなくイスラム圏や世界のイスラム教徒の反米意識を緩和し、イスラム反米武装勢力への共感や支援を縮小させて、アメリカの国家安全保障の強化に寄与することになる。「対テロ戦争」の泥沼から脱出して軍事支出を削減することも可能になり、金融・経済危機の緊急対策として膨れあがった財政赤字の削減に寄与することにもなるのである。

米軍増派と「対テロ戦争」の泥沼化

では、オバマ政権の実際の行動はどうだったか。イラクからの米軍の早期撤退は推進されていくが、アフガニスタンにおける「平和構築」については、「イスラム社会との和解」ではなく、「対テロ戦争」の主戦場と位置づけて米軍の増派によって事態の打開を図ろうとするものであった。オバマ大統領のアフガニスタンにおける「対テロ戦争」についての認識は、〇九年八月のアリゾナ州フェニックスでの退役軍人会での演説に表れている。その発言内容は以下のとおりである。

この戦争は選べる戦争ではなく、必要な戦争なのだ。九・一一でアメリカを攻撃した者たちは再び同じことをやろうと企てている。タリバン反乱分子を抑制しないまま放置すれば、もっと多数のアメリカ人を殺害しようとたくらんでいるアルカイダにとってより大きな聖域となることを意味する。……したがって、これは戦う価値のある戦争であるだけでなく、我々の国民を防衛するために根本的に必要な戦争である。

ブッシュ政権は、フセイン政権がアルカイダなどのテロ勢力を支援していることをイラク攻撃が必要な理由の一つとしていたが、オバマ大統領の就任時点ではそうした根拠はなかったことが明らかになっていた（→第2章）。したがって、イラクにおける「対テロ戦争」ついては、米軍を早期に撤退させてもアメリカの国家安全保障にとって大きな問題は発生しないという判断であろう。アフガニスタンについては、九・一一同時多発テロを首謀したオサマ・ビンラーデンの拘束または殺害に成功していなかったから、早期撤退はタリバンおよびアルカイダの勢力を拡大し、九・一一のような反米テロの再発につながる可能性を高めるという認識と解釈できる。このような認識のもとにオバマ大統領はゲーツ国防長官に増派を指示し、国防長官は同年二月一七日に米軍増派の第一陣として一万七〇〇〇人規模の海兵隊・陸軍の増派を命令した。

米軍・ISAFの兵力は〇九年三月には七万六〇〇〇人規模に拡大し、この兵力増強を背景として武装勢力掃討作戦が強化された。六月にはタリバンの勢力圏であるヘルマンド州ラシュカルガー地域で英軍主導の大規模な武装勢力掃討作戦（豹の爪作戦：Operation Panther's Claw）が開始され、七月には、同州中央部で米軍（海兵隊など四〇〇〇人規模）・アフガン国家警察（六五〇人規模）による大規模な武装勢力掃討作戦（剣の打撃作戦：Operation Strike of the Sword）が開始された。米英以外のISAF参加国も増派し、米軍・ISAFの兵力は〇九年末には一一万七〇〇〇人規模にまで拡大した。こうした武装勢力掃討作戦の展開にともなって、「対テロ戦争」はさらに激しさを増し、〇九年の米軍の死者は二九一人、米軍以外のISAFの死者は一八九人に増加、コラテラル・ダメージとしての民間人の死者も二四一二人に増加した。

民間人死者の増加は、オバマ政権になっても米軍は民間人犠牲者の発生を必然的にともなうような作戦行動をとり続けたことを意味している。そのことを示す事件の例を一つ挙げておく。〇九年五月四日、西部ファラー州バラ・バルク地区の村で、米軍がタリバンとの戦闘中に空爆を行ない多数の民間人が死傷した。ロイター通信が公式な死亡者リストを入手して、民間人死者は子ども九四人と女性二五人を含む一四〇人と報道した。これに対して、駐留米軍報道官は「住民は補償金を受け取るために死者の名前をでっちあげる動機がある。問題は証拠がないことだ。彼らは本当に存在したのか？出生証明書も死亡証明書も存在しないのだ。死者はおそらく八〇人を超えないだろう」と述べた。正確な人数は別として多数の住民が空爆で死亡したことは認めたわけである。その後、アフガニスタン政府の独立人権委員会が現地調査の結果として、空爆による民間人死者は子ども六五人と女性二一人を含む九七人と報告している。

この事件後、オバマ大統領は駐留米軍司令官を更迭し、後任として任命されたマックリスタル司令官は、「我々自らの行動がアフガン国民の離反を招き敗北する可能性がある」として、空爆は自衛のために必要な範囲に限定するなど、米軍の交戦規則を改訂した。同司令官は「対テロ戦争」の泥沼化の要因の一つがコラテラル・ダメージであることを認識していたと思われる。しかし、九月にドイツ軍の要請による米軍の空爆で民間人四〇人以上が死亡する事件が発生したように、米軍の作戦行動にともなう誤射・誤爆によるコラテラル・ダメージは後を絶たなかった。

アフガニスタンにおける「対テロ戦争」の早期収束を目的とした米軍・ISAFの増派に基づいて、大規模な武装勢力掃討作戦が実施されたにもかかわらず、治安改善やタリバン勢力の掃討は成功しなかった。というより、オバマ大統領の意図に反してむしろ状況は悪化していった。〇九年七月の米軍の死者数四〇人（ISAFの死者数との合計は六九人）、八月は四八人（同七一人）と、アフガニスタン攻撃開始以降の月間最多となった。イギリスのシンク・タンクICOSの調査報告[11]によれば、タリバンの活動が活発な地域は〇七年一一月時点でアフガニスタン全土の五四％であったが、〇九年八月には八〇％にまで拡大したという。

アフガニスタンにおける「対テロ戦争」からの出口戦略

二〇〇九年八月末、アメリカのアフガニスタンにおける「対テロ戦争」戦略の重要な変更が提起される。マックリスタル駐留米軍司令官はゲーツ国防長官への八月三〇日付の機密報告書（*Commander's Initial Assesment*）で、次のような趣旨の情勢分析と提言を行なった。

アフガニスタン情勢は全般的に悪化しており、アフガン国民の政府と国際社会に対する信頼は危機的状況となっている。米軍・ＮＡＴＯ軍が主導権をとって短期間に反体制勢力の拡大傾向を逆転できなければ、反体制勢力を打破することが不可能になる危険性がある。もしアフガニスタン政府がタリバンの手に落ちれば、アフガニスタンは再びテロ勢力の基地となるだろう。

反体制勢力の打破は可能であるが、それはこれまでの戦略を繰り返したり強化したりすることでは達成できない。軍の増派は必要であるが、それよりも緊急性が高いのは戦略の大幅な変更である。それは、アフガン人にとって持続的に実行可能な新戦略、すなわちアフガン国民の協力を得られるような軍と民間人との統合的な対武装勢力作戦の実行である。

つまり、「対テロ戦争」の泥沼化という状況を打破するためには、短期間で武装組織の勢力拡大を阻止できるだけの規模で米軍・ＩＳＡＦの兵力を増強するとともに、長期的に治安を維持していくためには、アフガン治安部隊の育成と住民の協力を勝ち取ることが必要ということである。これは米軍が直接アフガニスタンの治安回復に携わるのは短期間に限るということであるから、この「新戦略」とはアメリカがアフガニスタンにおける「対テロ戦争」から早期に手を引くための戦略という意図を含んでいるともいえよう[12]。オバマ大統領は九月二三日に国連総会で演説し、ブッシュ政権の単独行動主義からの決別と国連を優先する国際協調主義への転換を強調した。演説全体の趣旨としてはオバマ流の理想主義の追求が読み取れるものである。しかし、アメリカの目標は「この組織（国連）のすべてのメンバーとともに、アルカイダとその過激主義的同盟者を打ち破ることである」と述べているように、国際協調主義への転換とは「対テロ戦争」におけるアメリカの役割を縮小し、国際社会にその役割の一部を負担させる意図を含んでいると考えられる。

同年一〇月、マックリスタル司令官はオバマ大統領に対して、ゲーツ国防長官への機密報告と同様の「新戦略」と四万人規模の米軍増派を進言した。オバマ大統領はこの進言を受けて一二月に、一〇年夏までに米軍三万人規模を増派するとともに、一一年七月に米軍の撤収を開始し、治安権限のアフガン政府への移譲をめざすという「新戦略」を発表した。

その後は、この「新戦略」に従って米軍の増派が実行されていき、兵力は〇九年末に七万九〇〇〇人規模、一〇年末には一二万三〇〇〇人規模まで増強された。ＩＳＡＦ諸国も増派を実行し、アフガニスタン駐留外国軍の兵力合計では一〇年末に一六万人規模に達した（第1－2表）。これだけの兵力増強にもかかわらず、武装勢力掃討は顕著な成果を上げたとはいえず、戦闘の激化によって一〇年の米軍の死者数は四八二人、米軍以外の多国籍軍の死者数は一九七人、民間人死者数は二七一四人と、いずれもアフガニスタン攻撃開始以降の最多を記録した。「対テロ戦争」戦費もＯＩＦが一〇年度七

第1-2表　ISAF参加国別の最大派遣兵力（上位30カ国）と死者数

派遣国	最大兵力	死者数	派遣国	最大兵力	死者数	派遣国	最大兵力	死者数
アメリカ	90,000	2,392	スペイン	1,606	34	クロアチア	530	0
イギリス	9,500	455	ジョージア	1,561	31	スウェーデン	530	5
ドイツ	5,000	54	オーストラリア	1,550	41	韓国	426	1
フランス	4,005	87	ヨルダン	1,069	2	スロバキア	343	3
イタリア	4,000	48	ブルガリア	820	0	アルバニア	333	1
カナダ	3,079	158	デンマーク	750	43	ニュージーランド	300	11
ポーランド	2,630	44	チェコ	626	10	ポルトガル	265	2
オランダ	2,160	25	ハンガリー	611	7	リトアニア	250	1
ルーマニア	1,949	26	ノルウェー	600	10	マケドニア	240	0
トルコ	1,846	15	ベルギー	590	1	モンゴル	195	0

［備考］アメリカはISAFの枠外のOEFで最大3万3000人を派遣している。
最大兵力は各国軍の最大派遣人数で、同時期に各国の派遣数が最大となったわけではない。
各国軍兵士の死者数は2017年9月末までの合計で、戦闘行動中以外の死者を含む。
［資料出所］延近「イラク戦争を考える」http://web.econ.keio.ac.jp/staff/nobu/iraq/
ISAF: http://www.isaf.nato.int/
NATO: http://www.natolibguides.info/transition, より作成。

一三億ドル、一一年四九三億ドルと減少していったのに対して、ＯＥＦは九三八億ドル、一一八六億ドルと増加を続けて、両者は逆転している。オバマ大統領のアフガニスタンにおける「平和構築」のための努力は、それが軍事力に頼るものだったために、むしろ「対テロ戦争」を激化させていったのである。

九・一一同時多発テロから一〇年近くたった二〇一一年五月、アメリカの情報機関がオサマ・ビンラーデンの所在を特定し、大統領令によって急襲作戦が実行された。五月一日深夜から二日未明にかけて、パキスタン北部イスラマバード北方六〇キロメートルのアボタバード郊外のパキスタン軍施設の点在する地域にある邸宅を、米軍ヘリ四機に乗った海軍特殊部隊ＳＥＡＬのTeam 6（ＳＥＡＬのなかで対テロ作戦に特化したグループ：U.S. Navy Special Warfare Development Group, DEVGRU）とＣＩＡ軍事要員が襲撃し、オサマの側近との銃撃戦の後にオサマを発見、非武装のオサマと息子一人および女性一人を含む計四人を殺害した。オサマの遺体はＤＮＡ検査後に米海軍空母カール・ビンソンに運ばれ、その日のうちにアラビア海に水葬された。オバマ大統領によると、オサマの潜伏情報は二〇一〇年八月に入手し、軍に対して攻撃指令を出していたという。

オサマ殺害翌日頃から各メディアの報道や米政府の情報開示などによって、米軍の作戦がパキスタン国内での単独軍事行動にもかかわらず、パキスタン政府の明確な承認なしに実行されたことが明らかになり、米軍の行動はパキスタンの主権を侵害し国際法にも違反するものとの疑いが高まった。また、米軍当局は当初、オサマが女性を盾にして発砲してきたために殺害したと発表していたが、降伏しない場合は殺害せよと命令されていたことにより、オサマが非武装であったにもかかわらず、逮捕のための最大限の努力がなされずに殺害されたことも明らかになっている。

オサマ殺害情報に対してタリバンの発祥地であるカンダハル州の住民は、「オサマはその死によって存命中より強力となり、アルカイダ第一の殉教者となった」「アルカイダはオサマの存在を超えた思想であり、オサマの死の影響はない」といった反応を示し、政府当局者も「オサマの影響力は継続し、武装勢力は報復攻撃を実行するだろう」とコメントしている。アルカイダはオサマを頂点とする上意下達のピラミッド型組織ではなく、公然・非公然のネットワークに支えられた複数のグループから構成される緩やかな連合体であるし、反米武装勢力はアルカイダだけではない。実際、オサマの死後も武装勢力による反米・反政府攻撃は沈静化することはなかった。

一一年の米軍の死者数は三七六人、米軍以外のＩＳＡＦの死者数は一三四人、一二年は同二六六人、九〇人、一三年は同一一三人、三三人と漸減していくが、これは治安の回復傾向を示すのではなく、一一年頃から米軍およびＩＳＡＦ構成国が撤退または戦闘任務を縮小し、アフガン治安部隊の訓練に駐留目的を変更していったことが主因である。米軍のＩＳＡＦ要員は一二年秋からそれまでの九万人規模を順次縮小し、一三年一二月には六万人規模、一四年八月には三万人規模に、英軍も一二年末の九五〇〇人規模から一四年初めに五二〇〇人規模に縮小した。

米軍およびＩＳＡＦ構成国の撤退または戦闘任務の縮小によって、一四年の戦闘行動中の米軍の死者数は四五人、米軍以外のＩＳＡＦの死者数は一四人に急減し、一五年には各一人ずつとなった。これに対して、民間人死者数は一二年と一三年は若干減少したものの、一四年には〇七年以降最多の三七〇一人に達した。その多くが武装勢力による多国籍軍・アフガン治安部隊に対する攻撃や両者の交戦にともなうコラテラル・ダメージ、誤射・誤爆による死者である。民間人死者数が増加傾向となっているにもかかわらず、オバマ政権は当初計画どおりに一四年一二月に米軍の戦闘任務を終了させ、駐留米軍規模は九八〇〇人規模（うちＩＳＡＦ要員は五五〇〇人）に縮小した[13]。オサマの殺害というアフガニスタン攻撃の当初の目標を達成した以上、アフガニスタンにおける米軍の役割は終了したということなのだろうか。イギリスも一四年一二月には戦闘部隊を撤収させて駐留英軍規模は六〇〇〇人規模に縮小し、米軍・ＩＳＡＦの総兵力は一万三〇〇〇人規模となった。

米軍・ISAFの撤退による「対テロ戦争」の深刻化

米軍・ISAFの戦闘任務の終了と撤退によって外国軍のプレゼンスが後退する一方で、それに代わるアフガン治安部隊の強化が充分でなかったために、タリバンなどの武装勢力の攻撃はより活発化した。首都カブールでの外交官やNATO軍車両を標的とした「テロ」事件、米軍・NATO軍とアフガン治安部隊の基地や駐屯地への攻撃、タリバンの主張に共鳴する兵士や警官による内部者攻撃事件もたびたび発生するようになる。駐留米軍規模は二〇一五年末までに五五〇〇人に縮小される予定であったが、タリバンなどの反政府武装勢力の攻撃と支配地域の拡大、民間人犠牲者の増加傾向のなかで、一五年三月にオバマ大統領は年末まで駐留米軍九八〇〇人規模を維持する方針を発表した。同年五月にはNATO諸国外相会議でISAFに代わるアフガニスタン支援活動「確固たる支援(Resolute Support, RS)」を一六年末以降も継続することが決定された。

米軍・NATO軍の軍事援助や訓練によって増強されたアフガン政府軍は、米軍の空爆支援を受けつつ武装勢力掃討作戦を強化した。反政府武装勢力は多数死亡したり逮捕されたりしたが、その活動は衰えず、一五年九月二八日には北部クンドゥズ州の州都クンドゥズがタリバンによって制圧される事態も起こった。翌月三日には同市の奪還作戦のための米軍の空爆で「国境なき医師団(MSF)」運営の医療施設が破壊され、MSF職員や患者計二二人が死亡する誤爆事件が発生するなど、武装勢力掃討作戦の強化とともに民間人のコラテラル・ダメージも増加していった[14](前掲の第1-3図)。

オバマ大統領はこうした治安状況の悪化への対応策をとらざるを得なくなり、同年三月に駐留米軍九八〇〇人規模を少なくとも一五年末まで維持すると発表、同年一〇月には一六年末以降の駐留米軍規模を当初計画の一〇〇〇〇人規模から五五〇〇人規模に変更すると発表した。これに対して、カルザイ元大統領は同月一七日に、「対テロ戦争名目の外国軍の存在は、テロの排除ではなくテロ勢力をさらに強化する結果となっている」と批判する声明を発表している。実際、米アフガニスタン復興担当特別監察官（SIGAR）は多国籍軍からアフガン政府への治安権限の移譲（一四年一二月）以来、タリバンの勢力圏は〇一年の政権崩壊時点以上に拡大し、全土の少なくとも約三〇%を実効支配しているとする報告書を一六年一月に連邦議会に提出している。これはもちろん、アフガン中央政府が残りの七〇%を支配していることを意味していない。

イスラム国のアフガニスタンへの侵入

この間にはイスラム国（IS）系武装組織もアフガニスタンに侵入し勢力を拡大していった（ISについては第5章で詳述する）。二〇一四年六月にイラク北部モスルでISILのバグダディ最高指導者がカリフ制国家ISの樹立を宣言すると、そのイデオロギーはウェブサイトやSNSを使った巧みな宣伝戦略によって、若い世代のイスラム教徒を中心に世界に拡散していった。アフガニスタンでも一四年一二月初めに、治安当局はISのイデオロギーに共鳴する大学生が増加しており、彼らがこの国でのISの武装闘争に動員される危険性があるとして、ISの影響力の増大に警戒する必要性を指摘している。一五年一月には、ガニ大統領（一四年九月にカルザイ前大統領に代わって就任）が米CBSのインタビューで、ISがすでに一定の影響力を持ち一部地域を支配下に置いているとして、アフガニスタンにとって潜在的脅威となることを指摘している。

実際、ガニ大統領の発言の数日後にはヘルマンド州でＩＳの黒い国旗を掲げた車列の活動が確認され、ＩＳとタリバンとの銃撃戦も発生した。一月中には、ＩＳに参加したタリバンの元幹部がタリバン戦闘員や部族民兵などを勧誘している例や、元タリバン・メンバーがＩＳへの支援を呼びかける画像がウェブ上に公開されたこと、西部ファラー州にＩＳの訓練キャンプが設置されたことなどが報道されている。ＮＡＴＯ主導のＲＳのキャンベル司令官もＩＳがアフガニスタンとパキスタンで勧誘活動を活発化させていることを認め、その影響力の拡大を注視していると述べている(15)。

様々な情報から推測すると、ＩＳはタリバンと対立しながらも一五年中にアフガニスタン南部、西部、東部地域に拠点を確立し、一部地域を支配下に置くにいたったと考えられる。こうしたＩＳの勢力拡大に対して、米国防総省は一六年一月に駐留米軍部隊にＩＳに対する交戦権を付与し、ＩＳ関連組織への空爆の開始を指令した。同年六月にはオバマ大統領が米軍によるアフガン軍部隊の戦闘支援と空爆を強化する権限を現地部隊に与え、駐留米軍も六八〇〇人規模に増派した。しかし、その後もタリバンやＩＳ系武装組織の勢力拡大を抑制することに成功していない。ＳＩＧＡＲの一七年二月の報告書によると、アフガニスタン全土のうち政府の統治下にある地域は一六年一一月時点で五七％で、一五年の同時期比で一五％縮小し、一六年一月から一一月までの各地での反政府武装勢力との戦闘による治安部隊員の死者数は六七八五人、負傷者は一万一七七七人に上ったということである。

以下の二〇一五～一六年のアフガニスタン情勢の年表が示すように、アフガニスタンにおける「対テロ戦争」はますます悪化しているといえる状況であり、さらに地域的にも隣国のパキスタンにまで拡大している。米国務省の「世界のテロ年次報告書」二〇一六年版（一七年七月一九日公表）では、一六年の世界のテロ件数は前年比九％減少したものの、イラクでのＩＳのテロ攻撃は前年比二〇％増で死者数は六九％増、ＩＳ関連のテロは二〇カ国以上に拡大したことが示されている。二〇〇一年一〇月のアフガニスタン攻撃によって着火された「対テロ戦争」は、世界的な広がりを持つようになってきているのである。

アフガニスタン情勢年表二〇一五〜一六年（国名を表記した以外はすべてアフガニスタン）

二〇一五年

一・一　南部ヘルマンド州サンギン地区での治安部隊とタリバン武装勢力との戦闘中にアフガン兵が発射したロケット弾が結婚式会場に着弾し女性と子ども含む少なくとも二八人死亡、五一人負傷。

一・二九　東部ラグマン州メーターラムで地方警察官の葬儀への自爆攻撃により警官含む一六人死亡、三九人負傷

一・三〇　パキスタン南部シンド州北部シカルプルのシーア派モスク内での自爆攻撃により六一人死亡、六〇人以上負傷、パキスタン・タリバンから分派したイスラム武装組織ジュンダラーが実行声明。

二・一七　東部ロガール州プレアラムの警察本部への自爆攻撃により警官と民間人計二〇人死亡、八人負傷、タリバンが実行声明。

二・一三　パキスタン北西部ペシャワールのモスクへのタリバン武装勢力の自爆攻撃を含む攻撃により二〇人死亡、約五〇人負傷。

三・一五　パキスタン東部ラホールの二カ所のキリスト教会内での自爆攻撃により一五人死亡、七〇人以上負傷、パキスタン・タリバンが実行声明。

四・八　東部ナンガルハル州ジャララバードの州知事庁舎で州政府高官と米外交官との会談後にアフガン

兵の発砲（内部者攻撃）により米兵一人死亡、二人負傷。

四・九　北西部バルク州マザリシャリフの州政府庁舎を武装勢力がRPGと小火器で攻撃し地区警察本部長と検察官含む一〇人死亡、六六人負傷。

四・一八　東部ナンガルハル州ジャララバードの銀行前で給与引き出しに来た政府職員標的の自爆攻撃とその後に集まった群集への自動車爆弾攻撃により三五人死亡、一二五人負傷、ＩＳ系武装勢力が実行声明。

五・四　北部バダクシャン州ワルドジ地区の治安部隊拠点への武装集団の攻撃によりアフガン兵一七人死亡、二〇人行方不明。

五・一三　カブールの外国人向けゲストハウスを武装集団が攻撃し外国人六人を含む一四人死亡。

五・一三　ＮＡＴＯ諸国外相会議でアフガニスタンで現在実行中の支援活動「確固たる支援 Resolute Support」を二〇一六年末以降も継続することを決定。

五・二四　西部ファラー州でタリバンとＩＳ系武装勢力の戦闘によりタリバン戦闘員一二人とＩＳ系武装勢力一五人死亡、タリバンが外国人女性四人含むＩＳメンバー一二人を拘束。

五・二五　南部カンダハル州ナウザード地区の警察施設をタリバン武装勢力が包囲し攻撃、警官一九人とアフガン兵七人死亡。

六・八　カブール北方バグラム航空基地への砲撃により米国防総省文官一人死亡。

六・二二　カブールの議会入り口でタリバン武装勢力の自動車爆弾による自爆を含む攻撃により五人死亡、三一人負傷、応戦により攻撃者七人死亡。

七・六　東部ナンガルハル州アチン地区で米無人機の空爆によりＩＳ系武装勢力四九人死亡。

七・一二　東部コースト州の米軍基地近くの検問所への自動車爆弾による自爆攻撃により少なくとも子ども一二人含む民間人中心に三三人死亡、一〇人負傷。

七・二二　北西部ファリヤブ州アルマー地区の市場でアフガン軍部隊標的の自爆攻撃によりアフガン兵と民間人少なくとも一九人死亡、三八人負傷。
七・二九　タリバン最高指導者のオマール師が二〇一三年四月に結核により死亡していたとの情報をアフガニスタン政府と米政府が確認、翌三〇日タリバンがオマール師の死亡を公式に確認。
八・六　カブールのアフガン軍情報部隊基地前で自動車爆弾による自爆攻撃により少なくとも八人死亡、一二〇人以上負傷。
八・七　カブール国際空港近くのNATO軍基地へのタリバンの攻撃によりNATO軍兵士一人とNATO軍契約民間軍事会社警備員八人死亡、カブールの警察学校入り口前で警官の制服を着た男の自爆攻撃により志願者二六人死亡、二七人負傷、カブールの住宅地域でトラック爆弾攻撃により少なくとも一五人死亡、二〇〇人以上負傷。
八・八　北部クンドゥズ州カナバード地区で民兵部隊標的の自爆攻撃により民兵二五人と民間人四人死亡、民間人一五人含む一九人負傷、タリバンが実行声明。
八・一二　南部ヘルマンド州ムサカラ地区の検問所への警官の制服を着て警察車両に乗ったタリバン武装勢力の攻撃により警官一四人死亡。
八・一三　アルカイダのザワヒリ最高指導者がマンスール師をタリバンの最高指導者として忠誠を誓う声明を発表。
八・一六　パキスタン北東部パンジャブ州アトック地区の反タリバン派の州行政長官の自宅施設での自爆攻撃により少なくとも長官含む一四人死亡、一七人負傷、パキスタン・タリバンが実行声明。
八・二六　南部ヘルマンド州の治安部隊基地（元英軍基地 Camp Bastion）内で治安部隊員二人の発砲によりNATO軍兵士二人死亡。
九・六　南部ヘルマンド州ガルムサー地区で米軍無人機の空爆により麻薬取締作戦遂行中の警察特殊部隊

員一一人死亡、四人負傷、一人行方不明、内務省報道官発表。

九・一四　中部ガズニ州の中央拘置所をタリバンが自爆攻撃と小火器で襲撃し収容者三五五人を解放、銃撃戦によりタリバン四人死亡、受刑者二人と警官四人死亡、七人負傷。

九・一八　北西部ペシャワールのパキスタン空軍施設を武装集団が攻撃し軍関係者二九人死亡、応戦により武装集団一三人死亡、パキスタン・タリバンが実行声明。

九・二八　北部クンドゥズ州クンドゥズにタリバンが侵攻し治安部隊と激しい戦闘後に政府関連施設や警察署などを制圧し同市全域を掌握、治安部隊の多くは市外に撤退、多数の死傷者、隣接のタカール州でもタリバンと治安部隊との激しい戦闘。

一〇・三　北部クンドゥズ州クンドゥズの「国境なき医師団（MSF）」の医療施設への米軍AC－一三〇対地攻撃機の誤爆によりMSF職員一二人と子ども三人含む患者一〇人計二三人死亡、三七人負傷、三〇人以上行方不明。

一〇・一三　タリバン報道官が北部クンドゥズ州クンドゥズでの治安部隊や外国軍との戦闘で民間人死傷者がさらに発生することを避けるために同市から撤退したと発表。

一一・一四　北西部ファリヤブ州パシュトゥン・コット地区でタリバン戦闘員が治安部隊駐屯地五カ所を包囲しうち二カ所を制圧、警官一〇人行方不明、南部ヘルマンド州サンギン地区でアフガン兵六五人がタリバンに合流、州警察本部発表。

二〇一六年

一・四　カブール国際空港の軍用入口でタリバンの自動車爆弾による自爆攻撃により民間人三八人死傷。

二・一　カブール西部の警察署へのタリバンの自爆攻撃により二〇人死亡、二九人負傷。

四・一二　タリバンが外国軍に対する「春（暖期）の攻勢」として「オマール作戦」を開始すると発表。

四・一九　カブール中心部の治安部隊施設へのタリバンのトラック爆弾による自爆攻撃とその後の銃撃により六四人死亡、三四七人負傷。
五・二五　カブール西部で裁判所職員の乗るミニバスへのタリバンの自爆攻撃により職員ら一一人死亡、一〇人負傷。
五・三一　南部ヘルマンド州ラシュカルガーの複数の検問所へのタリバンの攻撃により警官五七人死亡。
六・三〇　カブール郊外で警察の人員輸送バスの車列へのタリバンの二件の連続自爆攻撃により警官三七人死亡、四〇人負傷。
七・二三　カブール西部マザリ広場で政府の送電線建設計画についての大規模な抗議集会中にシーア派少数民族ハザラ人標的の自爆攻撃により八〇人死亡、二三一人負傷、ＩＳが実行声明。
八・一四　北部ゴール州ダハナ・ゴーリ地区をタリバンが制圧。
八・二二　北東部タカール州クワジャ・ガール地区をタリバンが制圧。
八・二七　南東部パクティア州ジャニ・クヘル地区をタリバンが制圧。
九・五　カブール中心部の国防省庁舎近くでタリバンの二件の自動車爆弾による自爆攻撃により治安部隊員ら四一人死亡、一一〇人負傷。
九・一九　中部ウルズガン州タリンコット郊外の検問所付近で米軍の空爆により警官八人死亡。
九・二七　北部クンドゥズ州クンドゥズ郊外のアフガン軍駐屯地でアフガン兵二人の発砲（内部者攻撃）によりアフガン兵一二人死亡。
一〇・一三　南部ヘルマンド州ラシュカルガー郊外で撤退中の治安部隊約一〇〇人へのタリバンの攻撃によりアフガン兵と警官約九〇人死亡。
一一・三　北部クンドゥズ州クンドゥズ郊外で米軍とアフガン軍特殊部隊へのタリバンの攻撃により米兵二人死亡、四人負傷、攻撃を受けた部隊の要請による米軍の空爆により女性と子ども含む住民三二人死亡、二五人負傷、アフガン兵三人死亡。

一一・一〇　北部バルク州マザリシャリフのドイツ領事館への自動車爆弾による自爆攻撃により少なくとも六人死亡、一二八人負傷、タリバンが三日にクンドゥズ州で米軍の空爆によって民間人三二人が死亡した事件への報復攻撃との声明。

一一・二一　カブールのシーア派モスク内での自爆攻撃により礼拝者三二人死亡、八五人負傷、ＩＳが実行声明。

一二・二　南部カンダハル州ナッシュ地区で武装勢力の攻撃により民間人二三人死亡。

トランプ政権の「対テロ戦争」政策

一六年のアメリカ大統領選挙では共和党のドナルド・トランプ候補と民主党のヒラリー・クリントン候補の争いとなったが、多くのメディアの予想に反してトランプ候補が選挙に勝利した。一七年一月二〇日の大統領就任式直後、トランプ大統領はホワイトハウスのウェブサイト上に「アメリカ第一主義の外交政策」を発表し、ＩＳなどの「イスラム過激主義テロリスト集団」の打倒を最優先課題として掲げ、必要であれば攻撃的な軍事作戦も辞さないとしている(16)。

トランプ大統領は選挙中からイスラム教徒を敵視する姿勢を示していたが、これは大統領就任から一週間後の一月二七日、イスラム圏からアメリカへの入国を制限する大統領令に署名することによって政策として具体化された。この大統領令は、シリア難民受け入れの無期限停止、シリア以外の難民の一二〇日間受け入れ停止、テロの懸念がある国としてイラク・イラン・リビア・ソマリア・スーダン・シリア・イエメンの七カ国からの入国ビザ発給の九〇日間停止などを内容としている。ニューヨーク州など一五州とワシントンDCの司法長官は大統領令を憲法違反と非難する共同声明を発表し、二月にはワシントン州の連邦地裁が大統領令の暫定的な差し止めを命令した。司法省はカリフォルニア州の連邦控訴裁判所に差し止め命令の取り消しを請求したが、控訴裁判所は請求を却下し、最終的には連邦地裁の判断を支持する決定を下した。トランプ政権は最高裁への上告を見送りこの大統領令は無効となったが、その後も内容を緩和したものの同様の大統領令に署名するなど、イスラム教徒敵視という基本姿勢を変えていない。

トランプ大統領は、宗教・民族差別という国内外からの批判に対して、大統領令はイスラム教徒を対象としたものではなく、「イスラム過激主義テロリスト集団」のアメリカへの入国阻止を目的とするものであると主張している。しかし、イスラム教徒が多数を占める国々の国民を無差別に入国拒否することは、イスラム教徒にとっては宗教差別以外の何物でもなく、アメリカがイスラム教に対して敵対的姿勢をとったと受け取られて当然の政策である。これはイスラム教徒の反米感情をより強めることになるであろうし、「イスラム過激主義テロリスト集団」の反米闘争への共感を醸成することにもなるだろう。トランプ政権の思惑とは逆に、この政策は反米イスラム武装勢力を強化・拡大する危険性が高いのである。

実際、アフガニスタンのIS最高指導者は、大統領選挙でのトランプ候補の勝利が決定した直後に、「彼のイスラム教徒に対する嫌悪は我々が多数の戦闘員をこの国で勧誘することをより容易にする」との声明を発表している（一六年一一月一五日）。大統領就任式直後には、タリバンが「二〇〇一年の多国籍軍のアフガニスタン攻撃からの一六年間の結果は、破壊、生命の損失、数十億ドルの経済的浪費、世界的な反米感情であり、トランプ政権がブッシュ政権とオバマ政権と同様の政策を継続すれば、アフガニスタンでの暴力も継続する」との声明を発表している（二〇一七年一月二二日）。イスラム圏七カ国からの入国を制限する大統領令への署名直後には、イランのザリフ外相が「（大統領令は）過激派とその支持者たちへの偉大な贈り物として歴史に記録されるだろう。……集団的な差別はテロリストの勧誘活動を支援するものだ。深まる断絶は支援者らを増やそうとする過激派の扇動家らに悪用されるだろう」と批判している（一七年一月二九日）。

さらに、一月二七日に署名された大統領令は「外国テロリストの入国からの合衆国の保護」という題名であるが、欧米諸国で最近発生している「テロ」事件は、大統領令が指定した七カ国から入国した「テロリスト」によるものではなく、「ホーム・グロウン」と呼ばれる自国内で生まれ成長した若者がＩＳの過激思想や主張に共感して実行したものである。また、「外国テロリストの入国」を阻止するのが目的としながら、九・一一同時多発テロの犯人とされる一九人のうち一五人の出身国サウジアラビアが、大統領令の対象とされていないのも不可解である。

大統領令はこれらの事実を無視しており、逆にアメリカ国内に居住しているイスラム教徒に対する差別や憎悪を助長する効果を持つだろう。これは「ホーム・グロウン」のイスラム過激思想への共感を強めること、つまり「テロリスト」を育てることになりかねないといえよう。したがって、この大統領令に象徴されるトランプ政権のイスラム教徒敵視政策は、アメリカを「より危険にする」結果をもたらす可能性が高いのである。

トランプ政権のアフガニスタンでの「対テロ戦争」戦略は、政権発足当初は明確ではなかったが、その後、「アメリカ第一主義の外交政策」に示されていたように、アフガニスタンへの軍事的関与を強化する方向に動いていった。六月中旬には国防総省がアフガニスタン駐留米軍に四〇〇〇人規模の増派を行なう方針を決定し、八月二一日にはトランプ大統領がアフガニスタンに関する新戦略について演説し、「私の直感は撤退だった」が、数カ月の議論を経て「性急に撤収すれば空白が生まれ、ＩＳＩＳやアルカイダといったテロリストがその空白を埋めるだろう。これは九・一一の前に起きたことだ」として、米軍を増派する方針が政権内で決定されたことを示唆した。九月一八日には、マティス国防長官がアフガニスタンに米軍三〇〇〇人規模を増派すると発表した。

二〇一八年一月末現在のアフガニスタンにおける「対テロ戦争」は、米軍・ＩＳＡＦの撤退・戦闘任務終了によって、主としてアフガン政府軍・治安部隊とタリバンおよびＩＳ系武装勢力との戦争となっている。アフガン政府側は米軍の軍事援助と空爆支援を受けているが、以下のアフガニスタン情勢年表二〇一七〜一八年が示すように、武装勢力の反政府武力闘争はまったく沈静化する兆しをみせていない。トランプ政権が今後アフガニスタンへの軍事的関与をどの程度まで強化・拡大していくのかは一八年一月末時点では不透明である。米軍を増派するとしてもその規模が数千人程度では、事態の劇的な改善は困難であろう。米軍地上部隊を本格的に派遣し空爆も強化したとすれば、一四年までの状況をみれば明らかなように、米軍兵士の犠牲者とコラテラル・ダメージとしての民間人犠牲者は急増し、アメリカは「対テロ戦争」の泥沼に再び陥る可能性が高いであろう。

アフガニスタン情勢年表二〇一七～一八年（国名を表記した以外はすべてアフガニスタン）

二〇一七年

一・一〇　カブールの議会と政府関連施設での自爆攻撃と現場に駆け付けた治安部隊への自動車爆弾攻撃により治安部隊員と民間人三八人死亡、議員含む七二人負傷、南部カンダハル州カンダハルの州知事庁舎内でIED攻撃により庁舎を訪問中のUAE外交官五人含む一二人死亡、UAE大使ら一二人負傷、タリバンが実行声明。

一・二一　パキスタン北西部クラム地域でシーア派住民標的のIED攻撃により二五人死亡、五〇人負傷、パキスタン・タリバンが実行声明。

二・七　カブールの最高裁判所施設入り口での自爆攻撃により二一人死亡、四一人負傷、ISが実行声明。

二・九　南部ヘルマンド州サンギン地区でアフガン軍の作戦行動支援の米軍の空爆により民間人二二人死亡。

二・一六　パキスタン南部シンド州セフワンのイスラム神秘主義スーフィ派の霊廟での自爆攻撃により女性と子ども含む八八人死亡、三四三人負傷、ISが実行声明。

二・一七　東部ナンガルハル州ディハバラ地区のアフガン軍駐屯地へのIS系武装勢力の攻撃によりアフガン兵一八人死亡。

二・一八　南部ヘルマンド州ラシュカルガーの警察検問所での内部者攻撃により警官一二人死亡、タリバンが実行声明。

三・一　カブール西部の警察施設への自動車爆弾による自爆攻撃とカブール東部の情報機関施設入り口での自爆攻撃により民間人一一人含む計二二人死亡、一二〇人負傷、タリバンが実行声明。

三・八　カブールの在外公館の集まる地域の軍病院を白衣を着た武装集団が自爆攻撃後に無差別に銃撃し四九人死亡、七〇人以上負傷、ISが実行声明。

三・三一　パキスタン北西部クラム地域の市場で自動車爆弾攻撃により二二人死亡、五七人負傷、パキスタン・タリバンの分派組織が実行声明。
四・一三　東部ナンガルハル州アチン地区モハマンド渓谷のＩＳのトンネル複合施設に対して米軍が大規模爆風爆弾（GBU-43/B, MOAB）により空爆しＩＳ戦闘員少なくとも九四人死亡。
四・二一　北部バルク州マザリシャリフのアフガン軍基地をアフガン軍の軍服を着たタリバン戦闘員一〇人が攻撃し兵士少なくとも一四〇人死亡、六四人負傷。
五・一二　南西部バルチスタン州クエッタ東方マストゥングで議会上院副議長の車列標的の自爆攻撃により二五人死亡、副議長含む三〇人以上負傷、ＩＳが実行声明。
五・三一　カブールの在外公館の集まる地域でトラック爆弾による自爆攻撃により治安部隊員や民間人少なくとも九〇人死亡、日・独・米などの大使館員や契約業者含む約四〇〇人負傷、タリバンは関与を否定し民間人を犠牲にするすべての攻撃を非難する声明。
六・二二　南部ヘルマンド州ラシュカルガーの銀行前で給与引き出しの政府職員や市民の行列への自動車爆弾攻撃により少なくとも三四人死亡、六〇人以上負傷。
六・二三　パキスタン北西部パラチナールの市場でＩＥＤ攻撃により六七人死亡、一五〇人以上負傷。
七・二四　カブール西部で政府職員の乗るバス標的の自動車爆弾による自爆攻撃により二四人死亡、四二人負傷、タリバンが実行声明。
　　　　パキスタン東部ラホールで警官隊標的の自爆攻撃により警官八人含む二六人死亡、五四人負傷、パキスタン・タリバンが実行声明。
七・二六　南部カンダハル州カクレズ地区の治安部隊駐屯地をタリバンが攻撃しアフガン兵二六人死亡。
八・一　西部ヘラート州ヘラートのシーア派モスクでの自爆攻撃と銃撃により三三人死亡、六六人負傷、ＩＳが実行声明。

八・二七　カブールのシーア派モスクへのタリバンの自爆攻撃と銃撃により少なくとも三〇人死亡、約五〇人負傷。
八・二九　西部ヘラート州シンダンド地区でタリバン標的のアフガン軍の空爆により民間人一三人死亡、七人負傷、タリバン戦闘員一六人死亡。
八・三〇　東部ロガール州プレアラム近郊でタリバンの隠れ家標的のＮＡＴＯ軍ヘリの空爆により民間人一一人死亡。
九・二八　南部カンダハル州マルフ地区の警察検問所へのタリバンの自動車爆弾による自爆攻撃により警官一二人死亡。
一〇・一九　南部カンダハル州、北西部バルク州、西部ファラー州でのタリバンの攻撃によりアフガン兵と警官少なくとも五八人死亡。
一〇・二〇　カブール西部のシーア派モスクでの自爆攻撃により女性と子ども含む五六人死亡、五五人負傷、ＩＳが実行声明、中部ゴール州ドライナのスンニ派モスクで軍閥指導者標的の自爆攻撃により少なくとも三三人死亡、一〇人負傷。
一〇・二一　カブールの国立防衛大学の訓練所へのタリバンの自爆攻撃により訓練生一五人死亡、四人負傷。
一〇・二九　北部クンドゥズ州カナバード地区の警察検問所へのタリバンの攻撃により警官一三人死亡。
一一・六　北部クンドゥズ州チャハルダラ地区で米軍の空爆により民間人一三人死亡。
一一・八　ＮＡＴＯがアフガニスタン駐留軍を三〇〇〇人増派し一万六〇〇〇人規模にすると発表。
一一・一四　南部カンダハル州の治安部隊駐屯地一五カ所をタリバンが攻撃し警官計二七人死亡。
一一・一六　カブールで自爆攻撃により警官と民間人計一四人死亡、一八人負傷、ＩＳが実行声明。
一二・二八　カブールのシーア派文化センターでの自爆攻撃により四一人死亡、八四人負傷、ＩＳが実行声明。
一二・三一　東部ナンガルハル州ジャララバードで州政府幹部の葬儀への遠隔操作爆弾により一八人死亡、Ｉ

Sが実行声明。

二〇一八年

一・四　カブール東部地域で自爆攻撃により警官二〇人死亡、二七人負傷、ISが実行声明。

一・二〇　カブールのインターコンチネンタル・ホテルを武装集団が襲撃し外国人一四人含む二二人死亡、一〇人負傷、タリバンが実行声明。

一・二七　カブール中心部の内務省施設前で大量の爆発物を積んだ救急車の自爆攻撃により一〇三人死亡、二三五人負傷、タリバンが実行声明。

一・二九　カブールのアフガン軍訓練施設へのISの攻撃により兵士一一人死亡、一六人負傷。

一・三〇　トランプ大統領がタリバンとの和平交渉の意思はないと表明したことに対して、タリバンがアフガニスタンの主権はカブール政府ではなくタリバンにあるとした上で、アメリカがタリバンとの和平交渉を拒否すれば戦争が続くだけであるとの声明を発表。

一・三一　英BBCが全国土のうちカブール政府が統治している地区は三〇％、タリバンの活動が活発な地域は七〇％、うち四％はタリバンの完全支配下にあるとの調査結果を発表。

11　ICOS (International Council on Security and Development): http://www.icosgroup.net/, *Political Quagmire in Afghanistan* (September 2009)。ICOSはタリバンの攻撃が週一回以上発生している州をタリバンの活動が活発な地域としている。

12　この意味では、長期化するベトナム戦争からの出口戦略としてニクソン大統領が発表した「グアム・ドクトリン」、すなわち「ベトナム戦争のベトナム化」に類似した考え方ともいえる。実際、この時期のアメリカのメディアでは、アフガニスタンの状況がベトナム戦争と類似する部分が多いとして、「オバマのベトナム」という表現が目立つようになっている。

13　ただし、戦闘任務終了は地上部隊に限られたと思われ、米軍兵士の犠牲者をともなわない無人武装偵察機による反政府武装勢力標的の空爆は継続されている。

14　一〇月一三日にタリバンはクンドゥズ市内から撤退したが、タリバン報道官は治安部隊との戦闘で多数の民間人死傷者が発生することを避けるためと説明している。

15　ロイター通信はカブール大学の学生たちが、「自分の夢はシリアのイスラム国に参加してグローバルなカリフ国家の設立のために戦うこと」「すでに何人かの友人はシリアに行って神聖な目的のために我らの友たちの行動に参加している」などとインタビューに答えたことを紹介している。

16　https://www.whitehouse.gov/america-first-foreign-policy/

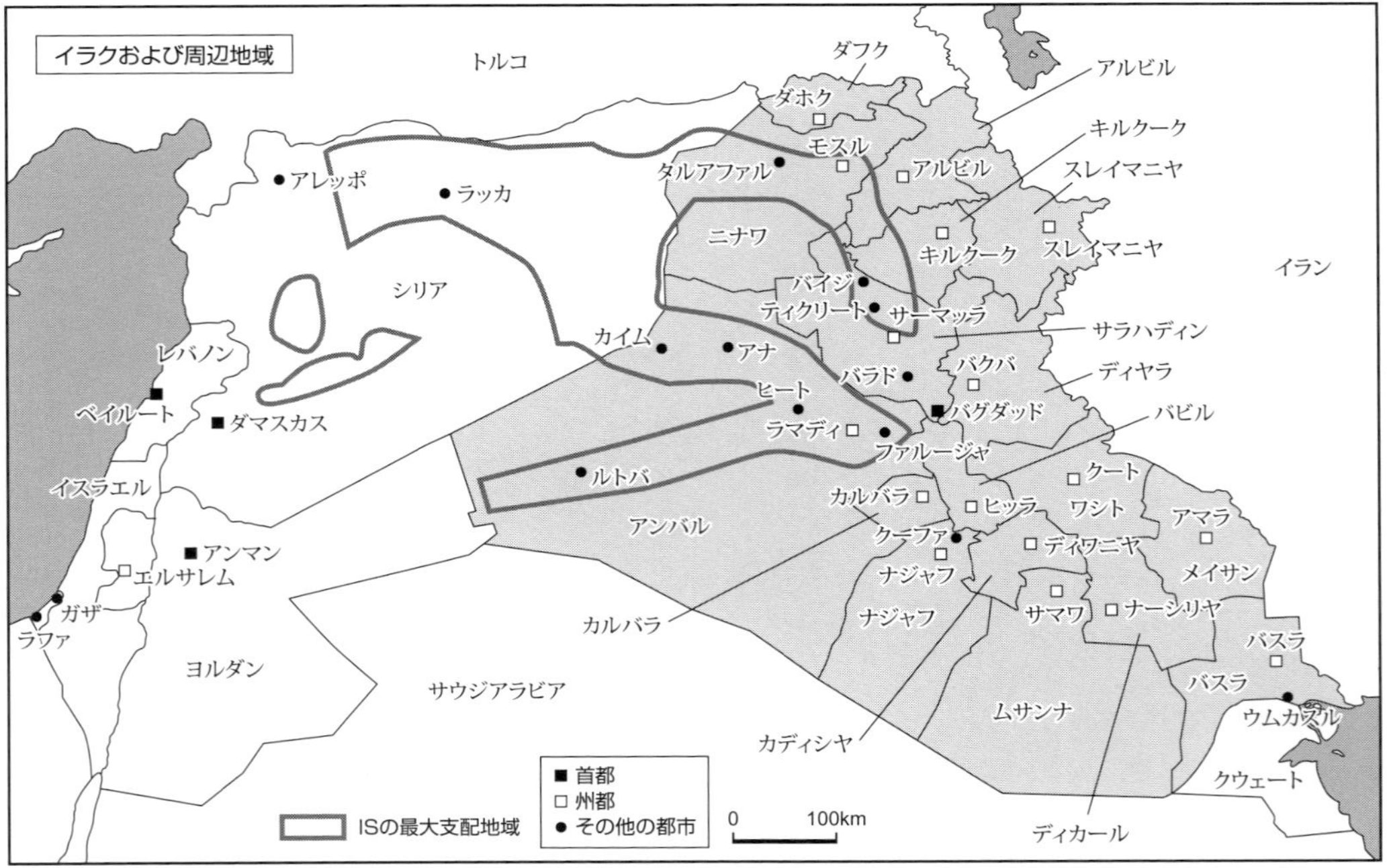

［備考］IS の支配地域の表示はその拡がりをイメージしてもらうためで、形状は正確ではないし、線で囲まれた地域を IS がすべて掌握しているわけではない。

第2章　ブッシュ政権のイラク攻撃戦略

九・一一同時多発テロ発生からアフガニスタン攻撃にいたる一連の経過のなかから、ブッシュ政権は対テロ戦争という国家と非国家勢力との間の「非対称戦争」に対処するための新しい軍事戦略を作り出した。テロの実行者・計画者だけでなく、彼らを直接・間接に支援し秘匿する者および国家をも、対テロ戦争の名目のもとに攻撃対象とすることによってテロ組織を分断し孤立させ、少なくともアメリカ本土に対する大規模な攻撃を抑止して「聖域」性を再建しようとする戦略である(1)。しかも、この新しい戦略は国連安保理決議によって正当性を獲得したとされたのであった。

そして、この戦略は二〇〇二年九月二〇日に発表されたブッシュ政権の「アメリカ合衆国の国家安全保障戦略(2)」においてさらに拡大された。テロ組織を分断し壊滅させる方法として、アフガニスタン攻撃によるタリバン政権打倒の例に言及した後、追加的手段として次のように述べている（文中の波線は延近）。

国内および国際社会の力のあらゆる要素を用いる直接的かつ継続的な行動。当面の焦点は、世界的に活動するテロ組織、および大量破壊兵器またはその前駆物質の入手または使用を試みるテロリストまたはテロ支援国家である。

脅威が米国の国境に達する前に、その脅威を確認し破壊し、米国とその国民、および国内外の国益を守る。米国は、国際社会の支持を得るべく常に努力するが、そのようなテロリストが米国民や米国に危害を加えることを防ぐため、必要ならば単独で行動し、先制して自衛権を行使することをためらわない。

すなわち、テロ組織の脅威の破壊のためには主権国家に対する先制攻撃も辞さない予防戦争戦略である。さらにアフガニスタン攻撃においては、九・一一同時多発テロの衝撃によって国際社会の多数の共感が得られ国連安保理決議が採択されたが、対テロ戦争において予防戦争戦略をとれば、アメリカの軍事行動すべてに国連の承認が得られるとは限らなくなる。したがって、この戦略は単独行動主義の性格を持つことになるのである。

また、このブッシュ戦略は、国連安保理決議がタリバン政権への軍事攻撃を容認しているという解釈を基礎として策定されたのだから、アメリカ以外の国も同様の戦略を採用・実行することが容易となった。実際これ以降、パレスチナ問題を抱えるイスラエルや国内に民族問題・宗教問題を抱えるロシアが、テロ対策を名目として「敵対勢力」に対して強硬手段をとっていくことになるのである。

単独行動主義と先制攻撃・予防戦争の実行は「テロリストが米国民や米国に危害を加えることを防

ぐため」とされているが、テロ組織やテロ支援国家を対象とするのは「当面の焦点」という前提付きである。テロ組織やテロ支援国家自体が拡大解釈されうるし、最優先されるのはアメリカの国益の確保であるから、この戦略の対象もアメリカの国益を損なうもの、その危険性のあるものすべてに容易に拡大されうることになる。そして、ブッシュ政権が対テロ戦争の次の対象としたのがイラクであった。

１　アメリカに対するミサイル攻撃能力を持つ国に対しての「聖域」性を確保する手段としては、ブッシュ大統領は二〇〇一年一二月一三日に弾道ミサイル迎撃ミサイル（ＡＢＭ）制限条約からの脱退を宣言し、以降ミサイル防衛（ＭＤ）システムの開発・配備を促進していく。

２　*National Security Strategy of the United States*, September, 2002, https://georgewbush-whitehouse.archives.gov/nsc/nss/2002/nss.pdf

第１節　ブッシュ政権のイラク攻撃の大義名分

二〇〇二年の一般教書演説――イラクを対テロ戦争の標的に

ブッシュ大統領は二〇〇二年一月二九日の一般教書演説(3)の冒頭で、九・一一同時多発テロ後に「我々は数千人のテロリストを逮捕または除去し、アフガニスタン攻撃によってテロリストの訓練基地を破壊するとともに、アフガニスタンの人々を飢餓から救い残酷な弾圧から解放した」と述べ、対テロ戦争に勝利しつつあると自賛する。しかし対テロ戦争はまだ始まったばかりであり、数万人のテロリストたちは依然として逃走中であり、彼らは世界中を戦場とみなしているため、WMDを手に入れようとするテロリストやテロ国家が、合衆国と世界に脅威を与えることを防がなければならないとする。

そして、イラク・イラン・朝鮮民主主義人民共和国（北朝鮮）の三カ国を、WMDを追求しテロを実行または支援する国家として、「悪の枢軸（Axis of Evil）」と呼んで非難した。特にイラクは、アメリカに対する敵対姿勢とテロ支援をあからさまに誇示し続けており、湾岸戦争後も一〇年以上にわたって炭疽菌や神経ガス、核兵器の開発を計画してきたとする。フセイン政権はイラク国民に対して実際に毒ガスを使用して数千人を殺害し、WMDの国際的な検証に同意したにもかかわらず査察官を国外に追放したとして、その脅威を強調した。

そのうえで、アメリカは国家の安全保障を確保するために必要なことを実行するとして、対テロ戦争に勝利することを最優先目標とすることを宣言した。その手段としては、再びアフガニスタンの例を挙げて、精密攻撃兵器の増強と世界各地への兵力の緊急展開能力の向上をめざし、そのために必要な予算措置を講じるとする。国防予算は巨額となるが、我々は自由と安全保障のためのコストがどれほどになろうとも支払うであろうと述べる。そして、アメリカはもはや大洋（大西洋と太平洋）によって守られてはいないのだから、海外での力強い行動によってのみ敵の攻撃を防ぐことができると主張した。

イラクの核開発疑惑の強調

このように、ブッシュ大統領は一般教書演説の約半分の時間を使って対テロ戦争を実行する強い意志を表明したのだが、「海外での力強い行動」の標的はイラクであった。その後の演説や記者会見などでは、イランや北朝鮮への言及はほとんどなく、イラクのフセイン政権がＷＭＤを保有または開発していること、アルカイダと密接な関係があることを理由として、イラクの脅威をたびたび強調するようになった。またブッシュ政権の高官もイラクの核兵器開発を裏づける具体的な証拠があるとする情報を公表して、イラクの脅威が差し迫っていることを強調した。

例えば、ブッシュ大統領は二〇〇二年八月一〇日にテキサス州のゴルフ場での記者との質疑応答で、イラクを敵とみなすのかという質問に、「彼らは敵であり、ＷＭＤを欲しており、我々を敵とみなしている」と答え、イラク攻撃を実行した場合の犠牲者の発生をアメリカ国民は容認すると考えるかとの質問には、「サダム・フセインのような指導者がＷＭＤを手に入れた場合、我々自身にとっても我々の同盟国にとっても非常に危険なことを、アメリカ国民は理解していると私は確信している」と答えている。

九月七日のブレア英首相との首脳会談後の記者会見では、イラクは「あと六カ月で核兵器を製造できる状態にあるという報告が国際原子力機関（ＩＡＥＡ）から出されている。これ以上明白な証拠が必要だろうか」と発言した。九月八日には、チェイニー副大統領がテレビの報道番組で、イラクがウラン濃縮に使用されると思われる数千本のアルミニウム管を入手しようとしたというニューヨーク・

タイムズ紙の記事を引用して、イラクの核兵器開発が進展していることを強調した。上述の「国家安全保障戦略」公表直後の九月二一日のブッシュ大統領のラジオ演説では、「イラクはテロリスト集団と長期的で継続的な関係があり、国内にアルカイダがいる」、「イラクは核爆弾の保有を追及しており、核分裂物質さえ入手すれば、一年以内に核爆弾を開発することができる」と述べている。そして翌二二日にブッシュ政権はイラクに対する軍事力行使の権限を大統領に付与する決議案を議会に送付した。

この決議案が連邦議会で審議中の九月二四日、上院外交委員会のイラク問題についての非公開説明会にCIAのテネット長官が出席し、一九九九年から二〇〇一年の間に、イラクがアフリカ中西部のニジェールから酸化ウラン五〇〇トンを輸入しようとしていたという調査報告の存在を明らかにした。一〇月七日のオハイオ州シンシナティでのブッシュ大統領の演説では、イラクとアルカイダとの関係について、「我々はイラクとアルカイダのテロ組織がアメリカ合衆国を共通の敵として、一〇年間にわたって幹部同士が接触していることを知っている。アルカイダの上級幹部たちがアフガニスタンからイラクに逃れ、イラクがアルカイダのメンバーに爆弾製造や毒薬、毒ガスの製造の訓練をしてきたこともわかっている」と述べている。WMD開発については、偵察衛星の写真で生物兵器や化学兵器の製造施設を再建していることが明らかになり、ウラン濃縮用のガス遠心分離機に必要な高強度アルミニウム管やその他の機器を購入しようとしていると述べて、脅威が差し迫ったものであることを強調した。

一〇月一〇日、大統領にイラク攻撃の権限を付与する決議案は連邦議会の下院本会議で賛成二九六、反対一三三で可決され、翌一一日には上院本会議でも賛成七七、反対二三で可決された(4)。ブッシュ大統領は決議成立後、この採決は、イラクに対して「自ら武装を解除しすべての国連決議を遵守しなければならない、さもなければ遵守を強制されるという明確なメッセージを送るものである。交渉の余地はない。イラクが無法国家として行動する日々の終わりは近い。合衆国はより平和でより正義の世界を作るために、そしてすべての人々の自由のために支援をしていく」というコメントを発表している。

ただし、この決議は大統領に無条件で軍事力行使の権限を与えているわけではない。決議は、イラクに弾道ミサイルとＷＭＤの廃棄や開発計画の放棄などを要求するすべての国連安保理決議を履行させ、イラクの脅威からアメリカの安全を守るために必要かつ適切と大統領が判断した場合に、米軍を使用する権限を大統領に与えること、ただし、大統領はその権限の行使にあたって外交その他の平和的手段では達成できないことを議会に説明する義務を負うことと規定している。つまり、議会が大統領に軍事力行使の権限を与えるのは戦争に賛成するからではなく、イラクに対する軍事力行使という選択肢を大統領に与えることによって、フセイン政権を威嚇し安保理決議を履行させることを目的とした決議なのである。

イラクの核開発疑惑の根拠の信憑性

大統領にイラク攻撃の権限を付与する決議案は採択されたものの、ブッシュ大統領が議会や国民に対してイラクに対する軍事力行使が必要と説明した理由は、根拠がないかあるいは曖昧なものであった。

第一に、ブッシュ大統領が二〇〇二年九月七日のブレア英首相との首脳会談後の記者会見で述べた、イラクが半年で核兵器を製造可能というIAEAの報告は存在しなかった。この記者会見の翌日には、ワシントン・ポスト紙がそのような報告は存在しないとのIAEAの報道官のコメントを報道している。九月二七日にはワシントン・タイムズ紙がIAEA本部に問い合わせた結果、IAEAはそのような報告は存在しないだけでなく、イラクの核兵器開発の時期的な見通しについての調査もしていないという回答を報道している。

第二に、イラクが核分裂物質を含む酸化ウランをニジェールから輸入しようとしていたという情報も、〇二年二月にCIAから派遣されたジョセフ・ウィルソン元外交官が現地調査をした結果、イラクがウランを輸入しようとした事実はないと報告し、このことはホワイトハウスにも連絡されていた。(5)

第三に、イラクがウラン濃縮のための遠心分離器用のアルミニウム管を大量に購入したという情報も、反フセイン派の亡命イラク人のアフマド・チャラビ氏がニューヨーク・タイムズ紙に提供したものであったが、当時からCIAはチャラビ氏の情報の信頼性を疑っていたとされている。(6) 実際、オルブライト元国連査察官は一二月八日放送のABCテレビの報道番組で、アルミニウム管はウラン濃縮のための遠心分離機用の特殊なものではないと否定し、さらに「政府は情報を恣意的に扱って、イラクの核の脅威が実際より差し迫っていることを印象づけようとしている」と批判した。

第四に、フセイン政権とアルカイダが協力関係にあるという情報もチャラビ氏の提供したもので、その根拠は薄弱であったし、アルカイダはフセイン政権の政策に批判的であったから、これも当時から信憑性が疑われていた情報である。

このようにイラク攻撃が必要な理由の根拠に疑問を抱かせる報道の影響もあって、アメリカ国内の世論はイラク攻撃の実行には否定的であった。一〇月七日発表のニューヨーク・タイムズ紙の世論調査では、イラクに対する軍事行動は時期尚早で国連の査察に時間を与えるべきだという回答が六三％を占め、六九％が経済問題をより重視すべきだと回答している。当時は、九〇年代クリントン政権期の持続的経済成長が終わり、実質GDP成長率が二〇〇〇年の四・一％から一％台に低下し、個人消費の増加率も同五・一％から二％台に低下していたことがこの世論の背景にある。

また、連邦財政収支は九〇年代の好景気による歳入の増加によって赤字幅が縮小し、一九九八会計年度から黒字となっていたが、二〇〇二会計年度には赤字に転落しており、イラク攻撃を実行すれば財政赤字額はさらに増加することが予想された。さらに、八〇年代レーガン政権期以降、国際収支の経常収支は赤字が累増し続けていたから（→第3章）、イラク攻撃によって海外軍事支出が増加すれば経常赤字もさらに膨れ上がることになる。海外軍事支出を抑制するためには、湾岸戦争時のように国連安保理の承認を得て各国の軍事的・資金的な協力を求めることも必要となる。ブッシュ大統領がイラク攻撃を実行するためには、議会による軍事力行使権限の承認だけでは不充分であり、国内世論と国際世論を攻撃実行の容認へと動かす必要があったのである。

(7) (8)

二〇〇三年の一般教書演説――イラク攻撃の大義名分

イラク攻撃への支持を得るための「プロパガンダ」が、〇三年一月二八日夜（アメリカ東部時間）の一般教書演説である。ブッシュ大統領は演説の後半の大部分の時間を費やして、対テロ戦争について述べている。それは、アメリカと世界にとってもっとも深刻で差し迫った危険は、「無法な政権」が脅迫やテロ、大量殺戮の手段としてＷＭＤを保有または開発を追求していることであり、彼らがＷＭＤをテロリストに提供あるいは売却する可能性が高いことであるという。「無法な政権」とは、イランと北朝鮮にも言及しているが、主たる対象はイラクである。イラクのウラン入手疑惑、ウラン濃縮のためのアルミニウム管の購入疑惑、ＩＡＥＡによるイラクの核兵器製造能力の報告などを例に挙げて、ＷＭＤのうち特に核兵器の開発疑惑を強調し、フセイン政権が中東を支配しようとしていると主張する。

さらにイラクがアルカイダを含むテロリストを支援し保護している「テロ支援国家」であると断定し、九・一一のハイジャック犯が「フセインの武器」を持った場合を想像せよと呼びかけ、その場合には「この国はこれまでに経験したことのない恐怖の日を迎えることになる」と危機感をあおったうえで、イラク攻撃への決意を表明した。そしてイラク国民に向けて、「あなたたちの敵はイラクを包囲する外国ではない。イラクを統治する者があなたたちの敵なのだ。彼とその体制が権力の座から取り除かれる日があなたたちの解放の日となるのだ」と述べて、フセイン政権の圧政下にあるイラク国民を解放することも目的であることを強調した。演説の最後には、二月に国連安保理を開催しイラクの脅威への対処について協議するよう求め、「国際社会の声に耳を傾ける」としつつも、軍事力行使はあくまでもアメリカが主体的に決定することだとしている。

ブッシュ大統領は、この〇三年の一般教書演説によって、イラク攻撃によってフセイン政権を打倒しなければならない理由として、これまで繰り返し主張してきた核兵器の開発疑惑、テロ勢力の支援に加えて、イラクを民主化しイラク国民をフセイン政権の圧政から解放することを主張したのである。この演説は国内世論を動かすことに成功し、三〇日に実施されたＣＢＳテレビの世論調査では、イラク攻撃への支持が七七％に増加した。ブッシュ政権にとって、イラクに対する軍事攻撃の正当性を得るために残された課題は国際社会の同意となったのである。そこで舞台は国連安保理の場へと移ることになる。

3　以下のブッシュ大統領の演説や記者会見の質疑応答は、ホワイトハウスのブッシュ大統領の Presidential News and Speech のアーカイブ（https://georgewbush-whitehouse.archives.gov/）による。

4　下院での決議の採決前に、国連での外交努力や査察を通じたイラクの大量破壊兵器開発阻止を内容とする修正案（バーバラ・リー民主党下院議員提出）の採決が行なわれたが、賛成七二、反対三五五で否決されている。

5　Michael Duffy and James Carney, 'Iraq: A Question Of Trust,' *TIME*, July 21, 2003. なお、ウィルソン氏は〇三年七月にニューヨーク・タイムズ紙に寄稿し、イラクの核開発情報は歪曲されたものだったと政府を批判した。これに対して、ローブ大統領次席補佐官とリビー副大統領首席補佐官が、ウィルソン氏の妻がＣＩＡの秘密工作員だったとの情報をリークし、リビー氏が起訴されるという事件が起こっている。

6　ワシントン・ポスト紙の〇三年五月二六日付記事。ニューヨーク・タイムズ紙は〇四年五月二六日付で、同紙が掲載してきたイラクのＷＭＤなどに関するいくつかの記事について、チャラビ氏ら亡命イラク人活動家の「信頼の置けない情報に基づく記事だったことを認める」とする異例の釈明を掲載している。

　チャラビ氏は亡命イラク人の反フセイン派組織、イラク国民会議（ＩＮＣ）の代表で、一九九〇年代にアメリカのいわゆるネオコン（Neo-Conservative）グループと関係を深め、九〇年代末にアメリカ政府から「イラク解放」のための活動支援目的として金銭的援助を受けていた。フセイン政権崩壊後の〇三年七月、占領軍のイラク統治機構である連合国暫定当局（ＣＰＡ）によって、暫定政権樹立のために発足した統治評議会のメンバーに選ばれ、輪番制の議長も務めた。〇五年四月に発足した移行政府では副首相にも就任したが、同年一二月の国民議会選挙では自らが代表として結成した政党が議席をとれず、イラクの政治への影響力を失っていった。

7　アメリカの会計年度は前年一〇月から当該年の九月まで。

8　九〇年八月二日のイラクのクウェート侵攻後、国連安保理が採択した対イラク武力行使容認決議六七八に基づいて、アメリカ主導の多国籍軍が九〇年一月一七日にイラク攻撃を開始した。この決議によってアメリカの軍事行動が国際的正当性を付与され、湾岸諸国と派兵しなかった日本とドイツは合計五四〇億ドルの戦費を負担した（日本は一三五億ドル、ドイツは七〇億ドル）。この戦費の収入によって九一年のアメリカの経常収支は例外的に黒字となっている。

第2節　イラク攻撃の是非についての国連安保理での議論

米英とその他の理事国との対立

ブッシュ大統領の一般教書演説の前後の時期、国連の場や各国間交渉では賛否が分かれ、国連安保理による明示的なイラクに対する武力行使容認の決議は採択される状況になかった。二〇〇三年一月二七日、国連監視検証査察委員会（ＵＮＭＯＶＩＣ）のブリクス委員長とＩＡＥＡのエルバラダイ事務局長が国連安保理の公開協議において、イラクのＷＭＤ開発疑惑に関する査察状況について正式報告を行なった。報告では、イラクがＷＭＤを開発しているとする証拠は発見されていないこと、査察についてイラク側が協力的でないことを指摘し、査察の継続が要請された。これを受けて、二九日の国連安保理の非公開協議ではイラクの査察を当面継続することが確認されている。

三〇日の欧州議会では、イラクの「安保理決議一四四一違反は軍事行動の始動を正当化しない」から「一切の新たな行動は、情勢の全面的な評価ののちに国連安保理によってとられなければならない」として、「あらゆる一方的な軍事行動に反対」する決議が賛成多数で採択された[9]。同日の欧州評議会総会でも、「アメリカが武力行使を容認する明示的な安保理決議がなくても一方的な行動に移る用意があると宣言したことに重大な懸念をもって留意する」として「現在の状況のもとでイラクに対し武力に訴えることは正当化できない」とする決議が圧倒的多数で採択されている。

二月四日には、フセイン大統領がイギリスの対イラク攻撃反対派の元国会議員と会見を行なって、イラクはアルカイダと無関係と言明し、アルカイダに協力するテロ支援国家との米英の主張を否定、またＷＭＤ保有も否定し国連査察への協力を表明した（英ＢＢＣが放送）。これに対して同日、パウエル米国務長官は「証明してみろ」と非難したが、この時点での、イラクのＷＭＤ保有疑惑についての国連安保理での議論の大勢は、米英を除いて武力行使は時期尚早・査察継続であった。

パウエル国務長官は五日の安保理外相会議で、イラクの軍事施設の衛星写真やイラクからの亡命者の証言などの機密情報を提示し、イギリス情報機関の「機密文書」に基づくイギリス政府のイラクの大量破壊兵器についての報告も引用して、イラクがＷＭＤを保有・開発している証拠とした。ストロー英外相は、パウエル国務長官が提示した機密情報を「もっとも強力な内容」と評価したが、米英以外のすべての理事国は、査察継続を希望し早期のイラク攻撃に反対する声明を発表した[10]。

しかし翌六日には、米英がイラクに対する軍事行動を正当化する証拠とした英情報機関の「機密文書」が、アメリカの大学院生が湾岸戦争時の古い情報を元に書いた雑誌論文に依拠していたことが発覚した。このことが重要な争点となるのを恐れたのか、ブッシュ大統領は七日に安保理にイラク問題で早急に決断するよう要求し、安保理が動かなければ一部の国と連合しイラクの早期武装解除に踏み切ると警告した[11]。しかし、八日には、九〇年代にイラクのWMD捜索を行なった国連大量破壊兵器廃棄特別委員会(UNSCOM)[12]のリッター元主任査察官が、イラクでの査察の経験をもとに、パウエル国務長官が提示した衛星写真や亡命者の証言は確たる証拠にはならず、アメリカの目的はWMDの武装解除ではなくフセイン政権打倒自体にあると批判した。

安保理において米英とその他の理事国との対立が深まるなか、イラク側はパウエル国務長官のWMD開発疑惑の主張をただちに全面的に否定し、パウエル国務長官が提示した証拠に具体的に反論するとともに、UNMOVICの査察に積極的に応じていった。二月六日には生物兵器分野のイラク人科学者がUNMOVICの事情聴取に政府関係者の立ち合いなしに単独で応じ、八日にはパウエル国務長官が安保理でWMD開発・保有の新証拠と主張した軍事施設を報道陣に公開した。

これらのイラク側の対応を受けて、八日にバグダッド入りしていたブリクスUNMOVIC委員長とエルバラダイIAEA事務局長が翌九日に、化学・生物兵器、弾道ミサイル問題で実質的進展がありイラクの査察への協力姿勢を評価すると報告した。イラクのWMD査察状況の進展を背景として、一〇日に仏・独・露三カ国が対イラク査察の継続・強化を求める共同宣言を発表した。しかし、同日にパウエル国務長官は査察強化は問題解決にならないと批判し、ブッシュ大統領はイラクの協力姿勢は不充分であると述べて「必要なのは武装解除だ」と主張した(13)。

ブッシュ政権のイラク再建計画案

パウエル国務長官は二月一三日の連邦議会下院予算委員会でフセイン政権打倒後のイラク再建計画の概要を発表した。この再建計画は、ブッシュ大統領の国家安全保障チームが大統領自身とも議論しながら数カ月かけて作成したもので、フセイン政権打倒後のイラクの統治と民主化を実行するための「最終プラン」とされている(14)。この時期に再建計画が発表されたのは、イラク攻撃に反対する国内外の世論に対して、イラクの民主化という大義名分を強調することを目的としていたと思われる。

このプランの多くの部分は秘密とされているが、ブッシュ政権幹部によれば、アメリカが他国を統治するという、第二次世界大戦後の日本とドイツの占領以来もっとも野心的な仕事になるという。占領開始当初に実行するべきことととして、政権幹部を対象とした軍事裁判の実施、復興費用に充てるためのイラクの油田の接収が提案されている。しかし、その後の占領政策の詳細については、フセイン大統領からの権力の奪取が迅速かつ円滑に進んだ場合でも、イラクの統治には「けた外れの複雑性」があり、いくつかの不確定で困難な課題がともなうとして、その課題を仮定法で列挙するだけで明確で具体的なビジョンは提示されていない。その課題とは以下のようなものである。

(a)ブッシュ大統領はイラクの国家再建に軍事力を使用することには抑制的であるが、国防総省は、治安維持とフセイン政権幹部とWMDの追跡・捜索のために、少なくとも一八カ月間はイラクを軍事的に統治する必要があり、そのための準備が必要となる。

(b)イラクの経済運営や教育・政治制度の再建、援助計画の管理などを、対日占領時のマッカーサー最高司令官のように軍の司令官が絶対的権力のもとで実行した場合、アラブ諸国を刺激することになるため、これらは国連によって指名されると思われる文民行政官が担当することになるであろう。

(c)軍事裁判で追放するのはフセイン政権の上級幹部のみとする必要があるだろう。イラクの権力機構の構成メンバーでも、政権打倒への協力者には寛大な措置が適用されるだろう。

(d)革命裁判所や特殊治安組織のような、フセイン政権と密接に関係する政府構成組織は解体されるだろうが、それ以外の政府組織は再編され保持されるだろう。

このような諸課題を列挙したうえで、この「最終プラン」作成に関わった政権スタッフは、どれほど詳細なプランを立てようとしても、多くの重要な決定はイラク(占領開始後)の現場で行なわざるを得ないだろうと述べている。したがって現時点では、米西戦争後のフィリピン統治のような、過去の国家再建における成功例と失敗例の研究に注力しているという。ニューヨーク・タイムズ紙の記事によれば、ブッシュ大統領に提出された「イラクの民主化」計画の基本的な認識は以下のような内容である。

フセイン大統領がどのような形で権力の座から降りるかに依存するいくつかの不確実性を含んでいる。もし権力闘争が起こるとすれば、多くの要素が権力闘争自体に、また権力闘争がどのようにして始まり、どのようにして終わるかに関わってくる。また、多くのことが、イラクに到着したアメリカ軍が歓迎されるのか、あるいは銃によって迎えられるのかに依存している。ＣＩＡは友好的な占領から敵対的な占領まで広範囲のシナリオを描いている。ただ、あらゆる可能性のもとでも、アメリカ軍が一定期間は国家運営の中心的プレイヤーとして残るだろう。国防総省は、フセインの武器庫がすべて破壊されるまで、おそらく少なくとも一年間が必要となると警告している。

さらに、現在のイラクの支配政党であるバアス党の影響力を排除するのは、少なくともドイツにおけるナチズムの排除と同様に困難であろうから、軍による統治から国際的な文民による統治への移行と、その数年後のイラク国民の運営する政府への移行プロセスについて、現時点で見通しを立てることは不可能であるというのが政権スタッフの認識である。ただ、アフガニスタンにおける統治主体の移行プロセスよりはかなり早く達成しなければならないだろう。

基本方針として、イラクを現状の領土のままで単一国家として維持すること、軍事的、非軍事的を問わず近隣諸国からの無用な干渉を防止することを目的とする。アメリカ軍はイラクの安定化に必要な期間を超えて一日たりとも駐留すべきでない。占領は数カ月では終わらないだろうが、何年も必要とは想定していない。

イラク国民はイラクを出国した亡命者の正統性を認めていないから、イラク現住者に権力を与えるべきである。イラク国民が国家を運営し新憲法の制定や法律制度を選択する際には、タリバン政権打倒後のアフガニスタンの国家再建をモデルとして、連合軍の平和維持部隊のもとで国際的文民機関がアドバイスをすることが望ましい。
ブッシュ政権はイラク国内外の「自由なイラク人（free Iraqis）」によって政府が形成されることを期待しているが、国防総省は、問題はイラク国内に「自由なイラク人」は存在しないことだと指摘している。これに対して、ブッシュ大統領の側近の認識は、「確かにイラク国内に自由なイラク人は多くはいないかもしれないが、やがて現れるだろう」ということである。

イラクの「けた外れに複雑な問題」の現状分析や対策、「民主化」を実現するために必要な具体的な改革方針は見当たらない。対処しなければならないとされるいくつかの問題点の認識はあっても、アメリカが民主化のために果たすべき具体的役割については「やってみなければわからない」的な思考停止状態である。読み取れるのは、国家体制の再建と民主化を誰が担うのか、というもっとも重要な問題について、「自由なイラク人」が「やがて現れるだろう」という希望的観測である。フセイン政権軍の抵抗が続く間はアメリカ軍が駐留を続けて対処するとしても、それは数年単位という長期にわたることはなく、その後は国連などの国際機関と「やがて現れるであろう自由なイラク人」に「丸投げ」という、「イラクの民主化計画」とはとても呼べない責任回避の姿勢である。こうした認識こそが、フセイン政権崩壊後のアメリカの拙速で場当たり的な占領政策につながり、イラクにおける「対テロ戦争」に着火する根本的原因となるのである（→第4章）。

対イラク武力行使容認決議案提出から攻撃開始へ

一四日には、ブリクスUNMOVIC委員長とエルバラダイIAEA事務局長が安保理でイラクのWMD査察状況について報告し、イラクがWMDや関連兵器を廃棄したかどうかについて「確たる証拠」が必要と強調し、査察の継続を要望した[15]。これに対して、パウエル国務長官はイラクの安保理決議への違反が続けば今後数週間で査察を打ち切るよう要求し、ブッシュ大統領は安保理の支持がなくてもイラク攻撃を実施する姿勢を表明した。一五日には全米一五〇都市でイラク攻撃に反対する大規模な抗議行動が行なわれたが、翌一六日に、ライス大統領補佐官が「国連安保理が行動しないなら米国と有志国が行動する」と、国連決議なしでの軍事力行使も辞さない構えをあらためて強調した。

一八、一九日には安保理でイラク問題に関する公開討論が行なわれたが、参加五七カ国中五〇カ国が武力行使は時期尚早とし、米英を支持したのは日本とオーストラリアだけであった。二四日には米・英・スペインの三カ国が共同で対イラク武力行使容認決議案を安保理に提案したが、仏・独・露三カ国はこの決議案に対抗して、対イラク査察強化案（査察要員の大幅増強、査察の約四カ月継続など）を安保理に提出した。米英は安保理での武力行使容認決議案の採択をめざして非常任理事国に対する多数派工作を強化し、ブッシュ大統領は二六日の保守系シンクタンクの会合で、フセイン政権打倒は中東全体の民主化とパレスチナ和平実現を視野に入れた長期的戦略であると述べ、これまでの主張にはなかった理由を追加してイラク攻撃の正当性を強調した。

三月五日には仏・独・露三カ国の外相が対イラク武力行使容認決議案に反対する共同宣言を発表、翌日には中国外相が共同宣言への支持を表明した。米・英・スペインの三カ国は七日に、フセイン政権に対し今月一七日を最終期限としてWMDの完全な武装解除を求め、この最後通告が順守されなければ武力行使を容認するという内容の対イラク攻撃容認修正決議案を安保理に提出した。しかし、同日にはブリクスUNMOVIC委員長とエルバラダイIAEA事務局長が国連安保理外相級会合で最新の査察結果について追加報告し、ブリクス委員長はミサイル廃棄開始など査察の前進を強調し今後数カ月間の査察継続を要請、エルバラダイ事務局長はイラクに核開発の証拠はないと報告した。

九日には、カーター元米大統領がニューヨーク・タイムズ紙に寄稿し、ブッシュ政権の単独行動主義的な対イラク攻撃は「正義の戦争」の原則に反し、「文明国の歴史の中でほとんど前例のない」誤った軍事的・外交的行為に踏み切ろうとしていると厳しく批判した。一〇日には、アナン国連事務総長が安保理の外で軍事行動を取れば国連憲章に合致しない行動になると警告し、一一日の安保理での非理事国の公開討論会でも大多数がイラク攻撃反対を表明した(16)。イギリス国内の世論も安保理決議なしでのイラク攻撃参加に賛成は一一%にとどまった(英タイムズ紙調査)。

こうして対イラク攻撃容認の決議が安保理で採択される可能性が小さくなると、ブッシュ大統領は決議案を一三日までに安保理で採決し、否決の場合にはイラクに対し七〜一〇日間以内に完全武装解除を迫る「最後通告」を出す方針を発表した。ストロー英外相は安保理の新決議なしでも決議一四四一で米英は合法的に攻撃できるとの見解を表明した(17)。一二日の安保理非公開協議で決議案の採決見送りが決まると、アメリカは安保理決議を得ることを断念する方向に転換する。一六日に、ポルトガル領アゾレス諸島の米空軍基地でブッシュ大統領・ブレア英首相・アスナール・スペイン首相が緊急会談し、国連安保理での決議案協議を打ち切ることで合意した。

この合意によって、安保理決議の承認なしにアメリカ主導によるイラク攻撃が開始される可能性は一気に高まった[18]。同日に国務省は在イスラエル・クウェート・シリアのアメリカ大使館と総領事館に対して、必要最小限の館員以外の国外退去命令を発令し、翌一七日にブッシュ政権はアナン国連事務総長にイラクで活動中の国連要員撤収を要請した。同日午後八時（アメリカ東部時間）、ブッシュ大統領はホワイトハウスから国民向けのテレビ演説で、アメリカは安保理決議一四四一などでイラク攻撃の国際法的根拠を得ていると明言し、フセイン大統領に対し四八時間以内に亡命しなければ攻撃を開始すると最後通告を行なった。パウエル国務長官は日韓など三〇カ国の「イラク即時武装解除のための連合」リストを公表し、計四五カ国が軍事行動への参加などの支援を表明したと発表した。フライシャー大統領報道官は、フセイン大統領が亡命した場合でも米軍はイラクに進駐してＷＭＤの武装解除を行なうと明言し、対イラク攻撃の作戦名を「イラクの自由作戦（ＯＩＦ）」と命名したと発表した。

9　安保理決議一四四一は、イラクが湾岸戦争時の安保理決議六八七などに規定されたＷＭＤや弾道ミサイルの保有・開発計画の情報の開示などの義務を履行していないと認定し、これらの義務の履行、無制限・無条件の査察の受け入れなどを要求し、イラクが義務違反を続ける場合には「深刻な結果に直面するであろう」と警告する内容の決議である。

10　六日に実施されたＣＮＮの世論調査では、ブッシュ大統領のイラク問題への対処を支持する回答が五六％だったのに対して、パウエル国務長官を信頼するという回答が八三％にも達した。また一七％がイラク攻撃反対から賛成へと考えを変えたと回答した。パウエル国務長官の機密情報の提示についての日本の対応としては、六日に福田康夫官房長官が日本政府として支持すると表明した。
11　同日には、在日米軍横須賀基地から空母キティホークがペルシャ湾岸地域に向けて出港している。
12　イラクのWMDおよび弾道ミサイルの脅威を除去することを目的として一九九一年五月に国連が設置した組織。
13　福田官房長官は仏・独・露の対イラク攻撃反対共同宣言について、国際社会の意見の相違がフセイン大統領に誤ったメッセージを与える可能性があると一二日に発言している。
14　このイラク再建計画の概要については、ニューヨーク・タイムズ紙が取材に基づいて一月六日にすでに報道していた。DAVID E. SANGER and JAMES DAO, 'THREATS AND RESPONSES: THE WHITE HOUSE; U.S. IS COMPLETING PLAN TO PROMOTE A DEMOCRATIC IRAQ', *New York Times*, Jan. 6, 2003.
15　この安保理での報告を前にした一二日、ライス大統領補佐官がブリクス委員長と極秘に会談し、イラクがWMDを自主的に廃棄していないことを安保理報告で明確に宣言するよう説得工作をしていたとワシントン・ポスト紙が報道している。
16　日本は八日に川口順子外相が対イラク攻撃容認修正決議案への支持を表明し、政府は中間派諸国に賛成するよう集中的な電話攻勢を行なっている。
17　この見解に対して、英ガーディアン紙は、国際法学者の圧倒的多数は新決議なしの開戦は違法との見解で一致し、法務長官も同様の意見と報じた。
18　同日発表のニューズウィーク誌の世論調査では、対イラク武力行使に賛成が七〇%、反対が二四%、国連安保理の全面支持がある場合の賛成は八五%、反対が一一%で、逆に安保理の支持がない場合の賛成は四三%、反対が五四%と逆転する結果となった。

第3節　イラク攻撃によるフセイン政権の崩壊とイラク攻撃の大義名分の帰趨

イラク攻撃の開始

二〇〇三年三月一九日二二時一五分（アメリカ東部時間）、ブッシュ大統領はイギリスなどとの連合による「イラクの自由作戦」の開始を宣言し、米英軍中心の「有志連合国（Coalition of the Willing）」軍によるイラク攻撃が開始された[19]。ブッシュ大統領の攻撃開始宣言から約一時間後（イラク時間二〇日午前一一時三二分）、CIAのフセイン大統領ら政権幹部所在情報に基づいて、ペルシャ湾と紅海の艦船から首都バグダッド近郊に約四〇発の巡航ミサイルとF117ステルス戦闘機二機によるバンカーバスター（地中貫通爆弾）攻撃が行なわれた。これに対してフセイン大統領は、ブッシュ大統領が「人道的な罪を犯した」と強く非難して、イラク国民に対米徹底抗戦を呼びかけた。

攻撃開始の翌日には引き続きバグダッドへの激しい爆撃が行なわれるとともに、クウェートからイラク南部に米海兵隊第一遠征軍を先頭に陸軍第三歩兵師団などの地上部隊が侵攻を開始した。イラク北部でもトルコ軍部隊一〇〇〇人規模が越境攻撃を開始し、アルビル近郊ではクルド民兵組織（ペシュメルガ）が米軍の空爆支援下でイラク軍と戦闘状態に入った。同日夜に米軍はバグダッド中心部への大規模な爆撃による「衝撃と恐怖」作戦（Shock and Awe Campaign）を開始した[20]。この作戦は、これ以降、イラク北部地域のモスル（イラク第二の大都市）、キルクーク（クルド人とトルクメン人ら居住の都市で石油工業の中心地)、ティクリート(フセイン大統領の出身地)などでも実行されていった。

攻撃開始当初はフセイン政権軍の激しい抵抗によって米英軍の地上部隊は一進一退を繰り返したが、やがて圧倒的な破壊力を持つ最新兵器を装備した戦力を持つ米英軍の優勢は確実となり、地上部隊が空爆支援下で南部の各都市を次々と制圧していった。四月に入ると米軍地上部隊がバグダッド市内に進撃し、七日には中心部の三つの大統領宮殿やラシッド・ホテルなどを制圧し、九日には米中央軍がバグダッドを制圧したと発表した。同日にはフセイン政権高官や職員が政府庁舎から姿を消し、イラク国営テレビなどで政権の声明や政権軍の健在をアピールしていたサハフ情報相も消息を絶って、フセイン政権は事実上崩壊した。

五月一日、ブッシュ大統領がカリフォルニア州サンディエゴ沖を航行中の空母USSエイブラハム・リンカーンの艦上で主要戦闘作戦の終了を宣言して、有志連合国軍のイラク攻撃は「終了」する。イラク攻撃開始から四月末までの約四〇日間の有志連合国軍兵士の戦闘行動中の死者数は一三六人(うち米軍兵士一〇九人)、イラク民間人の死者数は五六四〇~七二八八人に上った。[21] 言うまでもなく、民間人の死者のほとんどは有志連合国軍の攻撃にともなう誤射・誤爆、コラテラル・ダメージによるものである。

誤射・誤爆、コラテラル・ダメージによって民間人に死者が発生した事例をいくつかあげておく。三月二三日、南部バスラおよび近郊へのクラスター爆弾などの空爆で民間人七七人死亡、三六〇人以上負傷。同二六日、バグダッドの住宅地区に米軍の巡航ミサイル二基が着弾し民間人少なくとも一五人死亡、三〇人以上負傷。同二八日、バグダッドで米軍のバンカーバスターによる空爆により民間人七人死亡、九二人負傷、同日、南部ナーシリヤ近郊で米海兵隊に攻撃されたバスから民間人二〇人の遺体発見。四月二日、バグダッド南方ヒッラの住宅地への米軍の空爆により民間人三三人死亡。言うまでもなく、これらの事例はマスメディアで報道されたものに限られる。報道されなかった事件も多数あったことは容易に想像できるであろう。

空爆は偵察機や地上部隊からの情報に従って実施されるが、情報にはもともと不正確さが必然的に付随するから、フセイン政権の要人やイラク軍部隊の存在という情報に基づいた空爆であっても、情報が誤っていれば民間人の死者が発生する可能性がある。情報が正確で標的を正しく狙った攻撃であっても、兵器の命中精度は半数必中界（Circular Error Probability, CEP）で評価される。つまり、一〇〇発のうち半分の五〇発が目標からどれぐらいの範囲に着弾するかで評価されるわけである。最新鋭の精密誘導ミサイルの命中精度が誤差一〇メートルだったとしても、これは発射したミサイルの半分は一〇メートル以上外れることを意味するのである。

また、検問所での誤射についても、戦闘地域にいる兵士は、常に自分が敵から攻撃を受ける危険性を感じながら行動するため、検問所に近づいてくる車両を自爆攻撃者と誤認する可能性がある。検問所といっても、多くの場合は一見してそれと判断できる施設があるわけではなく、道路に装甲車など軍の車両を駐車して簡単なバリケードを設置し、武装した兵士たちが近づいてくる車両を停車させて検問するだけである。検問所前に検問所の存在と停車を指示する看板を設置していても、イラク民間人は英語はもちろんアラビア語の識字率も高くないし、兵士の身振りや手振りも文化の違いで理解できない可能性がある。したがって、検問所と認識せずに速度を落とさずに接近してくる民間人の車両を自爆攻撃と誤認して、兵士が発砲してしまうことは充分ありうるのである。(22)

イラク攻撃の大義名分の帰趨

こうして多大な人的・物的損失をともなってフセイン政権は崩壊し、ブッシュ政権のイラク攻撃の主たる目的は達成された。その大義名分が真実であったことを証明するために、ブッシュ政権は一五〇〇人規模の科学者や技術者による調査団をバグダッドに派遣してWMDの捜索を実行したのだが、核兵器開発の決定的な証拠は見つからなかった。五月末になると、イラク駐留海兵隊司令官がイラクのWMD情報について「国家的な過ち」の可能性があると発言したことが報道された。民主党上院議員はイラクの脅威が政府によって誇張されていたとの疑惑を指摘し、共和党議員も議会による独自調査を支持した。ブッシュ大統領やラムズフェルド国防長官はWMDは必ず発見できると強気の発言を繰り返したが、六月一日に連邦議会上院軍事委員会と新設の情報特別委員会がイラク攻撃の理由とされた情報の調査を開始し、CIAも同様の調査を開始した。

イラクのWMD保有・開発疑惑のうち、生物兵器については、四月に米軍が移動式生物兵器製造設備とみられるトレーラーを発見し、CIAと国防情報局（DIA）が生物兵器製造施設と断定する報告書を発表していた。しかし、現地調査をした国防総省の専門家チームは、生物兵器製造施設ではなく気象観測用気球などのための水素生産設備の可能性が高いと報告している。パウエル国務長官は、〇三年二月の国連安保理で報告した移動式生物兵器製造施設に関する情報が「結果的に不正確で誤りだった」と〇四年五月にNBCテレビで証言している。

化学兵器保有疑惑については、六月六日にDIAのジャコビー局長が二〇〇二年九月作成のイラクのWMDについての機密報告書に、「化学兵器開発に関して充分に信頼できる情報はない」との記述があることを公表した。また〇四年一月の上院軍事委員会公聴会で、ＷＭＤ調査団を辞任した直後のケイ前団長が、フセイン政権が生物・化学兵器の備蓄を九〇年代半ばに極秘に廃棄したことを示す証拠を発見していたとして、「イラク開戦時点でイラクが生物・化学兵器を保有と判断したＣＩＡなど米情報機関の分析は誤りだった」と証言している。

核兵器開発疑惑については、七月にテネットＣＩＡ長官がイラクのウラン輸入情報は虚偽で、その責任が自分にあることを認め、さらに上院情報特別委員会の非公開の証人喚問では政府の圧力があったことを明らかにした。大統領にイラク攻撃の権限を付与する決議案が連邦議会で審議されていた〇二年一〇月時点で、イラクのウラン購入計画情報の信頼性不足について、ＣＩＡがホワイトハウスの国家安全保障会議（ＮＳＣ）担当者に指摘済みであったことも明らかになった。九月にはＩＡＥＡが、〇二年一〇月からのイラクのＷＭＤ査察の結果、九一年以降イラクに核開発計画はなかったとする報告書を公表している。

このようにイラクのＷＭＤ開発についての情報操作の疑惑が深まるなかでも、フライシャー大統領報道官は「イラクが核兵器保有をめざしていたという、より大きな事実は誰も否定しない。ブッシュ大統領のメッセージは明確で、米国民はフセイン元大統領が脅威だったことに今も同意している」と釈明した。しかし、〇三年七月九日の上院軍事委員会公聴会で、ラムズフェルド国防長官がイラク攻撃開始前にＷＭＤの決定的な証拠はなかったと証言しているように、もともとイラクのＷＭＤ保有・開発疑惑の根拠は虚偽または誤った情報に基づくものであった。ブッシュ政権がそうした疑惑を抱いていたとしても、ＵＮＭＯＶＩＣの査察が進行中であり、少なくとも査察作業を打ち切ってイラク攻

撃を強行しなければならないほどの緊急性を示す証拠を持ってはいなかったのである。(23)

イラクがアルカイダと協力関係にある「テロ支援国家」であるとの主張も、当時から根拠が曖昧でアルカイダはむしろフセイン政権と敵対関係にあるとの批判があったが、前出のイラクWMD調査団のケイ前団長が〇四年一月の上院軍事委員会公聴会で、アルカイダなどテロ組織とフセイン政権の協力についての「証拠は見あたらなかった」と証言している。そして〇四年七月九日、上院情報特別委員会がイラク戦争前の政府による情報収集・評価に関する報告書を発表し、フセイン政権の核・生物・化学兵器開発継続を強調した〇二年一〇月の「国家情報評価」は「確実な情報の裏付けがなく誇張されている」と断定、フセイン政権がアルカイダを支援しているとの主張も「証拠は存在しない」と明確に否定した。

〇三年のブッシュ大統領が一般教書演説でイラク攻撃の大義名分として追加したイラクの民主化目的にしても、安保理での議論を打ち切ってフセイン政権打倒のための攻撃を急がなければならない緊急性がなかったことは明らかである。また、ある国が独裁体制であったとしても、明確な国連安保理決議の根拠もないままに、その国を民主化することを理由として軍事攻撃することが正当化されるはずもなく、もともとイラク攻撃の理由とはならない主張であった。しかも、クラーク大統領前特別顧問（テロ対策担当）の証言（〇四年三月一九日放送のCBSテレビの番組）によれば、ブッシュ大統領とラムズフェルド国防長官がイラク攻撃を指示したのは〇一年の九・一一同時多発テロ直後のことであったという。ブッシュ政権にとってはイラク攻撃によるフセイン政権打倒ありきであり、その大義名分はイラク攻撃の正当化のために「捏造」されたものといっても過言ではないのである。

つまり、アメリカ主導のイラク攻撃は「テロ勢力」の打倒を目的とする対テロ戦争ではなく、フセイン政権打倒が目的だったのである。では、なぜアメリカはフセイン政権を打倒しなければならなかったのか。結論からいえば、それはドルの基軸通貨特権を死守することである。次章では、ドルの基軸通貨特権の維持が、アメリカにとってイラク攻撃を強行しなければならないほど死活的に重要であったことを明らかにする。

19　なお、ブッシュ大統領の開戦演説前に、ペルシャ湾に展開中の米海軍空母キティホークのFA18戦闘攻撃機八機とF14戦闘機二機が、イラク南部の飛行禁止空域を監視飛行中にイラク軍の軍事施設を精密誘導弾で爆撃している。日本の対応については、小泉純一郎首相は一九日（日本時間）の国会の党首討論で、国連安保理決議一四四一など一連の国連決議で米国の武力行使に法的根拠はあると発言した。また小泉首相はブッシュ大統領の開戦演説から一時間後には「米国の武力行使を理解し支持する」と米英のイラク攻撃への支持を表明した。

20　「衝撃と恐怖」作戦とは、湾岸戦争を指揮した陸海空軍と海兵隊の退役将軍らが九六年一二月に共同研究として発表した戦略概念で、ハイテク兵器や精密誘導爆撃など圧倒的な米国の軍事力を敵の動揺を誘う心理戦術と効果的に組み合わせれば、実際の戦闘による死傷者は最小限に抑えながら早期に戦争に勝てるという考え方である。提唱者らは、実際の破壊そのものは、敵に「瞬時に圧倒された」「どう対応したらいいかわからない」という心理的打撃を与えるための「手段」の一つに過ぎず、人命を奪うのは目的ではないと主張している。

21　有志連合国軍の死者数は各種報道や各国国防省のニュース・リリースから集計。イラク民間人の死者数はイラク・ボディ・カウント（IBC, https://www.iraqbodycount.org/）の集計による。ＩＢＣの集計は、各種報道機関の英語によるウェブサイトで報道された事件における民間人死者の最少数と最多数の集計であるが、実際の死者はＩＢＣの集計数をさらに上回ると考えられる。その理由は、英語によるウェブサイト以外、特にアラビア語などイスラム圏の報道が除外されていること、報道されない事件も多数発生していると考えられること、事件による負傷が原因で後日死亡したとしても、それらの死亡者は報道されないであろうこと、である。なお、ＩＢＣは〇六年以降、メディアの報道によるもの以外に、バグダッド死体安置所に運ばれた死者のうちＩＢＣがイラク戦争関連と推定した死者を追加している。その努力は敬意に値するが、それでも実際の死者数はＩＢＣの集計を上回ることは間違いないだろう。

22　こうした事件はイラクでもアフガニスタンでも頻発している。例えば、〇六年五月三〇日にイラク中部サーマッラの米軍検問所に速度を落とさずに接近してきた乗用車に対して、警備の若い米兵たちが停止するように英語と身振り手振りで命令したが、乗用車は命令に従わずに停止線を越えた。兵士たちは自爆攻撃への対処のために軍があらかじめ定めた指示どおりに乗用車に発砲し、乗っていたイラク民間人の女性二人が死亡、運転していた弟が負傷した。女性の一人は妊婦で胎児も死亡した。弟はイラク警察の取り調べに対して、妊婦の姉を病院に運ぶために急いでおり、停止命令や警告に気づかず、発砲で負傷したことで停車したと証言し、「発砲した米兵と彼らを派遣した者たちに神が報復するだろう。彼らは我々の生命を尊重していないのだ」と付け加えたという。

なお、この事件は〇七年九月公開のアメリカ映画「リダクテッド　真実の価値」（ブライアン・デ・パルマ監督、日本では〇八年一〇月公開）のなかで描かれている。映画ではこのシーンの前後に、アラビア語で書かれた停止指示の標識や米兵が手を挙げて停止を指示する映像と同時に、イラク人の識字率が五〇％以下であることや米兵の身振り手振りをイラク人は理解していないこと、この二年間で検問所で射殺された約二〇〇〇人のうち「敵」と思われる者がわずか六〇人程度であり、「敵」以外の民間人を殺害したことで訴追された米兵が一人もいないことが説明されている。

23　イラクのＷＭＤ調査団は〇四年一〇月に最終報告書を発表し、開戦時にイラクに生物・化学兵器の備蓄は一切なく、核兵器開発計画も九一年以降断念していたと結論づけている。

第3章　アメリカの「繁栄」の命綱としての基軸通貨特権

本章の課題は、アメリカにとってドルの基軸通貨特権の維持が、イラク攻撃を強行しなければならないほど重要であった理由を明らかにすることである。そのためには、第二次世界大戦後のアメリカ資本主義の特質を、アメリカ主導で構築された資本主義世界体制とその変容という流れのなかに位置づけて把握する必要がある(1)。

大戦によって、アメリカ以外の資本主義国は敗戦国はもちろん戦勝国も極度の荒廃状態となった。また、大戦末期から大戦直後にかけて旧植民地諸国や列強の支配下にあった地域で独立運動や民族解放闘争が高揚し、独立を勝ち取る国も次々と現れた。他方、東欧諸国が社会主義国になり、中国や東南アジア地域でも社会主義勢力が民族解放闘争と結合して力を強化し、社会主義は戦前のソ連一国体制から世界体制へと拡大していった。資本主義と社会主義というイデオロギーおよび政治・経済体制間の妥協不可能な対立としての米ソ冷戦の開始である。こうした資本主義の体制的危機に対応し資本主義を再建し強化していくためには、戦前のように資本主義諸国が自国優先の政策をとって対立を深めていくわけにはいかなくなったのである。そこで、大戦を通じて圧倒的な経済力・軍事力を持つようになり、国際社会における影響力・発言力を格段に強化したアメリカが、戦後資本主義世界体制の構築において主導的役割を担うことになった。

戦後資本主義世界体制は冷戦体制と国際経済体制という二本柱を特徴としている。冷戦体制はアメリカの核戦力を基軸とするグローバルな反共軍事同盟のネットワークであり、国際経済体制は国際通貨基金（ＩＭＦ）を基軸とする資本主義諸国の戦後復興と経済成長の枠組みである。この二本柱は軍事、国際政治・経済において相互に関連しつつ、アメリカのドルを基軸通貨として資本主義体制を再編し強化することによって、社会主義体制に対抗するとともにアメリカの国益を維持・拡大する基盤となったのである。この体制のもとで西欧諸国と日本は戦後復興と持続的な経済成長を実現し、資本主義体制の再編・強化というアメリカの目的はみごとに成功するが、皮肉にもその過程でアメリカ経済は相対的に衰退していく。一九七〇年代初めに貿易収支は赤字に転落し、以降現在に至るまで巨額の貿易赤字を計上し続けることになる（第３－１表）。

こうした実体経済における衰退傾向に対して、アメリカは金融の自由化・国際化に活路を求めていく。国内経済の繁栄を維持するためには、外国政府・民間資本の対米投資によって貿易赤字をファイナンスし、ＩＭＦ体制のもとで獲得したドルの基軸通貨特権を死守することが不可欠となったからである。その結果、一九八〇年代以降のグローバリゼーションの急速な進展によって各国経済の相互依存関係が深まるとともに、膨大な資金が世界中を駆け巡るようになって、世界経済や各国経済に対し

第3-1表　アメリカ経済の年代ごとの主要指標

		実質GDP*増加率	失業率	生産性上昇率	CPI**上昇率	PPI**上昇率	財政収支	貿易収支
1950年代	前半	5.1	4.0	4.2	2.5	2.0	▲1.2	2.2
	後半	2.9	5.0	2.7	1.6	1.8	▲2.2	3.7
	10年間	**4.0**	**4.5**	**3.5**	**2.1**	**1.9**	**▲1.7**	**2.9**
60年代	前半	4.2	5.7	3.4	1.3	0.2	▲4.2	5.4
	後半	4.7	3.8	2.7	3.5	2.5	▲7.1	2.8
	10年間	**4.4**	**4.8**	**3.1**	**2.4**	**1.4**	**▲5.7**	**4.1**
70年代	前半	2.8	5.4	2.1	6.1	6.8	▲14.0	▲2.1
	後半	3.7	7.0	1.9	8.1	8.1	▲56.1	▲18.6
	10年間	**3.3**	**6.2**	**2.0**	**7.1**	**7.5**	**▲35.1**	**▲10.4**
80年代	前半	2.4	8.3	1.5	7.5	6.1	▲134.8	▲53.9
	後半	3.7	6.2	1.6	3.6	1.9	▲178.2	▲134.3
	10年間	**3.1**	**7.3**	**1.5**	**5.6**	**4.0**	**▲156.5**	**▲94.1**
90年代	前半	2.4	6.6	1.8	3.6	2.0	▲247.8	▲116.6
	後半	4.0	4.9	2.2	2.4	1.2	▲19.7	▲229.6
	10年間	**3.2**	**5.8**	**2.0**	**3.0**	**1.6**	**▲133.7**	**▲173.1**
2000年代	前半	2.6	5.2	3.5	2.6	2.3	▲116.7	▲509.1
	後半	1.0	5.9	1.7	2.6	3.1	▲519.7	▲754.3
	10年間	**1.8**	**5.5**	**2.6**	**2.6**	**2.7**	**▲318.2**	**▲631.7**

［備考］財政収支は会計年度、他はすべて暦年。貿易収支と財政収支は各期間の年平均額で単位は10億ドル。他はすべて年率の単純平均で単位は%。

*50年代はGNP増加率。

**CPIは消費者物価指数、PPIは生産者物価指数。

［資料出所］U.S. Government, *Economic Report of the President 1985, 2011* より算出し作成。

て一国の経済政策だけでは対応できないような大きな影響を及ぼすようになる。ドルの基軸通貨としての地位も膨大な資金の動きによって左右されることになったのである。アメリカ経済にとってドルの基軸通貨としての地位の重要性を考察するためには、アメリカ主導の戦後資本主義世界体制とその変容という流れのなかに位置づけて把握する必要があるというのは、このような理由からである。

1　戦後資本主義世界体制の特質とその変容について、より詳しくは延近『薄氷の帝国 アメリカ――戦後資本主義世界体制とその危機の構造』（御茶の水書房、二〇一二年）の第二部と第三部、または同『21世紀のマルクス経済学』（慶應義塾大学出版会、二〇一五年）の第三部をお読みいただきたい。

第1節　IMF＝ドル体制とドルの基軸通貨特権

IMF＝ドル体制の特徴

第二次世界大戦後の国際通貨体制はアメリカのドルを基軸とするIMF＝ドル体制として成立した。一九二九年から始まった世界恐慌とその後の長期不況に対して、先進諸国は為替切り下げ競争やブロック経済化など自国に有利な経済政策を行なった結果、資本主義諸国間の対立が激化し第二次世界大戦を招くことになった。その反省から、IMFは各国通貨間の取引を自由・多角・無差別に行なえるようにすることを目的としてアメリカ主導で設立された。この体制の特徴は、第一に、加盟国が自国通貨の外国為替レートを平価の上下一％以内に維持する義務を負うという固定レート制をとったこと、第二に、アメリカのドルが国際間の取引を主として媒介する基軸通貨となったことである。

固定レート制は、アメリカ以外の各国に対して国際収支の均衡化を義務づけ、そのために国際競争力を強化する政策をとることを強制する意味を持っている。戦後の経済荒廃のもとでは、各国は経済復興や国民生活の維持のために必要物資を輸入しなければならないが、外貨準備も輸出などによる外貨＝ドル収入も不充分である。国際収支は当然赤字傾向となり、為替レートはドル高・自国通貨安の方向に動こうとする。したがって、固定レートを維持するためには国際収支を均衡化する政策、とりわけ輸出を増やし輸入を抑制するための政策すなわち資金や資材・労働力を生産力の向上のために集中し、国際競争力を強化する政策をとらなければならないのである。

また、経済復興が進んで国内景気が上昇すると、一般的には物価も上昇するとともに資源や原材料、消費財の輸入が増大し国際収支が赤字傾向になる。これはドルに対する自国通貨のレートを下げるから、ドル売り介入によって固定レートを維持しなければならない。そのためには充分なドル準備がなければならないが、戦後復興期の貿易赤字傾向のもとではドル準備は不足がちになる。したがって、輸入を抑制するために景気引き締め政策をとらなければならなくなる。つまり、固定レート制維持のために国内経済政策が制約されるのである。

ドルが基軸通貨となったことについては若干の考察が必要となる。なぜなら、固定レート制はＩＭＦ協定の第四条第三～五項に規定されているのだが、基軸通貨についての直接的な規定は協定にはないからである。協定の第四条第一項には、加盟国の通貨の平価は金またはドルで表示すると規定されており、ドルは他の通貨にはない特別な地位が与えられているが、あくまで金との並列である。したがってドルが基軸通貨となった理由については、協定の条文以外の当時の国際経済情勢やドルと他国通貨との機能の違いを考える必要がある。

ＩＭＦ協定における平価の表示とは単なる形式ではなく、平価を金で表示した場合には加盟国は自国通貨を金と交換する意思を表明したことになる。アメリカ以外の各国は大戦中に戦費などのために金を使っており、金交換に応じられるだけの充分な金を保有していなかったから、ドルで平価を表示するしか選択肢がなかったのである。こうして、ドルは各国通貨の平価を表示する「基準通貨」としての特別な地位を獲得したのである。アメリカは世界恐慌発生後に金本位制を停止していたが、各国の外国通貨当局からドルと金との交換を要求された場合、財務長官が認めた場合という条件付きではあるが金一オンス＝三五ドルの割合で金交換に応じるとしていた。これによって、ドルは実体としては「紙切れ」でしかない不換通貨でありながら、各国通貨の中で唯一金の裏づけを持つ「世界貨幣」となり、国際間の取引を媒介するために必要な信認を得ることになったのである。

また固定レート制のもとでは、アメリカ以外の各国は為替レートの維持のために一定額のドルを準備して外国為替市場に介入する必要があるし、貿易取引の支払いのためにもドル準備が必要となる。つまり、ドルは「介入通貨」と「準備通貨」としての機能も果たすことになるのである。さらに大戦中、アメリカは本土が戦場とならず、連合国に対して物資や資金を供給して世界のなかで圧倒的な経済力を持つ国となったのに対して、アメリカ以外の資本主義諸国の経済は戦禍によって荒廃状態となった。これは大戦後にアメリカが各国の復興に必要な物資を供給できる世界の中枢生産センターとなったことを意味する。各国からみれば必要な物資をアメリカから輸入するためにはドルが必要となるわけである。この結果、ドルは国際貿易を媒介する「貿易取引通貨」となったのである。

その他にも、米ソ冷戦のもとで、アメリカが資本主義諸国の復興を支援するための援助や各国に米軍を駐留させる費用はドルで支払われたし、各国の復興が進みはじめるとともにアメリカ企業の対外投資が増加した。これら貿易以外の資本取引もドル建てで行なわれたから、ドルは「資本取引通貨」の機能も果たすことになった。これらの取引によって各国は必要な物資を輸入するためのドルを獲得できたわけである。その他に、西欧諸国の復興がある程度進めば西欧諸国の通貨間の取引も活発化していくが、その際にも国際的な信認の高いドルを媒介して取引が行なわれた。例えばポンドをフランに換える取引は、まずポンドを売ってドルを買い、そのドルでフランを買うという取引である。こうして、ドルは各国通貨の売買を媒介する「為替媒介通貨」としての役割も果たしたのである。

以上が、ドルが基軸通貨となったことの内容なのであり、戦後の国際通貨体制がＩＭＦ＝ドル体制と呼ばれる理由である。そして、ドルが基軸通貨として特別な地位が与えられたことにより、アメリカは国際収支の赤字を続けられるという特権＝基軸通貨特権を得ることになった。なぜなら、アメリカ以外の各国は国際収支の赤字が続けばその国の通貨の為替レートは安くなり、固定レートを維持するために国内経済を犠牲にしても景気引き締め策を取らざるをえなくなる。しかし、アメリカの場合は国内通貨であるドルが同時に基軸通貨＝国際通貨であるから、国際収支の赤字が続いてもドルが国外に流出するだけでドルの価値は変化しない。言い換えれば、実体としては「紙切れ」でしかないドル紙幣を印刷し、それを相手が代金として受け取ってくれる限り、外国から物資やサービスを購入し続けることができるという特権を手にしたということである。

もちろん、この基軸通貨特権は無条件の特権というわけではない。外国がドルを受け取る理由は、ドル紙幣が「紙切れ」ではなく実質的な価値を持つ金と交換可能であるから、あるいは上述のような基軸通貨としての様々な機能を持つからである。したがって、ドルがそうした機能を失った場合には、外国はドルを受け取らなくなる可能性が高いから、アメリカの基軸通貨特権も失われる危険性が高まるのである。

アメリカ経済の相対的衰退とIMF＝ドル体制の変容

一九四九年のソ連の原爆実験成功、一九五〇年の朝鮮戦争開始など米ソ冷戦が激化したことへの対応として、アメリカは海外軍事支出や対外援助を急増させ、一九五〇年代を通じてドルが海外に流出し続けた。この結果、五〇年代末には外国の保有するドル総額（短期流動債務額）がアメリカの保有する金準備額を上回るようになった。まさにドル紙幣が「紙切れ」となるリスクが高まったことからドルに対する信認が低下し、民間の金市場でドルを金に換える取引が急増して金価格が高騰（＝ドルの価値が低下）する「ドル危機」が発生した。一九六〇年代、アメリカ政府はドル防衛策をとったが、その後もアメリカ企業の多国籍化が進んだことや、ベトナム戦争にともなう海外軍事支出と対外援助が増加したことによってドルの流出は止まらず、ドルへの信認はさらに低下していった。

同時期には西ドイツや日本が急速な経済成長を遂げる一方、アメリカ産業の国際競争力は相対的に低下し七一年に貿易収支は赤字に転落した。大戦直後には圧倒的な経済力を持っていたアメリカ経済が貿易赤字になるほど相対的に衰退したのはなぜか。その原因はアメリカ経済の軍事化、アメリカ企業の多国籍化、ベトナム戦争の三つである。

①アメリカ経済の軍事化

次節で述べるように、米ソ冷戦のもとで、アメリカは核戦力を中心とする軍事力増強を急速に進めていった。その軍事力を支えるのは原子力・ミサイル・宇宙開発・エレクトロニクスなどの超先端軍需産業であり、ソ連との軍拡競争で勝利するためにこれら産業の育成と軍事技術の絶え間ない高度化が至上命題とされた。研究開発費と優秀な研究者・技術者がこれらの部門に集中的に投入された結果、超先端軍事分野の研究開発は急速に進んだが、これら以外の在来重化学工業（鉄鋼、合成繊維、一般機械、電気機械、輸送機械等）の生産性上昇は停滞的となり、アメリカの技術的優位・国際競争力は五〇年代半ば以降、急速に失われていったのである。

②アメリカ企業の多国籍化

五〇年代半ば以降、西欧経済の復興が進むとともに、アメリカ企業は活発な対外直接投資によって西欧諸国へ進出し多国籍企業化していった。これは資金を国外の投資により多く配分することを意味するから、本国での設備投資の停滞をもたらす。また、国外での生産とその周辺地域への輸出が増加すれば、これら諸国・地域への本国の企業の輸出を減少させる作用が働くし、多国籍企業による本国への輸出（いわゆる逆輸入）は、アメリカ市場における本国企業のシェアを低下させて生産・投資の抑制要因として作用する。これらは本国企業の生産手段需要や労働力需要の減少効果を持つから、関連生産部門の市場縮小ももたらす。つまり、アメリカ企業が多国籍化することによって、国外での設備投資は活発となり生産性が高まる一方、本国における設備投資は停滞し生産性上昇率が低下することになり、アメリカ在来産業の国際競争力は相対的に低下していったのである。

③ベトナム戦争

一九六〇年代前半、ケネディ・ジョンソン政権の成長持続政策によってアメリカ経済は好況となりほぼ完全雇用状態に達していた。その経済状況のもとで、アメリカは六五年二月に北ベトナムへの継続的な爆撃（北爆）を開始し、ベトナム戦争に本格的に介入していった。ベトナム戦争のための軍事支出の増加によって財政赤字が増加し、これは政府による有効需要の追加を意味するから景気は過熱状態となっていった。失業率は三％台に低下し、アメリカの完全雇用の目安とされる四％を下回って賃金上昇をもたらした。物価も消費者物価指数（ＣＰＩ）上昇率が六四年の一・三％から七〇年の五・七％に上昇、生産者物価指数（ＰＰＩ）上昇率は同〇・三％から同三・四％に上昇した。賃金上昇と物価上昇がアメリカ産業の国際競争力にマイナスに作用することは言うまでもないだろう。

ドル価値の低下によるドル危機の頻発と貿易黒字の縮小・赤字への転落という状況に対して、ニクソン大統領は金とドルとの交換の停止を一方的に宣言し（ニクソン・ショック）、その後国際通貨体制は変動相場制へと移行する。ドルが基軸通貨であるための基礎であった金との交換性、介入通貨や準備通貨としての機能が失われたことになるが、その後もドルの基軸通貨としての地位は維持された。それはドルに代わって基軸通貨となる通貨が他になかったこと、七三年秋の第一次石油危機で石油価格が急騰し、ドル建てで取引される石油の貿易額が増大してドルの需要が高まったことで、貿易取引通貨としての機能は維持されたことが理由である。しかし、これらはドルが基軸通貨であり続けるための消極的理由に過ぎないから、アメリカ政府は金融の自由化・国際化を進めてアメリカ金融市場での資本取引や為替取引を促進することで、ドルの資本取引通貨や為替媒介通貨としての機能を強化し基軸通貨特権を死守する政策をとっていった。

第2節　ドルの基軸通貨特権と「危うい循環」

レーガン政策と「危うい循環」の形成

一九八〇年代になると、レーガン政権は金融の自由化・国際化をいっそう強力に進め、各国にもそうした政策を強要していった。また「強いアメリカの再建」を目的として大規模な軍拡を進めていったことから財政赤字が膨大となり、そのファイナンスのための国債（財務省証券）を大量に発行したために金利は高騰した。市中銀行の貸出金利の基準となるプライム・レートはピーク時で一八・九％にもなっている。この高金利を求めて外国資本の対米投資が急増して異常なドル高が進んだ（実効為替レートは一九八〇年から五年間で六三・六％上昇）。ドル高は輸出価格の上昇と輸入価格の低下を通じて、

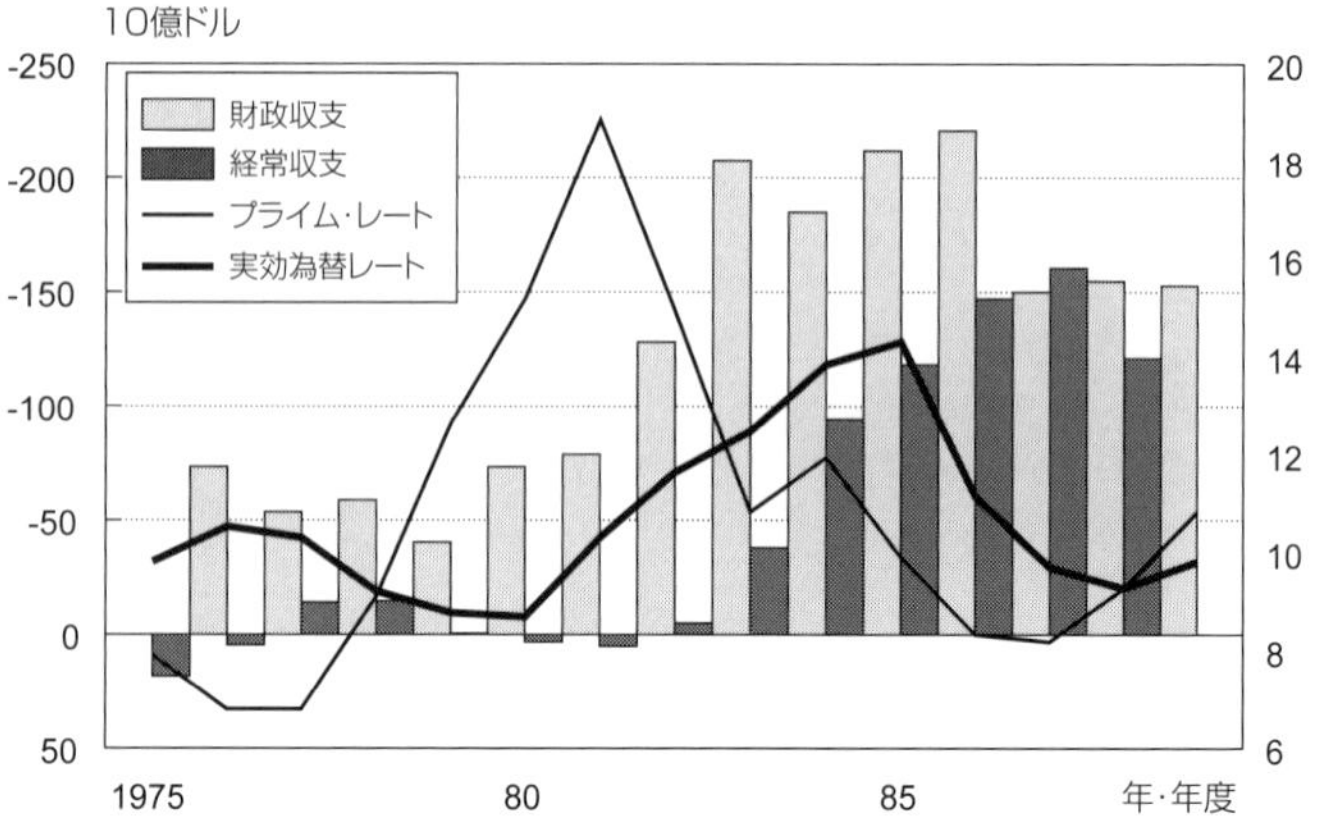

第3-1図　アメリカの双子の赤字（1980年代）

［備考］財政収支と経常収支は左目盛り、軸は反転してある。実効為替レートは1973年＝10として表示、プライム・レート（%）とともに右目盛り。財政収支は会計年度、その他は暦年。

［資料出所］*US Budget FY2012, Historical Tables, Survey of Current Business, Economic Report of the President 2011* より作成。

アメリカ産業の国際競争力のいっそうの低下をもたらすから、輸出を抑制し輸入を促進することになる。アメリカ国内での生産が不利となるため、生産拠点の国外への移転と逆輸入の増大、原材料・部品の外国からの調達を促進することにもなる。

この結果、経常収支（貿易収支、サービス収支、対外投資収益収支、移転収支の合計）の赤字が急増して、財政赤字とともに「双子の赤字」が累増していった（第３－１図）。さらに、生産拠点の国外移転とは現地で工場を建設することであるから、巨額の資本を長期にわたって外国で固定化することになり、外国からの部品調達は国内での生産ネットワークやノウハウの一部を国外に移転させることになる。これはドル高が逆転してドル安傾向になったとしても、海外進出企業の本国への回帰や生産拠点の本国へ

の再転換が困難となること、つまり産業が空洞化することを意味する。レーガン政権の政策によって

アメリカ経済に構造的な貿易赤字体質が刻印されたのである。

一国の経常収支の赤字は何らかの形でファイナンスされなければ持続できない。アメリカの累増する経常赤字は、八〇年代前半はその経常赤字を生んだメカニズム自体によってファイナンスされている。八三〜八五年の経常赤字合計額二五一二億ドルに対して、同期間の民間の対米証券投資などによる資本収支の黒字（資本流入）合計額は一九六二億ドルとなっている。アメリカの高金利を求める外国民間資本の流入＝ドル買いがドル高をもたらし、そのドル高がキャピタル・ゲインを求める投機的な対米証券投資や外国為替（外為）取引を促進し、さらに資本流入とドル高を呼ぶという連鎖によって経常赤字がファイナンスされたのである。(2) レーガン政権期の経済成長は主として貯蓄率低下と減税による旺盛な個人消費の増加によって実現したもので、アメリカ国内産業が空洞化したもとでは個人消費の増加は輸入を増加させ、それが貿易赤字の増大をもたらしたのである。その赤字が対米民間投資によってファイナンスされているということは、ドルが資本取引通貨として基軸通貨の地位を維持していること、つまりレーガン政権期に実現したアメリカ経済の「繁栄」は、ドルの基軸通貨特権によって支えられているということを意味しているのである。

しかし、ドル高が進めば進むほど、対米投資を行なっている外国民間資本にとっては、停滞する国内産業と消費者信用＝借金に依存した個人消費による貿易赤字の累増というアメリカ経済の実態と乖離したドル高は、いずれ是正されるとの予想が強まってくるであろう。何らかの原因によってドル高基調からドル安基調へと転換してその予想が現実化すれば、ドル高を進めていったメカニズムが一挙

に逆回転して投機的なドル売りを誘発することになる。異常ドル高と対米投資との相互促進的進展による資本流入が累増する経常赤字をファイナンスするという資金循環は、民間資本のドル離れとそれによるドルのスパイラル的下落＝ドル暴落の危険性を内蔵した「危うい循環」なのである。

ドル暴落はドルの基軸通貨としての地位の喪失を意味し、したがってアメリカが基軸通貨特権を失って経常赤字を持続することが不可能になることを意味する。すなわち世界からの借金に基づいたアメリカ経済の「繁栄」を持続することが不可能になるのである。アメリカ国民にとっては雇用の喪失・生活水準の低下を余儀なくされるということである。レーガン政策は七〇年代のスタグフレーションからアメリカ経済を脱出させたが、「双子の赤字」と構造的な貿易赤字累増体質という新たな、そしてより困難な問題をもたらしたのである。この問題はドルの基軸通貨の地位に基づく「危うい循環」が維持される限りは顕在化しないが、ドルが基軸通貨の地位を失えばアメリカ経済の「繁栄」は瓦解するのである。

実際、八五年九月のプラザ合意[3]をきっかけとして、ドルは予想を超えて急速に下落していった（前掲第3－1図）。八七年二月のルーブル合意に基づくG7諸国の協調的ドル買い介入によってドル暴落の悪夢は食い止められたが、プラザ合意を境として民間資本の財務省証券投資が激減し、代わって外国公的機関のドル買い介入の結果としての財務省証券購入が急増した。政府資本収支は八六年から流入超過に転換し、八六年に三三九億ドル、八七年に五五五億ドルの黒字となっているが、これは外国政府がアメリカの経常赤字のファイナンスを支えたことを意味している。民間資本の対米投資は債券から株式へとシフトしたが、世界の主要株式市場の株価が暴落した八七年一〇月の「ブラック・マン

第 3-2 表　アメリカの経常赤字のファイナンス構造（1980 ～ 88 年）

	経常収支	資本収支				対米民間投資（資本流入）		対外民間投資（資本流出）	
		政府資本		民間資本					
		収支	うち財務省証券	収支	うち財務省証券	直接投資	証券投資	直接投資	証券投資
1980-82	0.6	▲2.8	6.8	▲25.9	4.2	18.2	10.3	▲11.1	▲5.8
1983-85	▲83.7	▲4.5	3.6	**69.9**	**17.4**	18.2	41.3	▲16.0	▲6.3
1986-88	▲143.0	42.8	**39.8**	98.1	**5.5**	**50.5**	51.9	▲27.2	▲5.8

［備考］金額は単位 10 億ドルで各期間の年平均額。
［資料出所］*Survey of Current Business* より算出し作成。

デー」によって対米株式投資も減少する。対米民間証券投資の減少を埋め合わせたのが、ドル安を誘因とする外国企業による対米直接投資、とりわけ日米貿易摩擦の解決手段としてアメリカが要求した日本企業の現地生産化を中心とする対米直接投資の急増であった。

レーガン政権期の経常赤字のファイナンス構造をまとめたのが第３－２表である。経常赤字をファイナンスする外国民間資本の対米直接投資・証券投資および外国公的機関の対米証券投資が増大すれば、とりわけ高金利のもとでは投資収益の海外送金を急増させる。これはアメリカの経常収支勘定の投資収益収支の黒字を減少させるため、貿易赤字累増が続く限り経常収支の大幅な赤字の改善の可能性はなくなることを意味する。先進資本主義諸国の協調的行動に支えられてドル暴落はかろうじて食い止められたとはいえ、八〇年代後半、「危うい循環」はむしろ固定的で構造的なものとなっているのである。この循環が持続した結果として、八〇年代後半にアメリカは対外純債務国に転落し、これ以降純債務額が累増していく。

一九九〇年代のアメリカ経済の「復活」

一九九〇年代のクリントン政権期、アメリカ経済は実質GDP増加率が年平均三・八％という長期にわたる持続的成長を実現した。この持続的成長の特徴は、設備稼働率が八〇％台と高水準に維持されたもとで、設備投資増加率が九〇年代を通じて九〜一二％という高い水準を維持したことにある。第二次世界大戦後のアメリカ経済において、これだけ長期にわたって設備投資が高い増加率を持続したのは初めてである。生産指数でみると、九二年から九九年までの八年間に製造業全体で四六・九％の上昇（八〇年代の一〇年間で二八・二％）と急速な生産拡大が実現した。産業別では、コンピュータおよびエレクトロニクス産業の生産指数が三七九・五％の上昇（同一七〇・二％）と急速な生産拡大を示している。失業率は景気回復初期の九二年に七・五％と前年比〇・七ポイント上昇したが、その後は低下していき九九年には四・二％と完全雇用に近い状態となり、物価上昇率も、CPIが年率二〜三％程度の上昇、PPIはほぼ一％前後の上昇と低水準で安定し、金利も八〇年代に比べて低水準が維持された。個人消費は失業率の低下および貯蓄率の低下のもとで年平均三％台後半の増加を示した。長期にわたって経済成長が持続しながら、失業率・物価上昇率・金利が低水準のままで推移したことも、それまでには見られなかった新しい特徴である。

この持続的経済成長をもたらした最大の要因はいわゆる情報技術（IT）革命である。九〇年代に入って、IT産業およびIT機器の利用とインターネットの普及・拡大が相互促進的に急速に進み、生産・流通・消費のあらゆる場面において、これら新生産物と新技術を利用した新しいビジネスが次々と生み出されていった。IT関連の投資は年率一〇〜一四％で増加し続け、実質GDP増加率への寄与率が二〇～三〇％に達している。このＩＴ革命にはクリントン政権の技術開発促進政策と八〇年代末の冷戦終結による「平和の配当（Peace Dividend）」が寄与している。

クリントン政権は、グローバルな情報ネットワークの基盤を整備し情報通信分野における規制緩和や競争促進策を実行するとともに、軍事技術の民生・産業技術への応用による新生産物・新技術の開発と実用化を促進した。例えば、軍事目的の人工衛星による全地球測位システム（Global Positioning System, GPS）が部分的に民生・商業用に開放され、カー・ナビゲーション・システムなどの開発・精度の向上を促進した。また、国防総省の資材調達・兵站用に開発されたＣＡＬＳ（Computer-aided Acquisition and Logistics Support）システムをベースとして民間産業用ＣＡＬＳが開発された。この産業用ＣＡＬＳは、企業および関連組織内で製品やサービスに関する情報を共有し、製品開発、設計、部品や原材料調達、製造、消費者のニーズの把握、納品、配送、決済など、企業活動のすべてをコンピューター・ネットワーク上で行なうためのシステムで、グローバリゼーションとネットワーク化の進展とともに、企業がグローバルに効率的に活動するためのシステムになっていった。

九〇年代の持続的経済成長のもう一つの重要な要因は投機的な金融取引が急速に拡大したことである。金融の自由化によって有価証券や外国為替の先物取引、オプションやスワップ取引など様々な金融派生商品（デリバティブ）が登場し、ＩＴ革命によるアメリカ経済の好調を背景として国内外の資金が金融市場に流入した結果、株式などの金融商品の価格を上昇させた。金融商品の価格上昇が持続すれば、キャピタル・ゲインを求める投機的取引がいっそう活発化し価格をさらに押し上げることになる。実際、第３－２図が示すように、アメリカの株価は九〇年代に加速度的に上昇していったので

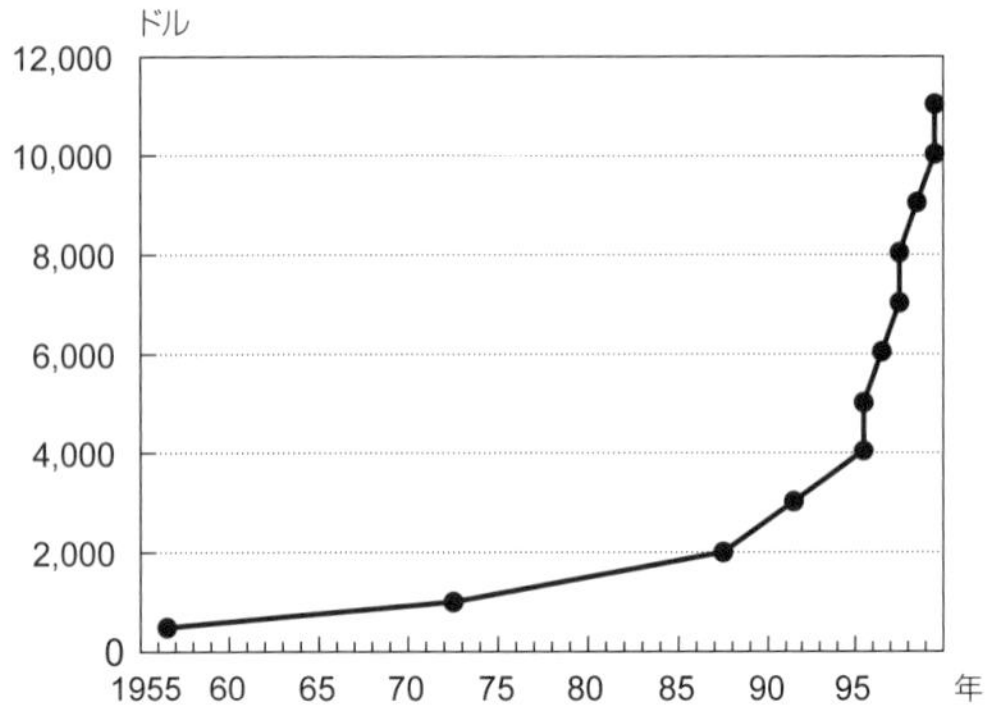

第3-2図　ニューヨーク株式市場の株価の推移

［備考］ニューヨーク証券取引所ダウ工業株30種平均価格。1000ドル単位の大台を突破した年月日を折れ線で結んだグラフであり、実際に株価が直線的に上昇したわけではない。
［資料出所］Dow Jones 社ウェブサイト

ある。経済の実態からかけ離れた「投機が投機を呼ぶ」というマネー・ゲームの恐るべき拡大である。投機自体は基本的にゼロサム・ゲームであるが、金融商品の価格が急騰したことによって、金融関連産業や情報通信産業だけでなく製造業の巨大企業の利潤も増大し、資金調達も容易となって設備投資の増加につながった。またキャピタル・ゲインの資産効果やその一部の現金化によって個人の所得も増大し、個人消費が刺激されて持続的経済成長に寄与したのである。

　持続的な景気拡大によって、「双子の赤字」のうち財政赤字はクリントン政権第二期に解消したが、経常赤字はさらに増加していった（第3－3図）。前政権の八九～九二年には年平均五六八億ドルに減少していた赤字額は、クリントン政権第一期の九三～九六年に同一一一二億ドル、第二期の九七～二〇〇〇年には同二六八二億ドルにまで膨れ上がっている。[4]この経常赤字累増の主因は、レーガン政権期に形成

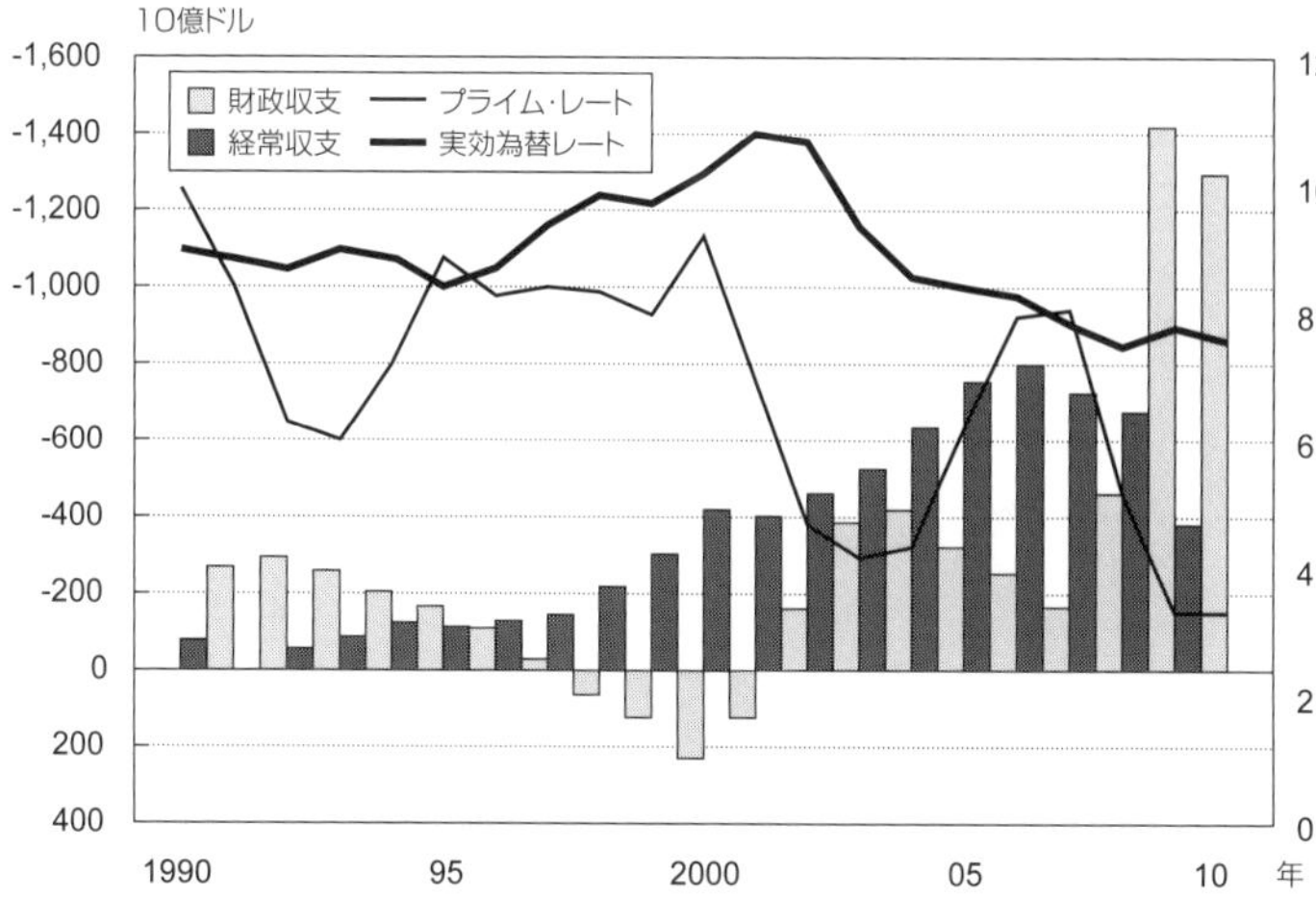

第3-3図　アメリカの財政収支と経常収支（1990～2010年）
［備考］、［資料出所］ともに第3-1図と同じ。

された構造的な貿易赤字累増体質がさらに強まったことにある。ＩＴ化・ネットワーク化が急速に進展し、アウト・ソーシングやＣＡＬＳの利用拡大のもとで生産体制がグローバル化したことによって、アメリカ企業の国内生産や販売が増大すれば、外国企業からの部品等の輸入や国外の直接投資先からの逆輸入も増大するようになったのである。

この巨額の経常赤字は八〇年代と同様に外国資本の流入でファイナンスされたが、九〇年代の新しい特徴は外国資本の流入額が経常赤字額を大きく上回るようになり、それが海外に再投資されるという循環が成立したことである。巨額の経常赤字によって海外に流出した資金が、好調なアメリカ経済における有利な投資機会を求めて対米投資として還流し、その資金がアメリカ資本のグローバルな展開のために海外に直接投資されていること、あるいは投機的取引を

第 3-3 表　アメリカの経常赤字のファイナンス構造（1989 ～ 2000 年）

	経常収支	資本収支				対米民間投資（資本流入）		対外民間投資（資本流出）	
		政府資本		民間資本					
		収支	うち財務省証券	収支	うち財務省証券	直接投資	証券投資	直接投資	証券投資
1989-92	▲56.8	21.8	**15.8**	39.0	20.8	39.9	47.1	▲41.7	▲36.4
1993-96	▲111.2	86.5	**66.1**	18.7	**74.3**	60.4	153.7	▲88.7	▲120.3
1997-2000	▲268.4	21.9	▲2.4	**228.6**	11.1	**223.8**	**280.2**	▲157.9	▲124.3

［備考］、［資料出所］ともに第 3-2 表と同じ。

含んだ巨額の証券・銀行取引によって資金が流出入するようになったことを意味している。大規模な資本取引がアメリカ金融市場を「ハブ（hub）」としてグローバルに展開されるという循環が九〇年代に成立したのである（第３－３表）。

有価証券やデリバティブなどの金融商品の価格急騰はこの循環の反映であり、そしてこの循環によってアメリカの経常赤字がファイナンスされたのである。つまり、九〇年代のアメリカ経済の「繁栄」は、大規模な投機的金融取引にともなう資金循環が持続することによって支えられているのである。もしこの資金循環を部分的にでも断絶させるような事態や「ハブ」の機能を低下させる事態が発生すれば、その「繁栄」は一挙に瓦解する危険性をはらんでいる。ドルの基軸通貨としての地位に基づく「危うい循環」は八〇年代以上に不安定化し深化したのである。

イラク攻撃による基軸通貨特権の死守

二〇世紀末、「危うい循環」の一環としてのアメリカ金融市場の「ハブ」機能を低下させ、ドルの基軸通貨特権の地位を危うくする事態が発生する。一九九九年一月のＥＵ内一一カ国による共通通貨ユーロの使用開始であり、さらに「食料のための石油計画（ＯＦＰ）」に基づくイラクの石油売却代金をイラク側の要請によってユーロ建てに変更する二〇〇〇年一〇月の決定である。ＥＵの結成とＥＵ諸国の国民通貨をユーロに転換すること自体が、不安定さを内包したドル体制に対する対抗という性格を持っているのだが、ＥＵ諸国間のユーロによる取引が拡大してドル離れが進めば、ドルの基軸通貨としての地位が低下するのは言うまでもない。

ＯＦＰは、九〇年八月のイラクのクウェート侵攻に対して国連安保理決議に基づく経済制裁が実行され、イラク国民の食糧不足と生活困難が深刻化していたことから、九五年の安保理決議九八六によって創設され、九六年から開始された援助計画である。イラクの石油を安保理のＯＦＰ専門委員会である六六一委員会（名称は安保理決議六六一に由来）が承認した量だけＯＦＰを通して輸出し、その代金がクウェートへの賠償金やイラク政府の食糧等の必要物資購入に充てられるというシステムである。六カ月ごとに計画が更新されるために石油輸出量は時期によって異なるが、九八年三月以降は六カ月あたり三〇〇万バレル前後となっていた。

このＯＦＰによる石油輸出代金の受け取りについて、イラクは二〇〇〇年一〇月四日付の文書でドル建てからユーロ建てへの変更を要請した。六六一委員会は審議の末にこの変更を承認し、一一月から始まるＯＦＰでは石油輸出がユーロ建てに変更されたのである。金額は石油価格によって変動するが、ドル建て期間の九六年一二月から二〇〇〇年一一月まで三八六億ドル、ユーロ建て期間の二〇〇〇年一二月から〇三年六月までが二七二・五億ユーロ（二五六・三億ドル）であった。さらに、イランも〇二年一〇月から石油輸出のユーロ建てへの変更を検討しているという情報も報道されている。(5)二〇〇〇年時点で、世界の原油生産量（天然ガスを含む）のうち石油輸出国機構（OPEC）諸国の生産量は四〇・一％で、OPEC諸国の生産量のうちイラクとイランの占める割合は二二・四％であったが、原油の確認埋蔵量は中東地域で世界の約五四％を占めている[6]。

イラクとイランが石油取引をユーロ建てに転換し、それが中東産油国諸国に拡大していけば、石油取引におけるドルの地位が大きく揺らぎ、ドルの「貿易取引通貨」としての機能およびそれに付随する「為替媒介通貨」としての機能も大幅に低下することになる。その結果、ドルの基軸通貨としての地位が失われて「危うい循環」が崩壊し、アメリカの「繁栄」が一挙に瓦解する危険性が高くなるのである。アメリカがイラク攻撃を急いで強行しなければならなかった理由がここにある。ドルの基軸通貨特権を死守するためには、イラクの石油取引をドル建てに戻し、ユーロ建て石油取引の産油国への連鎖的拡大を防ぐことが至上命令だったのである[7]。第2章で述べたように、ブッシュ政権がイラク攻撃を決意したのは〇一年の九・一一同時多発テロ直後のことであった。ブッシュ大統領が〇二年の一般教書演説でイラクとともにイランを「悪の枢軸」と非難し、八月以降に虚偽の情報や根拠の曖昧な情報に基づいてイラク攻撃を正当化しようとしたこととも符合する。実際、フセイン政権打倒後まもなくイラクの石油取引はドル建てに戻されているのである。

二〇〇八年秋以降の金融・経済危機と「対テロ戦争」

一九九〇年代の持続的経済成長は二〇〇〇年には終わりを迎え、〇一年には九・一一同時多発テロの影響もあってアメリカ経済は景気後退期に入っていた。九〇年代にさらに膨大となった経常赤字は、好調なアメリカ経済における有利な投資機会を求める外国資本の流入によってファイナンスされたのだから、「危うい循環」を維持するためにも景気回復をめざす必要があった。そのためにブッシュ政権が実行した政策は、住宅投資拡大を景気対策の柱として、金利を大幅に引き下げる超金融緩和策である（公定歩合は二〇〇〇年五・七三％→〇二年一・一七％、プライム・レートは同九・二三％→四・六七％）。

この政策を受けて、景気低迷のなかで融資対象の拡大を求める金融機関は、従来はローン返済能力・信用力の不足のために住宅ローン利用が困難であったサブプライム層への融資を急速に拡大していった。返済が不確実なサブプライム層への住宅ローンの増大を可能にしたのが、債権の証券化や「証券の証券化」などの手法でリスク・ヘッジを行なうデリバティブである。[8] 住宅投資増加率は〇一年〇・六％から〇四年九・八％へと急上昇し、住宅価格上昇率（ケース・シラー二〇都市住宅価格指数）も〇一年七・四％から〇四年一六・三％と急速に上昇した。住宅価格が上昇すれば少しでも早く住宅を購入しようとする需要が刺激され、それがまた住宅価格の上昇を促進するという循環が作用したのである。また、住宅ローン提供者にとって債務者が返済不能となったとしても、住宅価格上昇が継続していれば担保価値の上昇によって損失を防げることになる。

さらに、住宅価格が上昇すると、住宅の資産価値を担保とする消費者ローン（ホーム・エクイティ・ローン）や、住宅ローンを借り換えて資産価値上昇分の借入額を増やすことができるシステム（キャッシュアウト・リファイナンス）が有利となる。これらを利用することによって個人消費も刺激された。住宅投資と個人消費の増大によって景気は急速に回復していったのである。

経常赤字はブッシュ政権期にさらに膨大となっていったが（前掲第3－3図）、この景気回復とサブ

第3-4表　アメリカの経常赤字のファイナンス構造（2001～2010年）

	経常収支	資本収支				対米民間投資（資本流入）		対外民間投資（資本流出）	
		政府資本		民間資本					
		収支	うち財務省証券	収支	うち財務省証券	直接投資	証券投資	直接投資	証券投資
2001-02	▲426.9	67.6	47.1	382.7	43.0	125.7	381.6	▲148.4	▲69.6
2003-05	▲631.1	**320.4**	190.4	268.2	105.8	107.5	**456.6**	▲167.3	▲189.5
2006-07	▲755.5	**477.2**	153.5	218.1	4.3	232.2	**648.6**	▲329.5	▲365.8
2008-10	▲508.2	**448.3**	505.4	**▲48.1**	134.8	235.0	**121.1**	**▲328.0**	**▲60.5**

［備考］、［資料出所］ともに第3-2表と同じ。

プライム・ローンに関連する投機的金融取引による利益を求めて海外から大量の資金が流入し、経常赤字はファイナンスされた（第3－4表）。しかし、住宅価格の上昇に依存した住宅投資と個人消費の増大には限界がある。住宅に居住しようとする最終需要者には所得に規定される購入可能限度額があるから、住宅価格があまりにも高騰しその限度額を超えれば、住宅需要は急速に減少し価格上昇も限界に達するからである。そうなれば住宅価格上昇と住宅投資・個人消費の増大の「正の循環」は「負の循環」へと逆転し、「正の循環」に依存した景気上昇も限界に達することになる。様々なデリバティブの価格も暴落し、投機的金融取引による利益を求める資金流入に依存した「危うい循環」も崩壊の危機に陥るのである。

実際、〇六年後半には住宅価格は低下に転じ、〇七年半ばにはサブプライム・ローンの行き詰まりが表面化して「負の循環」が現実化した。そして〇八年九月のリーマン・ショックを契機として金融・経済危機が発生し、この危機は瞬く間にグローバルに波及していったのである。アメリカ政府の大企業への巨額の金融支援（七〇〇〇億ドル規模）や財政出動（五三〇〇億ドル以上）によって一九二九年恐慌の再現は防がれたが、「危うい循環」の崩壊の危機にはどのように対処されたのだろうか。

サブプライム・ローン危機発生後、外国民間資本は保有金融証券の売却や銀行預金の引き出しで債務返済に充てようとしたが、金融商品価格が暴落したために返済資金不足となり、ドル建て資金を新たに調達する必要が生じた。アメリカの中央銀行である連邦準備制度理事会（ＦＲＢ）は日・欧などの金融機関にドル資金を供給することを目的として、各国中央銀行とドル資金供与の見返りに各国通貨を受け取るスワップ協定[9]を結び、各国中央銀行はこれによって得られたドル資金を自国金融機関に供給した。

各金融機関はこのドル資金によってアメリカ金融機関にドル債務を返済した。これはアメリカ金融機関にとっては債権回収（資本流入）を意味する。これにアメリカ資本が債務返済のために対外証券投資を引き揚げたこと（資本流入）が加わって、民間資本収支の黒字が大幅に拡大した。〇七年までの外国資本の対米投資による資本流入とアメリカ資本の対外投資による資本流出というパターンが逆転する形で民間資本収支が黒字となったわけである。さらに外国政府による財務省証券の購入が激増し政府資本収支も黒字幅が拡大した（第３-４表）。つまり、アメリカ金融機関の債権回収・外国金融機関の債務返済をＦＲＢが間接的に支援し、各国政府機関の財務省証券投資という協力とともに資本収支が大幅黒字となって経常赤字がファイナンスされ、「危うい循環」の崩壊の危機が回避されたのである。

しかし、これは世界的金融・経済危機への対応としての緊急避難的な措置である。外国政府の財務省証券投資が高水準を維持しているのは、中国が貿易黒字によって積み上げた外貨準備（一〇年末で二兆八五七三億ドル）をアメリカ国内で運用し、その一部を財務省証券購入に充てているからである（一〇年末の財務省証券発行残高のうち中国政府の保有比率は二六・六％）。ドルが暴落すればドル資産の価値は急減するため、当面は外貨準備のアメリカでの運用を継続せざるを得ないのである。また、石油産出国は〇八年秋以前に原油価格の高騰（ニューヨーク商業取引所の West Texas Intermediate, WTI の期近物は〇八年七月のピーク時に一バレル＝一四五・二九ドル）によって膨大なオイル・マネーを手にしていた。それらの多くはドル建てで運用されており、ドルが暴落すればその資産価値が急減するから、財務省証券の購入を持続したのである。

金融・経済危機対処のための巨額の財政支出と大規模な金融緩和は財政赤字を急増させ、連邦累積債務は一〇年末にはGDP比一〇二％にまで膨れ上がった。財政赤字が増え続ければ、投資家（外国政府を含む）は財務省証券の債務不履行（デフォルト）のリスクを予測し、新規購入の抑制と保有証券の売却を急ぐであろうから、財務省証券価格は暴落し財政が破綻する危険性が高まっていく。また、景気後退によって経常赤字は若干減少したが、そのファイナンスに充分な規模の外国政府・民間資本の対米投資が必要となる構造は変わっていない。つまりドルの基軸通貨としての地位に基づく「危うい循環」を維持しなければならないのである。

これがオバマ大統領がオバマ・イニシアティブの一つとして「イスラム社会との和解」を掲げ、アフガニスタンとイラクにおける「対テロ戦争」から早期に撤退しなければならなかった経済的理由である。アメリカの経常赤字の累増によってユーロ・カレンシー（国外で運用されるドルなど各国通貨の資

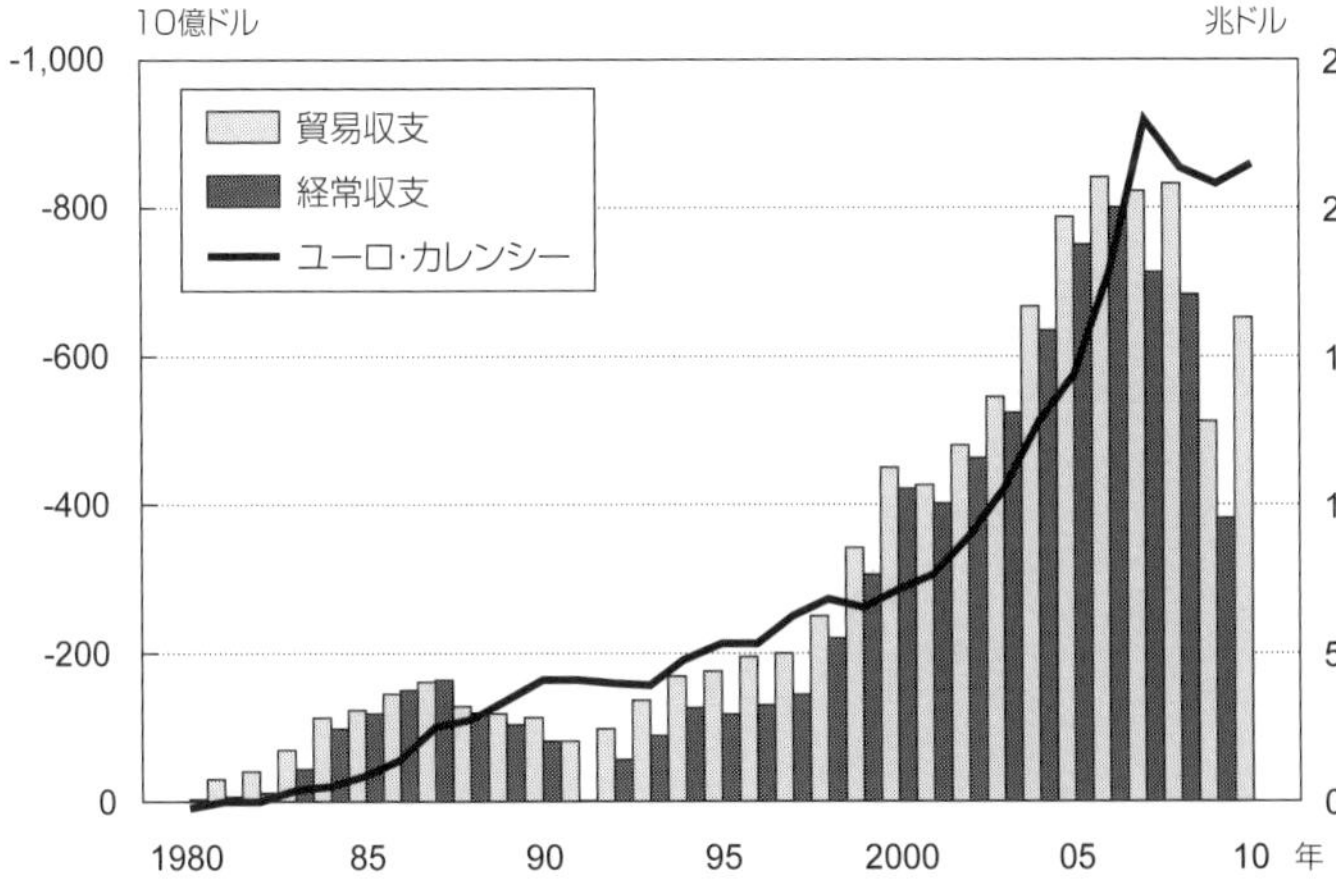

第3-4図　アメリカの経常収支とユーロ・カレンシー市場規模

［備考］貿易収支・経常収支は左目盛りで軸を反転させてある。

ユーロ・カレンシー市場規模は右目盛り。

［資料出所］*Survey of Current Business*, BIS *Quarterly Review*, 各号より作成。


金）は膨大な額となっている（第3－4図）。

この膨大な資金は各国の金利や為替レート、財政収支や国際収支、景気の動向などの予測に基づいて、キャピタル・ゲインを求めて世界の金融市場を大規模に駆け巡っている。この状況のもとで、ドルの基軸通貨特権を維持し「危うい循環」崩壊の危機を避けるためには、「対テロ戦争」の戦費を減少させ、財政赤字と経常赤字の増大をできるだけ抑制することが不可欠なのである。だからこそ、アフガニスタンで多数の民間人犠牲者がともなう大規模な武装勢力掃討作戦を繰り返し、それが顕著な成果をあげなかったにもかかわらず、オサマ・ビンラーデンの殺害成功後に米軍を撤退させたのである。第4章で述べるように、イラクにおいてもブッシュ政権の出口戦略の基本線を引き継ぎ、マリキ政権の独裁的体制を容認して米軍の早期撤退を実現した。そのことがＩＳの台頭を招き「対テロ戦争」をグローバルに拡大させることになるのである。

2　こうした取引によって、世界の外為市場の取引額は激増し、八九年には一日の取引額が同年の世界の一日の輸出入合計額の三五倍にあたる約五九〇〇億ドルにまで達した（世界の外為市場の取引額は Bank for International Settlements (BIS), *Triennial Central Bank Survey: Foreign exchange and derivatives market activity in 1996*, 世界の貿易額は IMF, *International Financial Statistics* による)。

3　アメリカ政府が「双子の赤字」の抑制のためにドル高是正と金利引き下げの必要に迫られ、Ｇ５諸国に協調介入によるドルの「秩序ある」切下げと協調的な金利引き下げを要請して、一九八五年九月二二日に成立した合意。

4　八九〜九二年の経常赤字額が減少したのは、湾岸戦争の戦費分担金として九一年にサウジアラビア、クウェート、日本などから五〇〇億ドル以上の資金流入があったことにより、政府移転収支が大幅な黒字になったことが寄与している。

5　Alexander Oil and Gas 社が収集した情報提供のウェブサイトにおける〇二年八月二〇日付の情報。情報元はバーレーンの Gulf Daily News (http://www.gasandoil.com/goc/news/ntm23638.htm)。この情報によれば、イランが石油輸出のユーロ建てへの変更を検討している理由として、九・一一同時多発テロ後にアメリカがテロ資金の追跡のために、ドル取引についてグローバルな銀行業務の監視を開始したことをあげている。さらにイランの石油産業筋の情報として、ユーロ建てへの変更によって「苦闘しているドル (struggling dollar)」に対して打撃を与えることが可能で、イラン中央銀行はユーロ建てへの変更を実行して実際にドルを下落させるかどうかの最終判断に入っているという。

6　International Energy Agency, *Monthly Oil Market Review*, http://omrpublic.iea.org/.

7　イラクが石油取引をユーロ建てに変更したのは、ドル価値の下落を意図したものであったという見方は、二〇〇一年に Arjun Makhijani, "Saddam's Last Laugh: The Dollar Could be Headed for Hard Times If OPEC Switches to the Euro," May, 2001, http://www.TomPaine.com が提示している。イランの石油輸出のユーロ建てへの転換決定もドル価値の下落を意図したものとの情報を含めて、一般人でさえ入手できる公開情報であるから、ブッシュ政権もイラクとイランの意図は当然把握していたはずであり、さらにドル価値の下落がアメリカ経済に与える影響も当然検討されたであろう。

アメリカのイラク攻撃は産油国の石油取引のユーロ建て転換への流れを止める目的であるという見方を、一定の根拠を示しながら検討に耐えうるような論理展開によって提示したのは、私の知る限り、William P. Clark, "The Real Reasons for the Upcoming War With Iraq: A Macroeconomic and Geostrategic Analysis of the Unspoken Truth," Jan., 2003、http://www.mediamonitors.net/williamclark1.html である。これ以降、同様の論考がいくつかウェブ上に発表されたが、クラークの論文も含めていずれも本章で論じたような、なぜドルの基軸通貨としての地位がアメリカ経済にとって死活的な重要性を持ち、経常赤字のファイナンスにおいてどのような機能を果たしているのかが明らかにされておらず、説得力は不充分である。

8　サブプライム・ローンや「証券の証券化」などの仕組みとその限界について、より詳しくは前掲『薄氷の帝国アメリカ』の第七章、または同『21世紀のマルクス経済学』の第一〇章をお読みいただきたい。

9　〇七年一二月にFRBと欧州中央銀行およびスイス国立銀行との間で結ばれ、〇八年九月にイギリス・オーストラリア・カナダ・日本などとも結ばれた。〇八年一二月末時点でのドル供与額は五八三〇億ドルに達し、一〇年二月に終了した（ロイター通信配信記事〇八年九月一八日付および一〇年一月二八日付）。

第3節　アメリカの恒常的軍拡体制

第二次世界大戦直後には圧倒的な経済力を持っていたアメリカ経済が相対的に衰退し、その「繁栄」を維持するために「危うい循環」に依存するようになった最大の要因が米ソ間の冷戦である。冷戦の軍事的側面においては、大戦末期にアメリカで開発された核兵器が決定的な役割を果たしている。原子爆弾（原爆）が投下された広島と長崎が壊滅状態となったように、核兵器はその圧倒的な破壊力・殺傷力によって戦争の形態を激変させた。

核兵器による先制攻撃が政治中枢や軍事拠点、産業基盤に対して実行されれば、相手国は一瞬にして甚大な損害を被り戦争継続能力を失ってしまう。核兵器登場以前の戦争のように開戦後に軍事力を増強して対処することは無意味となり、戦争開始時点で勝敗が決することになったのである。このことは、核兵器保有国が実際に核攻撃を実行しなくても核戦力を背景として相手国を威嚇し、その政治的意図を強要できるようになったことを意味する。だからこそソ連も核兵器の開発を急ぎ、一九四九年八月に原爆実験に成功してアメリカの原爆独占は終了する。アメリカはソ連に対する軍事的優位の維持・拡大を追求し、恒常的な軍拡体制を作り上げた結果、アメリカ経済は軍事化し相対的に衰退していくのである。第3－5図は恒常的な軍拡体制を支える国防費の推移を示している。本節では恒常的軍拡体制をもたらしたアメリカの冷戦戦略とその変遷を明らかにする。

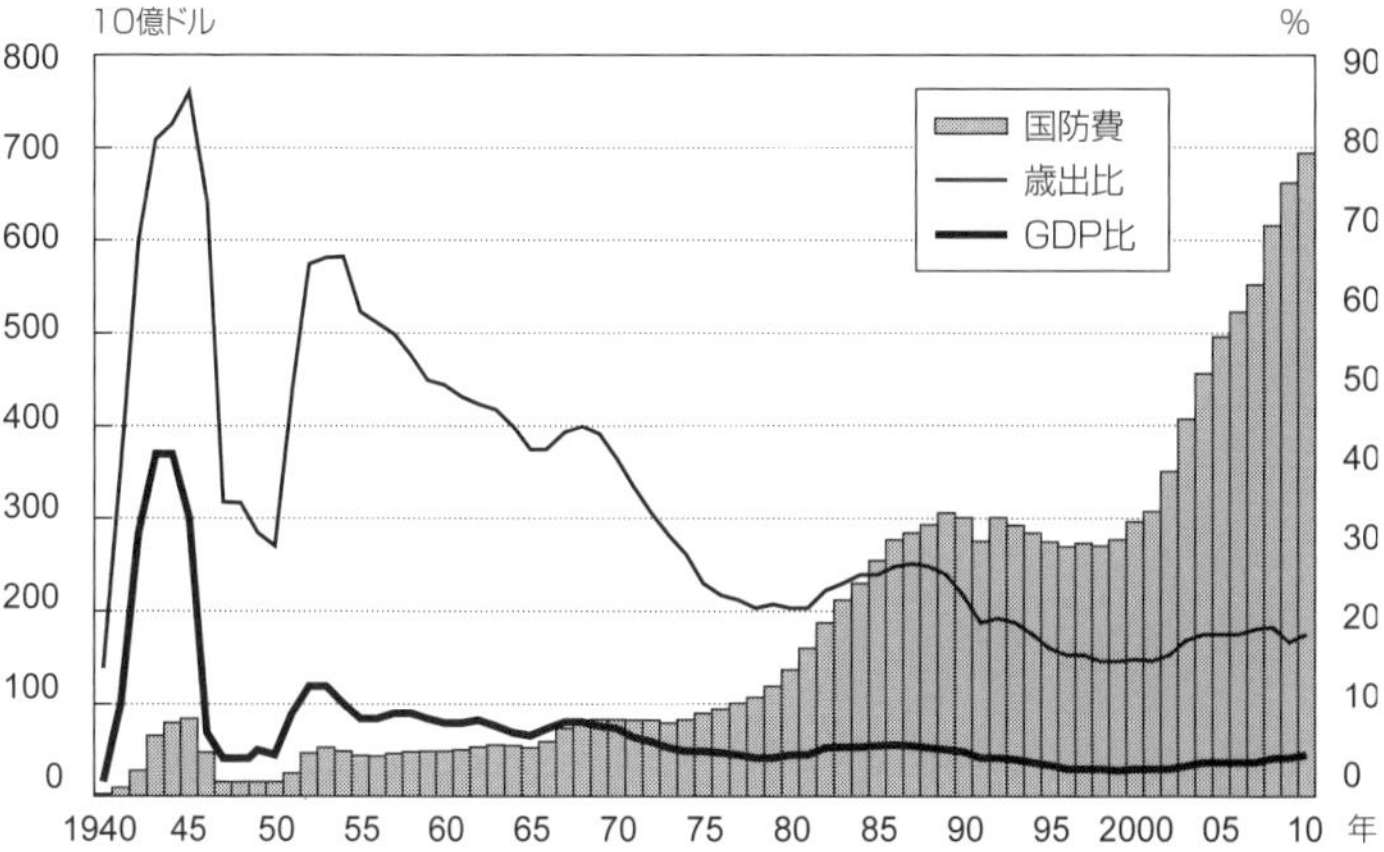

第3-5図　アメリカの国防費の推移

［資料出所］*US Budget*, Historical Tables, *Survey of Current Business*, U.S. Department of Commerce, *Historical Statistics of the U.S.* より作成。

一九五〇年代のアメリカの冷戦戦略と恒常的軍拡体制の成立

一九四九年のソ連の原爆実験成功直後の同年一〇月には中華人民共和国が成立し、社会主義陣営は東アジアにまで拡大した。この国際政治・軍事情勢の変化に対応するために、アメリカのトルーマン政権は新たな国家安全保障戦略を採用する。この戦略は一九五〇年四月に国家安全保障会議（ＮＳＣ）に提出された文書ＮＳＣ68の提起した戦略を基礎としているため、以下ではＮＳＣ68の冷戦戦略と呼ぶことにする。

①ＮＳＣ68の冷戦戦略

ＮＳＣ68の冷戦戦略は、ソ連が実際にどのような意図で行動するかではなく、ソ連が近い将来に保有すると予測される軍事能力を基準として、その脅威に対処する戦略という特徴を持っている。そのためにはソ連の軍事力を圧倒的に上回るような、即時に動員可能で総合的な軍事力の強化が必要とされる。総合的な軍事力の強化とは、核戦力および通常戦力を含む全般的な軍事力の増強であり、さらにソ連陣営を軍事的に封じ込めるためのグローバルな軍事同盟網と同盟国の軍事力の強化も含むものである。この戦略の実行のためには軍事支出を大幅に増額する必要があるが、冷戦とは「現実の戦争（real war）」であるという認識から、財政や経済への悪影響よりも軍事的要請が優先されることになった。

NSC68の冷戦戦略は朝鮮戦争の勃発をきっかけとして正式な国家戦略として採用され、この戦略の実行のために軍事力の増強が進められ、朝鮮戦費とともに軍事支出は急増していく。また軍事同盟も、米比相互防衛条約（五一・八・三〇）、太平洋安全保障条約（ANZUS、九・一）、日米安全保障条約（九・八）、米韓相互防衛条約（五三・一〇・一）、東南アジア集団防衛条約機構（SEATO、五四・九・六）、米台相互防衛条約（五四・一二・二）、中東条約機構（METO、五五・一一・二二）と次々と結ばれ、東アジアから中東を経て、すでに成立していた北大西洋条約機構（NATO、四九・四・四）につながって、ソ連陣営を包囲するグローバルな軍事同盟網が完成する。ソ連も軍事力増強をさらに進めるとともにワルシャワ条約（五五・五・一四）を締結して対抗した結果、米ソ両陣営による軍拡競争がグローバルに展開されていったのである。

②ニュー・ルック戦略

一九五二年のアメリカ大統領選挙では、トルーマン民主党政権が巨額の軍事支出を費やしながら朝鮮戦争に勝利できず、共産主義の封じ込めにも成功していないという批判が高まり、共和党のアイゼンハワー候補が当選した。アイゼンハワー政権が採用した冷戦戦略がニュー・ルック（New Look）戦略である。この戦略の基本方針は、米ソ冷戦が短期間で終わるものではないという認識に基づいて、経済に悪影響を及ぼさないように軍事支出を節減するとともに、ソ連および共産主義に対して軍事的強硬態勢をとるというものである。

軍事支出を抑制しながら軍事力を強化するという二律背反的な課題を解決するために、核戦力に重点を置いて軍事力を増強するという方法が選択された。通常兵器に比べて、核兵器は破壊力・殺傷力あたりの費用が相対的に安価だからである。核戦力を中心とする強大な軍事力を、ソ連陣営の行動に対する報復手段として即時に行使できる態勢をとることによってソ連陣営を威嚇し、共産主義の脅威の拡大を抑止しようという戦略である。

ニュー・ルック戦略は「大量報復戦略」とも呼ばれたが、これは核戦力による大量報復攻撃が可能な態勢をとることによって、ソ連の対米攻撃を抑止するという消極的な意味ではなく、ソ連圏の拡大に対する「巻き返し」、共産主義の脅威にさらされている国・地域の「解放」をも目的とするものである。つまり、核戦力による「大量報復力」でソ連本国を攻撃できる態勢をとり、ソ連陣営にアメリカの意図を強制する戦略であって、戦争瀬戸際政策と表裏一体の戦略である。この戦略を実行するためには、核兵器の運搬手段である戦略爆撃機の基地として同盟国の存在が不可欠となる。その同盟国を防衛し米軍基地を確保するためには地上軍を含む通常戦力も必要となるが、軍事支出の節減のために同盟国に軍備を増強させ、自国と米軍基地の防衛負担を分担させる政策がとられた。日本と西ドイツの再軍備はニュー・ルック戦略の一環なのである。

ニュー・ルック戦略は軍拡を恒常化させる必然的な性格を持っている。この戦略が実効性を持つためには、アメリカの核戦力がソ連に対して圧倒的に優位であり、しかもソ連からの攻撃に対してアメリカの防衛がほぼ完全であることが必要である。なぜなら、ソ連に対して核攻撃を行なった場合、ソ連の対抗的な核攻撃によって自国に深刻な損害を受ける可能性があれば一方的な威嚇は確保されないからである。ニュー・ルック戦略がソ連陣営にアメリカの意図を強制するものである以上、アメリカは自国を敵からの攻撃を受ける心配のない「聖域」としつつ、一方的に核戦力による威嚇を行なえる状態にしておく必要があるのである。

したがって、アメリカはその核戦力を、ソ連の戦力を圧倒的に凌駕するように、質・量ともに増強し続ける必要がある。しかも、その凌駕すべきソ連の戦力は現存のものではなく、ソ連の兵器開発能力を含む潜在的軍事力を対象としたものでなければならない。核時代においては先制攻撃の重要性が決定的となったからである。アメリカが新軍事技術の開発に成功すれば、近い将来ソ連も同様の開発に成功すると想定し、さらにそれを凌ぐ能力を持った技術の研究開発を進めなければならないのである。つまり、新兵器・新軍事技術がまだ現実のものとなっていない時点で、すでにそれを凌駕するような技術の研究開発を行なっていくことが運命づけられることを意味しているのである。これが恒常的軍拡体制が必要となる理由である。

アイゼンハワー政権初期には総合的な核戦力においてアメリカの圧倒的優位は明白で、ソ連の戦略爆撃機による核攻撃を迎撃することは充分可能であり、アメリカが深刻な損害を被る可能性もほとんどなかったといえる。だからこそニュー・ルック戦略が対ソ・対共産主義強硬政策として実効性を持ちえたのである。しかし、一九五七年一〇月、ソ連が世界初の人工衛星スプートニク一号の打ち上げに成功したことによって、アメリカの「聖域」性は崩壊しニュー・ルック戦略の有効性は失われる。人工衛星とICBMの技術は基本的に同じであるから、人工衛星の打ち上げ成功は、ソ連がアメリカ本土への弾道ミサイルによる核攻撃能力を持ったことを意味する。ICBMの速度は秒速七キロメートル（時速約二万五〇〇〇キロメートル）以上で、ソ連からアメリカ本土への到達時間は三〇分程度になり、当時の技術では迎撃は不可能であった（現在でも確実な迎撃はきわめて困難）。スプートニク一号の成功はアメリカ国内でスプートニク・ショックと呼ばれたが、それは単にアメリカが人工衛星の打ち上げでソ連に遅れをとったというだけでなく、このようにアメリカの安全保障を危機的状況に陥れる意味を持っていたからである。

アメリカはICBMと人工衛星の開発を急ぎ、翌年にはいずれも実験に成功する。さらに潜水艦発射弾道ミサイル（SLBM）とそれを搭載する原子力潜水艦の開発・配備も行なっていく。弾道核ミサイル時代の幕開けである。アメリカがニュー・ルック戦略を実行しソ連が核軍拡で対抗する限り、両国の際限のない核軍拡は不可避となる。核ミサイル時代に入って、両国ともに自国への核攻撃による深刻な損害を受ける危険性を考慮せずに、相手国に核攻撃の威嚇を加えることはできなくなったのである。これが、「核の手詰まり（atomic stalemate）」または「相互抑止（mutual deterrence）」と呼ばれる状況の始まりである。

米ソの軍拡競争をもたらした抑止力の論理

このような米ソの際限のない軍拡競争をもたらしたのは、軍事力に基づく抑止力によって国家安全保障を確保するという考え方である。この考え方によると、相手の行動を抑止する軍事力の機能には、懲罰的抑止と拒否的抑止の二種類がある。懲罰的抑止とは、もし相手が攻撃してきた場合には、報復攻撃によって相手に耐えがたい損害を与える能力を持つことによって、相手に攻撃を断念させるということである。拒否的抑止とは、相手の攻撃自体を阻止または無力化する能力を持つことによって、相手に攻撃の成功可能性は小さいと判断させ、攻撃を断念させるということである。どちらも抑止が機能するのは、相手が攻撃によって得られる利益と反撃によって被る損害とを冷静に比較考量し、損害の方がより大きいと予想して攻撃を断念するという合理的行動をとる場合である。

抑止の考え方は個人の犯罪に例えて説明されることが多い。他人の金品を盗んで警察に捕まれば懲役刑を科せられてしまうから、泥棒は割に合わないという状態を作ることが懲罰的抑止である。家のドアや窓に厳重な鍵をかけたり、警官がパトロールしたりすることによって、泥棒が家に入ることを困難にすることが拒否的抑止である。しかし、国家安全保障の問題と個人の犯罪とは決定的に異なる点がある。警察や軍隊は国家が独占するいわゆる「暴力装置」であって、国家権力が合法的に保有する物理的強制力である。この物理的強制力を治安維持のために用いる具体的手段として、治安維持のために警官や兵士の武装が許されているのである。したがって国家以外の民間人が組織的に武装するのは非合法であり犯罪となる。もちろん、国民が軍や警察組織に武装を認めるのは、それらが自分たちを守ってくれる組織であって、自分たちを攻撃し生命や財産を奪うことはありえないという信頼があってこそであることは言うまでもない。この結果、国家権力と国民との間には物理的強制力において決定的な格差が生じることになる。そしてその格差があるからこそ、犯罪に対する治安機構の抑止力が有効に機能するのである。

これに対して、国家間の場合にはどの国も暴力装置としての軍隊を持つことが禁じられているわけではない。そこで、A国が対立するB国に対する懲罰的抑止を確保するために核戦力を保有した場合、どのようなことが起こるだろうか。B国がA国に対して軍事攻撃を意図したとしても、A国からの報復核攻撃によって甚大な損害を受けると予想されるから、懲罰的抑止が機能しB国は攻撃を断念するだろう。しかし、ある時点でB国が攻撃を断念したとしても、その時点以降もB国が攻撃を断念し続けるかどうかは別問題である。

抑止が有効であるためには、攻撃によってB国の得られる利益＜B国の被る損害、という不等式が継続するのが条件であるから、B国はこの不等式を逆転させるために、攻撃能力を強化しA国の反撃能力を減衰させるための行動をとる可能性がある。また、A国にとっては懲罰的抑止を意図した核戦力であっても、B国は自国への先制攻撃によって両国の対立を軍事的に解決することをA国が意図していると判断し、核武装によってA国に対する懲罰的抑止力を確保しようとするかもしれない。双方が相手の意図に不信感を持っていればいるほどこの可能性はより大きくなる。

A国がB国に対する拒否的抑止をめざした場合には事態はもっと深刻となる。拒否的抑止が有効に機能する条件は、相手の攻撃を阻止または無力化するために圧倒的に優勢な物理的強制力を保有すること、そして相手がその格差を合理的に認識することである。そのためには、A国はB国が保有する軍事力および近い将来保有するであろう軍事力すべてを無力化できる総合的な軍事力を持たなければならない。その格差をB国が認識すればその時点での拒否的抑止は機能するが、B国はその状況を甘んじて受け続けるとは限らない。

A国にとってはB国の攻撃を抑止することを意図した総合的な軍事力であっても、B国にとってはA国への懲罰的抑止力を含むすべての軍事力を無力化され無防備となるのだから、A国がB国への攻撃を意図していると判断する可能性は大きくなる。B国は当然対抗措置をとるであろうが、その手段には様々な可能性がある。A国の拒否的抑止力を超える軍事力の強化、奇襲攻撃によって相手の反撃能力を先に破壊しておく戦術、相手の政治・経済の中枢部への大規模奇襲攻撃によって反撃能力の行使を困難にする戦術などである。

A国が拒否的抑止を機能させ続けようとすれば、こうしたB国の対抗措置すべてに対しても対応する能力を持つことが必要となる。あるいは、B国がそうした対抗措置をとる前にA国の攻撃能力を破壊しておくという予防戦争への誘惑も高まるだろう。AB両国のこうした行動がもたらすのは、際限のない軍拡競争であり、両国間の何らかのトラブルによる衝突が全面的な戦争に発展する偶発戦争の危険性の増大である。両国の対立が深刻で相互不信が強ければ強いほど、懲罰的抑止と拒否的抑止の区別は無意味となり、抑止力を強化しようとする行動が結果的に両国の安全保障を脆弱化させるのである。これは一般に「安全保障のジレンマ」と呼ばれるが、国家安全保障のための手段は軍事力のみに限られないのだから、「抑止力のジレンマ」とする方が適切である。

一九五〇年代末、米ソの軍事対立が相互抑止状態に入ったのは、まさにこの「抑止力のジレンマ」

の始まりなのである。そして、偶発戦争の危険性はキューバ・ミサイル危機として現実化した。一九六二年一〇月一四日に米軍偵察機がキューバでソ連の準中距離弾道ミサイルの発射台が建設中であることを発見したことから、米ソ関係の緊張は一気に高まり米ソ核戦争が現実化する瀬戸際の危機となった。ケネディ政権内では一時キューバへの空爆も検討されたが、二二日にケネディ大統領はキューバの海上封鎖とキューバへ向かう艦船の臨検を行なうことを発表し、ソ連に対して攻撃用兵器の撤去を要求した(10)。二六日にソ連のフルシチョフ首相は、弾道ミサイル設置はキューバを侵攻から防衛するためのもので、アメリカがキューバへ侵攻しないと確約すれば、国連監視下でミサイルを撤去するとの趣旨の書簡をケネディ大統領に送った。水面下ではケネディ政権高官とソ連の外交官の交渉が行なわれ、二七日に合意が成立し、二八日にフルシチョフ首相がミサイル撤去を命令し、米ソ全面戦争の危機は回避されたのである。

一九六〇年代の柔軟反応戦略とベトナム戦争

キューバ・ミサイル危機後、米ソは相互不信を軽減するための信頼醸成措置の必要性を認識し、一九六三年六月、偶発戦争を防止するために首脳間の意思疎通が直接できるホット・ライン協定を締結し、同年八月には核軍備管理のための部分的核実験停止条約に署名した。一方でケネディ政権は、相互抑止状態のもとでもゲリラ戦や地域的・限定的紛争から米ソ全面戦争にいたるあらゆる形態の戦争にも勝利できる戦略、柔軟反応戦略（flexible response strategy）を採用した。この戦略は、前述の拒否的抑止の考え方に立った国家安全保障戦略であるから、その論理的帰結は、核戦力はもちろん通常戦力も含む全般的な軍事力の絶えざる増強と軍事技術の高度化である。実際、軍事支出は増え続け、研究開発費と優秀な研究者・技術者は軍事技術開発に集中的に投入された。前節で述べたように、これがアメリカ経済の相対的衰退の重要な要因となったのである。

さらにこの戦略は、小規模な紛争に対しても核戦力による大量報復という手段しかなかったニュー・ルック戦略と異なり、どのような規模と強度の紛争にも柔軟に対応できる戦略であるから、軍事力行使のハードルを下げる特徴を持っている。実際、この戦略は世界各地の地域的・限定的な紛争へのアメリカの介入とそのエスカレーションを誘引することになった。その典型がベトナム介入である。アメリカは冷戦戦略の一環として、第一次インドシナ戦争におけるフランスへの軍事援助開始（五〇年六月）にともなってベトナムに軍事援助顧問団を派遣していたが、ケネディ政権になると軍事援助顧問は四〇〇〇人規模に増員され、直接戦闘にも参加していった。六五年二月にはベトナム民主共和国（北ベトナム）への継続的爆撃（北爆）が開始され、六月には地上部隊の本格的な投入も開始された。

このベトナム戦争では、ピーク時に米軍兵力六四万人が投入され、米軍兵士の戦死者は約四万六〇〇〇人、直接のベトナム戦費とされる額だけで一〇六七億ドルが支出されたが、アメリカは勝利できず、戦争は長期化・泥沼化していった。ニクソン大統領は六九年七月、「ベトナム戦争のベトナム化」方針を示したグアム・ドクトリンを発表して撤退を模索し、七三年一月にパリでの和平協定に調印し米軍はベトナムから全面撤退した。

世界最強の軍事力を持つアメリカがベトナムで勝利できなかったのはなぜか。それは米軍の地上部隊が戦った相手が国家の正規軍ではなく、南ベトナム解放民族戦線（ＮＦＬ）という非国家勢力だったからである。ＮＦＬはベトナム民衆の支援とジャングルという自然条件を最大限利用して、最新技術の兵器を装備する米軍に対して、潜伏・隠密・奇襲・待ち伏せといったゲリラ戦術で対抗した。ＮＦＬには国家の正規軍のように位置を明確に特定できる基地や司令部が存在するわけではなく、民間人とＮＦＬ戦闘員との判別も困難である。攻撃対象としての「敵」を明確に限定することはきわめて困難であるから、最新兵器もその効果を充分には発揮できなかったのである。「敵」の明確な限定なしに攻撃を強行すれば住民に多数の犠牲者が発生し、それはＮＦＬへの住民の参加と支援の拡大をもたらすことになる。これがベトナム戦争の長期化・泥沼化の主要因なのである。(11)

以上のようなアメリカの冷戦戦略のもとでの恒常的軍拡体制とベトナム戦争が、本章第１節で述べたように、アメリカ産業の国際競争力の相対的低下をもたらし、ドルへの信認を低下させてドルの基軸通貨としての地位を揺るがすことになったのである。

レーガン政権期の冷戦・軍事戦略

ベトナム戦争敗北の「後遺症」の一つとして、アメリカの軍事支出額は減少傾向を示している。米ソ間の軍事バランスは、核戦力・通常戦力ともに攻撃能力と相手の攻撃に対する探知・防御能力の質まで考慮すればアメリカの優位は揺るがないまでも、この期間のソ連の着実な軍事力増強によってその量的な差は徐々に接近していった。これに対して、レーガン政権は「強いアメリカの再建」を目的として、宇宙空間にまで軍拡を進める戦略防衛構想（ＳＤＩ）を含む大規模な軍拡を実行した。

ＳＤＩはソ連のＩＣＢＭを、打ち上げ（Boost）段階、核弾頭の分離（Post-Boost）段階、大気圏外飛行（Mid-Course）段階、再突入（Terminal）段階の四段階それぞれで迎撃しようとする計画である。つまり相手の弾道ミサイル攻撃に対する「防壁」を築いて攻撃を無力化するという拒否的抑止をめざすものといえる。しかし、ＩＣＢＭの迎撃は技術的に非常に困難であることに加えて、「防壁」をすり抜けて大都市に着弾する核弾頭が一つでもあれば、数十万人の市民が犠牲になる。したがって、相手は「防壁」の能力を超える数のＩＣＢＭを配備しようとするだろう。さらに、ＩＣＢＭに対する「防壁」は完璧だったとしても、核戦力はＳＬＢＭや巡航ミサイルなど多様であり、これらは発射から短時間で標的に到達するから迎撃はさらに困難となる。ＳＤＩで拒否的抑止を実現するのは不可能に近く、レーガン軍拡は米ソの軍拡競争を促進し、軍事支出を急増させたに過ぎない。

このレーガン軍拡が「双子の赤字」を累増させ、アメリカ経済の「繁栄」がドルの基軸通貨としての地位に基づく「危うい循環」に依存するようになったことは本章第2節で述べたとおりである。

冷戦終結後の国家安全保障戦略

一九八九年末の米ソ首脳による冷戦終結の公式宣言後、アメリカの国家安全保障戦略の再検討が行なわれたが、その際に決定的に重要な要因となったのが九〇年八月のイラクのクウェート侵攻と九一年一月の湾岸戦争である。湾岸戦争は、アメリカ主導の多国籍軍が、国連安保理の全理事国の承認による決議に基づいて地域紛争に軍事介入し、クウェートを解放したという点で画期的な事件であった。アメリカの軍事力に依存したとはいえ、一国家が軍事力によって支配地域を拡大しようとした行動に対して、国連が軍事的強制力を発揮して原状回復したのであり、国連がその誕生以来、初めて世界の安全保障のために有効に機能する可能性が生まれたのである。

しかし、アメリカが安保理決議を必要としたのは、国連をそのように有効に機能させるのが目的ではなかった。湾岸地域におけるアメリカの「死活的利益」を防衛するためには、イラクの支配力拡大を抑止しなければならないが、膨大な「双子の赤字」を抱えたアメリカは単独で軍事行動を実行できる状況にはなかった。アメリカが単独で軍事介入しその費用を負担すれば財政赤字はさらに膨れ上がり、海外軍事支出増によって経常赤字も増大する。プラザ合意以降ドル安傾向が続きドル暴落の危険性もはらんでいたから、ドルの基軸通貨としての地位をいっそう危うくする危険性が強かったのである。

安保理決議によってイラク攻撃に国際的正当性が付与された結果、アメリカは多国籍軍の中心戦力を担う国として、湾岸諸国と日本、ドイツに合計五四〇億ドルの戦費を分担させることができ、これが九一年のアメリカの経常収支の黒字化の最大の要因となった(12)。そして湾岸戦争後、アメリカ経済の「復活」に成功したクリントン政権は、もはや国連の同意に基づいて各国の支援を得る必要を認めなくなる。湾岸戦争のようなアメリカの利害に直接関わる地域での紛争に対処し、米軍のグローバルな緊急展開能力を強化しつつ、アメリカ主導のもとで同盟国・友好国に役割分担をさせるという国家安全保障戦略を選択する。これは、冷戦終結によってアメリカは軍事支出を削減する一方で、世界におけるアメリカの覇権を維持するために同盟国の軍事的役割を強化する戦略である。

他方、イランや北朝鮮は、圧倒的な軍事力によってイラクを屈服させたアメリカに対して脅威を感じ、核兵器や弾道ミサイルの開発を追及するようになる。また湾岸戦争終了後もサウジアラビアに軍隊を駐留させ続けるアメリカに対して、アルカイダはたびたび反米テロ攻撃を実行するようになる。アメリカ経済が「復活」し、冷戦終結とソ連の崩壊によって唯一の軍事的超大国となり、その覇権は不動のものと思われた九〇年代、反米国家と反米非国家勢力によるアメリカの覇権への挑戦が加速し、アメリカの国家安全保障は脆弱化していく。その象徴的事件が九・一一同時多発テロだったのである。

10　海上封鎖中には米海軍の駆逐艦とソ連海軍の核兵器搭載潜水艦が武力衝突の一歩手前となる事件も発生している。ソ連の潜水艦が浮上して交戦の意思がないことを表明し、偶発戦争開始の危機は回避された。

11　非国家勢力と戦う場合の国家の軍事力の限界については第6章で論じる。

12　九〇年以前の政府移転収支は一三〇億ドル超の赤字、九二年は二〇四億ドルの赤字に対して、九一年は例外的に二五四億ドルの黒字となっている。

第4章　イラクにおける「対テロ戦争」

フセイン政権を打倒しドルの基軸通貨特権を死守するというイラク攻撃の目的を果たしたアメリカにとって、次の課題はイラクの政治体制を再建し経済や社会生活を復興させて、イラク攻撃の大義名分の一つとしていた民主化を実現することになる。二〇〇三年五月一日のブッシュ大統領の主要戦闘終結宣言(1)によれば、「イラクでの戦闘は二〇〇一年九月一一日に始まった対テロ戦争における勝利の一つであって、戦争はまだ終わっていない。しかし、それは決して終わりなき戦争ではない」としたうえで、フセイン政権打倒によって「イラクは自由になり」、有志連合諸国は「歓喜するイラク人」のために「独裁体制から民主主義への移行」を実現し、「イラクの治安回復と復興に従事する」ことになるはずであった。

しかし、そもそもイラク攻撃の最大の目的はイラクを民主化することではなかったから、ブッシュ政権はイラクを民主的国家として再建するための明確で具体的な計画は策定していなかった。イラク攻撃開始前の二〇〇二年二月に公表されたイラク再建計画の概要では、イラクの民主化達成のためには「複雑な問題」に対処しなければならないという認識はあっても、アメリカがその解決のために果たすべき具体的役割については「やってみなければわからない」的な思考停止状態であった。国家体制の再建と民主化を誰が担うのか、というもっとも重要な問題については希望的観測に終わっている。実質的には、国連などの国際機関と「やがて現れるであろう自由なイラク人」に「丸投げ」するものであって、「イラクの民主化計画」とはとても呼べない責任回避の姿勢である（→第2章第2節）。イラクの実情に対応した有効な占領政策・民主化政策の不備[2]が、イラクにおける「対テロ戦争」に着火し、長期化・泥沼化させていく最大の要因となる。

1　全文は、https://georgewbush-whitehouse.archives.gov/news/releases/2003/05/20030501-15.html。

2　〇三年五月一一日には、上院外交委員会の与野党有力議員がブッシュ政権のイラク復興政策の事前準備に手落ちがあったと非難し、国際社会の支援や米国民の理解を得るためにも、イラク復興政策の詳細を公表するよう要求したが、政府は公表していない。

第1節　「対テロ戦争」の開始と長期化・泥沼化

アメリカの占領政策と「対テロ戦争」の開始

フセイン政権打倒後の占領政策において最優先されたのは、フセイン政権と政権を支えたバアス党の復活を阻止することであった。二〇〇三年五月六日にブッシュ大統領にイラクの復興を統括する文民行政官（civilian administrator）に任命された国務省出身のポール・ブレマー大統領特使は、一六日にバアス党幹部の永久追放を命令し、二三日にはバアス党が支配していた軍や国防省、国家警察など治安機構の解体を宣言した。フセイン大統領の独裁下にあったとはいえ、国家としての秩序を維持していた治安・統治機構をいっきょに解体すれば、新体制を設立し機能するまでには相当の時間が必要となり、それまでに混乱が生じることは容易に推測できることである。実際、反フセイン政権勢力を中心とする暫定行政機構の設立は紆余曲折し難航した。その間は、占領軍としての有志連合諸国が治安・統治業務に従事することになる。

しかも、ブレマー文民行政官が治安機構の解体を宣言した時期には、すでにその後の「対テロ戦争」の開始と泥沼化の兆候が現れていたのである。例えば、〇三年四月二八日夜、バグダッド西方約六〇キロメートルのアンバル州ファルージャで、米軍が司令部として占拠していた小学校の返還を求めて抗議行動を行なっていた約二〇〇人の住民に対して、米兵が無差別に発砲し少なくとも一三人が死亡し、五三人が負傷する事件が起こった。翌日には、この事件に抗議する約一〇〇〇人の住民に対して再び米兵が発砲し、住民二人が死亡し数人が負傷した。米軍はいずれも兵士が身の危険を感じたための自衛行動と発表したが、住民にとっては無差別殺人以外の何物でもない。この事件をきっかけとして住民の反米感情は一気に高まり、「暴力による憎悪と報復の連鎖」が生まれることとなった。

その後もバグダッドや周辺地域（バグダッド・ティクリート・ラマディを頂点とする、いわゆるスンニ派トライアングル地域）を中心として、小火器や爆発物による米軍への攻撃は散発的に続いた。六月に入って、フセイン政権高官や軍幹部の捜索が各地で実施されるとともに、反米武装勢力の掃討作戦「砂漠のサソリ作戦（Operation Desert Scorpion）」が全土で開始されると、北部と中部を中心に各地で米英軍を標的とした攻撃が激化した。これにともなって、米軍兵士の「誤射」や反米デモに対する過剰防衛によってイラク民間人の死傷者が発生する事件が頻発するようになる。ブレマー文民行政官が代表を務めるＣＰＡ(3)は、治安体制の再建と米英軍の武装勢力掃討作戦への支援のために、新イラク軍の創設を発表した（米軍主導の兵士の採用と訓練によって一〇月に発足）。

七月四日には、フセイン元大統領がイラク国民に対して米英軍への「聖戦」を呼びかける声明を発表し（アルジャジーラが音声テープを放送、ＣＩＡが本人の音声と確認）、フセイン政権の残存勢力や反米イスラム武装組織による米軍への攻撃はさらに多発するようになる。フランクス前中央軍司令官は七月一〇日の連邦議会下院軍事委員会で、イラクでの米軍襲撃が一日平均一〇～二五回程度発生していると証言し、一六日にはアビゼイド中央軍司令官が「古典的なゲリラ型の軍事作戦で低強度の紛争だが、これは戦争だ」との認識を表明している。一八日にはイラク攻撃開始以降の米軍兵士の死者数（戦闘行動中）が湾岸戦争の際の死者数（一四八人）を超え、二八日にはマイヤーズ統合参謀本部議長もイラクは戦争状態にあるとの認識を表明するにいたった。

このように〇三年四月末のファルージャ事件以降、フセイン政権軍の残存勢力だけでなく、反米意識を強めた民兵やイスラム武装組織による外国軍への攻撃が多発するようになり、米軍・有志連合国軍は軍事的対応をとることを余儀なくされた。イラクにおける「対テロ戦争」の開始である。アフガニスタンにおける「対テロ戦争」は、米軍の直接の攻撃目標となって敗走したタリバンが勢力を回復し、攻勢に転じて始まったのだが、イラクの場合は事情が少し異なる。攻撃目標となったフセイン政権軍の残存勢力が米軍・有志連合国軍に対してゲリラ的戦術による攻撃を実行しただけではなく、フセイン政権打倒後のアメリカの占領政策の不備によって住民の反米意識が高まり、民兵などによる反米武装闘争を誘発したこと、その結果として生じた治安の混乱状態が、アルカイダなどの反米イスラム武装組織のイラクへの潜入と勢力拡大の余地を与えたことである(4)。この違いがイラクにおける「対テロ戦争」を特徴づけることになる。

「対テロ戦争」の本格化

二〇〇三年八月一四日に国連安保理決議一五〇〇が採択され、イラクの復興という任務を果たすべく国連イラク支援団（ＵＮＡＭＩ）の設置が決定した。しかし、決議採択からわずか五日後の一九日、国連の現地本部に対する大量の爆薬を積んだトラックによる自爆「テロ」で、ＵＮＡＭＩ特別代表に任命されていたデメロ氏を含む国連職員二二人が死亡する事件が起こった。八月二九日には南西部ナジャフのイマーム・アリ廟での自動車爆弾攻撃により、占領軍主導の暫定政権作りに協力的なシーア派のイラク・イスラム革命最高評議会（ＳＣＩＲＩ）(5)指導者のムハンマド・バキル・ハキム師を含む一〇〇人以上が死亡し、三〇〇人以上が負傷する事件が起こった。(6)

アナン国連事務総長はバグダッドの現地本部への爆弾テロを受けて、国連要員の安全が確保できないとして、イラクでの国連活動の大幅縮小を安保理に通告した。一〇月にはブッシュ大統領もイラクの治安回復が困難に直面しているとの認識を示さざるを得ない状態となり、「対テロ戦争」の長期化の予想のもと、一一月六日にイラク復興予算一八六億ドルを含む総額八七五億ドルの補正予算案に署名し予算が成立した。この補正予算のうち六四七億ドルがイラクやアフガニスタンの駐留米軍経費で、四月成立の七八五億ドルの補正予算と合わせて「対テロ戦争」関連予算は計一六六〇億ドルに増大した。同月一一日にはイラク駐留米軍のサンチェス司令官が米軍への攻撃が一カ月で三〇件以上に激増していると述べ、治安の急速な悪化を「戦争」と表現するにいたった。

一二月一三日夜（現地時間）にはフセイン元大統領がイラク北部ティクリート近郊で逮捕されたが、その後も米軍・有志連合国軍主導の暫定統治機構に対する攻撃は沈静化しなかった。攻撃を実行していたのはフセイン政権軍の残存勢力だけではなく、治安の混乱状態に乗じてアルカイダなどのイスラム武装組織が潜入してその勢力を拡大し、外国軍兵士や外国軍主導の統治への協力者などを標的とする「テロ」攻撃を実行していたからである。そして、このことが、〇四年三月のスペインの首都マドリードでの列車を標的とした連続爆破テロ事件、(7)〇五年のイギリスの首都ロンドンでの地下鉄とバスでの自爆テロ事件(8)のように、イラクにおける「対テロ戦争」をイラク地域にとどまらず、欧米そしてグローバルに拡大させていくことになるのである。

復興人道支援局（ORHA）(9)のガーナー元局長が、イラクの治安悪化の原因は駐留米軍の兵力不足とイラク軍の早急な解体にあると批判したように（〇三年一一月二六日）、米軍一三万人規模、有志連合国軍との合計一六万人規模程度で、イラク全土の治安維持と復興とを軌道に乗せることは困難であった。そこで米英の民間軍事会社に要人警護や軍需・復興物資の輸送警備などの業務を委託し、駐留外国軍の兵力不足を穴埋めする手段がとられた。また、ブッシュ政権の方針によって復興業務にアメリカの民間企業の参入が認められ、当初はその業務の警備を軍が担当していたが、治安の悪化によって兵力不足になると、民間企業も生活必需品や復興物資などの輸送業務の警備を民間警備会社に依頼した。

民間軍事会社の警備員はほとんどが元軍人で、正規軍兵士と同様の武装をしており事実上の傭兵であった。彼らは米軍の規律が適用されない一方で米軍と同様にイラク法によって裁かれない治外法権状態にあった。正規軍と同様の武装とはいえ、各警備員の装備は基本的に防衛的な小火器に限られていたために武装勢力の攻撃の標的となりやすく、軍規に制約されない警備員が戦闘を放棄して輸送物資を奪われる事例も少なくなかった。また、武装勢力の攻撃を受けた場合、身の危険を感じた警備員が個々の判断で応戦し、無差別的な発砲によって民間人が犠牲になる事件も起こっている。その場合でも、軍事裁判の対象にもイラクの司法当局による捜査対象にもならないことになる。このことが住民の反米意識をいっそう強めることになるのである。

アンバル州ファルージャでは、前述の〇三年四月に米兵の無差別発砲によって住民多数が死傷した事件以降、米軍やイラク治安部隊に対する攻撃事件が頻発するようになっていたが、〇四年三月三一日、イラクにおける「対テロ戦争」の性格を表す象徴的な事件が起こる。米軍物資輸送の警備をしていたアメリカの民間軍事会社ブラックウォーターの車両が攻撃されて炎上し、警備員四人が死亡、さらに四人の焼死体がユーフラテス川の橋に吊るされるという事件である(10)。この映像が報道され、ブッシュ政権にもアメリカ国民にも大きな衝撃を与えたために、米軍は反米武装勢力の犯行として海兵隊一二〇〇人規模をファルージャに派遣し、イラク治安部隊とともに市街地を包囲して空爆を含む軍事行動を開始した。

四月六日にはファルージャ西方の州都ラマディでも米軍とスンニ派武装勢力との戦闘があり、米海兵隊員一二人が死亡した。同日、米軍の戦車部隊がファルージャ中心部まで侵攻し、翌七日には戦車部隊に続いて海兵隊が突入、米軍ヘリのスンニ派モスクへのミサイル攻撃などで住民含む四〇人以上が死亡した。八日には、対戦車砲や小火器で武装した数百人規模の反米勢力がバグダッドとファルージャを結ぶ幹線道路を制圧し、米軍車列への攻撃によって米兵九人が死亡した。米軍の反米勢力掃討作戦による住民の死者は四月一〇日までに四五〇人を超えた。一九日には米軍と地元代表が停戦実現のための緊張緩和策に合意したが、その後も散発的な戦闘は続き、米兵の誤射によって民間人が死傷する事件も起こった。暫定政府樹立のために創設された統治評議会の米軍への働きかけや、スンニ派聖職者、地元部族長などの停戦への仲介努力もあって、三〇日に米軍が撤退を開始し、ファルージャ地域での「対テロ戦争」はようやく沈静化に向かった。

〇三年四月末と〇四年三月末に起こった二度のファルージャ事件は、イラクにおける「対テロ戦争」の性格を象徴している。この地域での住民の反米意識を背景としたスンニ派勢力の反米闘争をアメリカが軍事力によって抑え込もうとしたことが、かえって反米武力闘争を高揚させた。その結果、米軍と反米武装勢力との戦闘によって多数の民間人も死傷し、そのことが住民の反米意識や武装勢力の「テロ」攻撃をさらに激化させ、「暴力による憎悪と報復の連鎖」をエスカレートさせていったのである。

ファルージャのあるアンバル州の住民は主にスンニ派であるが、同様の「連鎖」は、同時期に南部のシーア派地域でも発生していた。〇四年三月二九日、占領当局は、シーア派の反米強硬派聖職者であるムクタダ・サドル師の支持者たちが発行する週刊誌アルハウザを、暴力を助長しているとして発行停止処分にした。この処分に対してサドル師派はシーア派地域やバグダッドで抗議行動を行なったが、四月二日にナジャフ州北東部の州都ナジャフでスペイン軍がサドル師派幹部の聖職者を拘束したことから、抗議行動はさらに大規模化し先鋭化していく。四月四日には、ナジャフ近郊クーファで占領統治への抗議デモ隊とスペイン軍など占領軍との間で銃撃戦となり、デモ隊ら二二人が死亡し約二〇〇人が負傷する事件が起こった。同日、バグダッド東部サドルシティ(11)では米軍とサドル師派民兵部隊のマフディ軍団が衝突し、民兵二〇人以上と米兵八人が死亡した(12)。南東部のメイサン州アマラではデモ隊と英軍とが衝突する事件、同ディカール州ナーシリヤではデモ隊とイタリア軍が衝突する事件が起こっている。

四月五日、米軍と占領当局はサドル師派に対して強硬手段を行使する。CPAの圧力によってイラク人裁判官がサドル師の逮捕状を発行し、米軍ヘリがバグダッドのサドル師事務所を攻撃し多数の死傷者が発生した。事態の収束を模索するためにシーア派穏健勢力の聖職者たちがサドル師に会談を申し入れるが、サドル師は会談を拒否してクーファのモスクに立てこもった。米軍はクーファに進軍して包囲し、サドル師と同師を警護するマフディ軍団に圧力をかけた。CPAのブレマー代表がサドル師派を「無法者たち」と非難したことに対して、サドル師は「アメリカの独裁者の法律を破ったことを意味するなら誇りに思う」と声明の中で述べ、アメリカとの対決姿勢を鮮明にする(13)。

五月六日には、米軍が戦車・装甲車などでナジャフ市内に侵攻して州知事庁舎を制圧、マフディ軍団との交戦で民間人を含む約四〇人が死亡した。同日には、バグダッドのCPA本部ゲート前で自動車爆弾による自爆攻撃で米兵一人とイラク民間人五人が死亡、米兵二人を含む二五人が負傷した。翌七日もナジャフでの米軍とマフディ軍団の交戦は続き、米軍の攻撃によって子どもを含む民間人と民兵計一八人が死亡した。一二日にはナジャフ北方のカルバラでも米軍とマフディ軍団の大規模な戦闘があり、モスクへの米軍の空爆によって民間人と民兵計二五人が死亡した。サドル師はナジャフでの記者会見で、「ベトナムを思い出せ。我々はベトナム人以上に勝利の手段を持っている」と米軍への徹底抗戦の姿勢を改めて強調した。その後、米軍とサドル師派の対立と武力衝突は激しさを増しながら、バグダッドおよび南部のシーア派地域全体へと拡大していった。

このような経緯によって、米軍・有志連合国軍にとっての「対テロ戦争」は、「暴力による憎悪と報復の連鎖」に特徴づけられながら、イラク西部から中北部のスンニ派地域だけでなく、南部のシーア派地域にも拡大し、ほぼイラク全土にわたる戦争へと本格化したのである。米中央軍のアビゼイド司令官は一万人規模の増派を要請し、これを受けてブッシュ大統領はイラクへの米軍増派方針を発表している。

また、この時期には武装勢力による外国人の拉致・人質事件も頻発している。例えば、四月八日にはファルージャからバグダッドへ移動中の日本人三人が武装集団に拘束され、犯人グループはイラク駐留の自衛隊の撤退を要求した（三人は一五日に解放）。同日にはバグダッド北方地域で韓国人宣教師グループ七人が拉致されている。一一日にはバグダッド近郊でチェコ人二人の拉致事件（一六日に解放）とデンマーク人一人の拉致事件（二一日に死亡確認）、ファルージャ付近で中国人七人の拉致事件（一三日に解放）、バグダッド南方でフランス人ジャーナリスト一人の拉致事件（一四日に解放）、一二日にはファルージャで米民間軍事会社のイタリア人社員四人が拉致され、犯行グループがイタリア軍の撤退を要求した事件、バグダッド近郊で日本人のフリー・ジャーナリストら二人が拉致される事件（一七日に解放）が起こっている。

これらの事件がどのような組織によって実行されたのかは定かでないが、ファルージャ地域での「対テロ戦争」と密接に関連していることに疑う余地はないであろう。拉致された外国人の多くが解放されていることを考えると、「憎悪と報復の連鎖」による事件というよりは、イラクに軍隊を派遣している有志連合国の世論を撤退へ導くことを目的としたと考えられる。スペインのサパテロ首相は六月末までのスペイン軍の撤退を表明していたが、四月一八日に予定を早めて国防相に撤退を命令した。サドル師はこの撤退表明を評価し、翌日には支持者に対してスペイン軍への攻撃中止を呼びかけている。

「対テロ戦争」の本格化にともなって、〇四年の戦闘行動に関連する米軍の死者数は七一九人（〇三年の二・二倍）、有志連合国軍全体では七五九人（同一・九倍）に達した。〇五年は同七一五人、七四〇人、〇六年は同七三六人、七七五人、〇七年は八三三人、八七九人と高水準が続いた。イラク民間人の死者は〇四年一万三五七～一万一四〇二人、〇五年一万三七三〇～一万五三二五人、〇六年二万七四四四～二万九四二一人、〇七年二万四二六五～二万五九九六人（ＩＢＣの集計）と、有志連合国軍の死者の一五～三八倍にも達している（第4－1、第4－2図）。アメリカ主導の有志連合国にとっての「対テロ戦争」は出口の見えない泥沼化といえる状態、周辺諸国やアメリカ国内のメディアが「内戦」と表現する状態に陥ったのである。アメリカの占領政策の不備に起因する反米闘争を米軍が軍事力によって鎮圧しようとしたために、「暴力による憎悪と報復の連鎖」を誘発しエスカレートさせていったことが「内戦」をもたらしたのである。

3　イラク人による統治機構が確立するまで暫定的に行政権限を行使する機関として、〇三年四月二一日に設立された（↓本章第2節）。

4　例えば、〇三年四月末のファルージャ事件以降のこの地域での治安の混乱状態に乗じて、アブ・ムサブ・ザルカウィを指導者とするイスラム武装組織「タウヒード・ワ・ジハード（統一と聖戦）」が潜入してその勢力を拡大し、対占領軍攻撃や外国人の誘拐・殺害など数々の「テロ」を実行していった。「タウヒード・ワ・ジハード」の実行した「テロ」攻撃の大規模なものとしては、〇四年二月一〇日にバグダッド南方イスカンダリヤの警察署前での自動車爆弾による自爆攻撃で五〇人以上が死亡し六〇人以上が負傷した事件、翌一一日にバグダッドの新イラク軍新兵募集センター前での自動車爆弾による自爆攻撃で四七人が死亡し五〇人以上が負傷した事件がある。

5　ザルカウィ指導者はヨルダン出身で、八九年にソ連軍のアフガニスタン侵攻に対抗するムジャヒディンに参加、ソ連の撤退後にはヨルダンでのイスラム国家の樹立をめざす同組織を設立し、反米テロ活動を実行していった。〇四年一〇月にオサマ・ビンラーデンに忠誠を誓う書簡を送り、同組織を「イラク・アルカイダ機構」に改名した。〇六年六月にイラク東部ディヤラ州バクバ近郊で有志連合国軍の空爆により死亡した。

6　フセイン政権下でイランに亡命したシーア派の高位法学者ムハンマド・バキル・ハキム師が中心となって一九八二年に結成した反フセイン体制派の組織。イラン政府の支援により大規模な国外反政府組織へと発展した。フセイン政権崩壊後にハキム師とともにイラクに帰還した。

7　国連現地本部とイマーム・アリ廟の事件の両方ともザルカウィ・グループによると推測されている。

8　〇四年三月一一日、マドリード中心部の国鉄主要駅アトーチャ駅など三つの駅付近で、列車内の計一〇回の爆弾の爆発により一九一人が死亡し、二〇〇〇人以上が負傷した事件。事件後に「アブ・ハフス・アルマスリ殉教者旅団」と称するアルカイダ系組織が、「我々は十字軍同盟の一翼であるスペインに厳しい一撃を与えた。アスナール（スペイン首相）よ、イギリスよ、日本よ、他の（米国の）協力者たちよ、誰がお前たちを我々から守ってくれるのか」との犯行声明を出し、CIAもアルカイダ系武装勢力の犯行と断定した。「十字軍同盟の一翼」とは、スペインが米英とともにイラク攻撃を主導したことを指し、日本を名指ししているのは日本政府が国連安保理でこの三カ国に協力し、イラク攻撃を支持したためと思われる。
　事件の三日後の総選挙で勝利した社会労働党のサパテロ書記長は、イラク戦争と米英の占領政策を批判し、六月三〇日を期限にイラク駐留スペイン軍一四〇〇人規模を撤退させるとの選挙公約の履行を確認する声明を発表した。四月に首相に就任したサパテロは早期撤退方針を表明し、スペイン軍は五月にイラクからの撤退を完了した。

9　〇五年七月七日、ロンドン中心部の地下鉄三カ所の車両内と二階建てバス内での自爆テロにより五六人が死亡し、七〇〇人以上が負傷した事件。事件後、自爆犯の一人がアルカイダのアイマン・ザワヒリ副官とテ

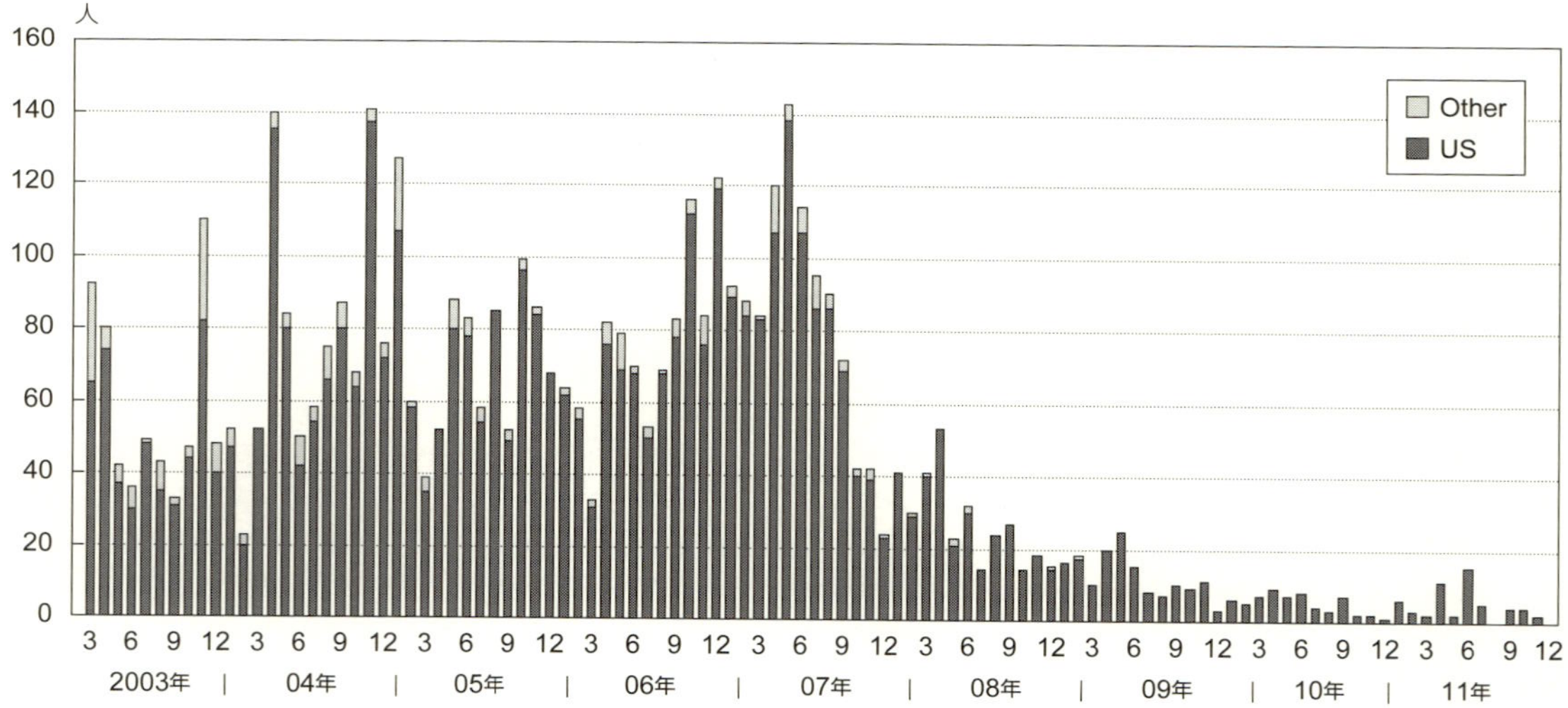

第 4-1 図　イラク戦争における有志連合国軍の死者数（2003 年 3 月～ 2011 年 12 月）
［備考］US: 米国防総省発表の OIF における米軍の死者数。Other: 米軍以外の有志連合国軍の死者数。
［資料出所］前掲延近「イラク戦争を考える」。

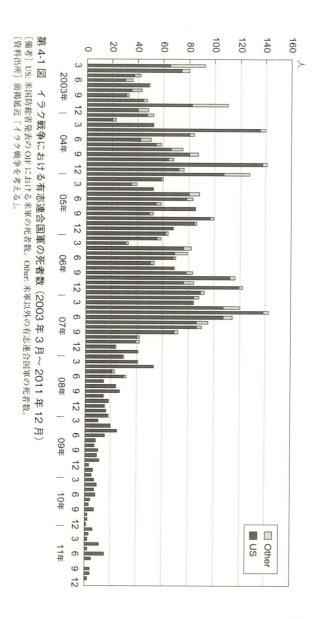

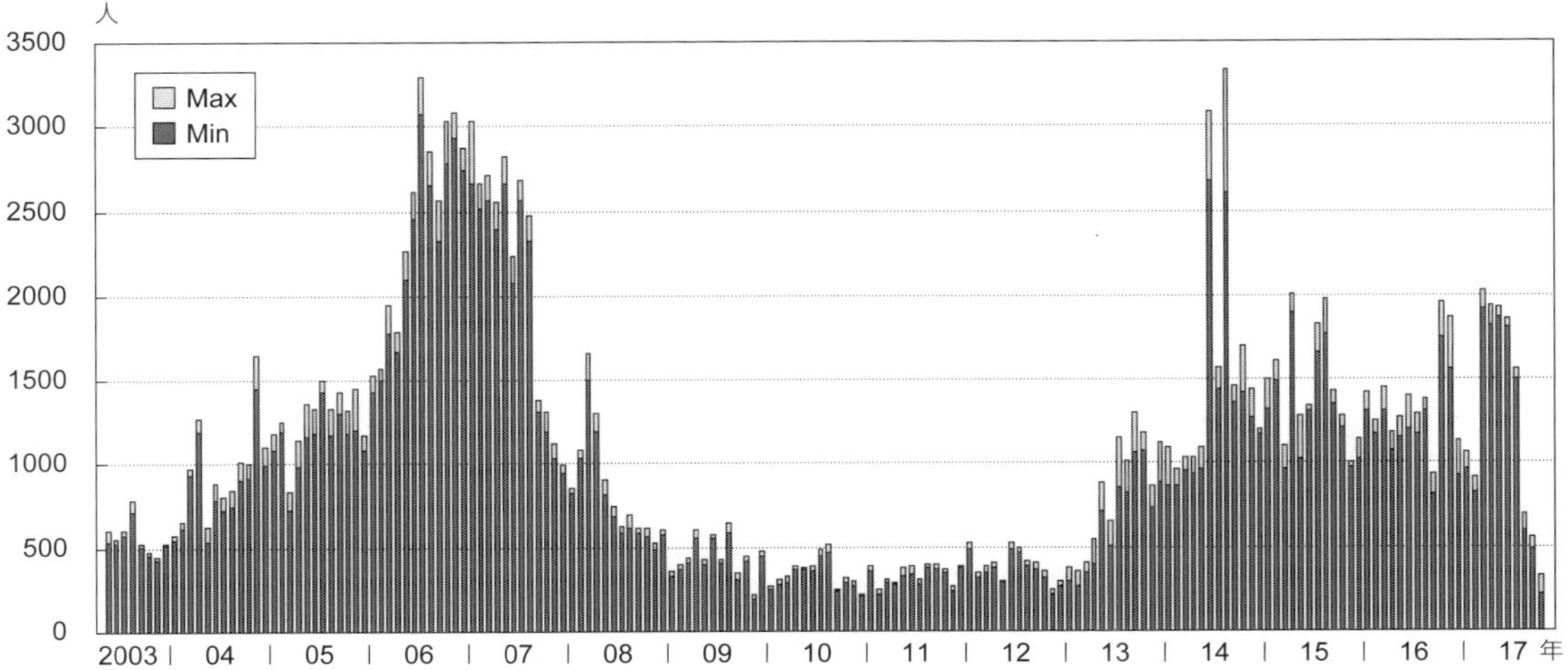

第4-2図　イラク戦争におけるイラク民間人の死者数（2003年5月～2017年10月）

［備考］Max: IBCが集計したイラク民間人の死者数の最多数。Min: 同最少数。

［資料出所］IBCのデータから作成。　ただし、この図はIBCの集計をそのままグラフにしているわけではない。例えば05年8月31日にバグダッドのシーア派モスクに祭礼のために集まった群衆が、「自爆者がいる」という叫び声でパニックとなり、モスク前の橋に殺到して約1000人が圧死や水死した事件について、IBCは注釈でイラク戦争と占領に関連して発生した死者と広く解釈して死者数集計に含めている。しかし、イラクにおける「対テロ戦争」による死者とは性格が異なるので、上のグラフには含めていない。

また、IBCは死亡日を特定できない数年間にわたる死者を報道された日などに配分しているために、その月だけが突出して死者が多くなっている場合がある。イラク戦争関連の民間人死者を集計するというIBCの目的からやむを得ない処置といえるが、上の図はイラクの治安情勢を視覚的にとらえられるようにするのが目的なので、そうした偏りを排除して作成した。

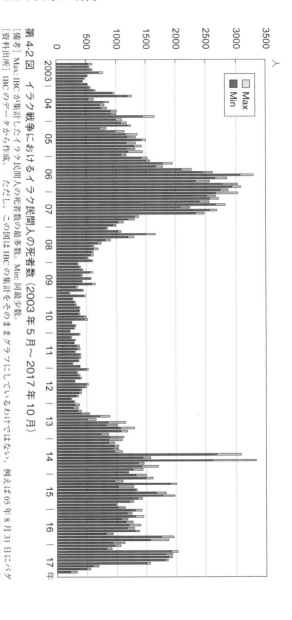

ロを予告するビデオ映像をアルジャジーラが放送したことから、アルカイダ系組織の犯行と推定されている。〇三年一〇月一八日に、オサマ・ビンラーデンが日本など六カ国に対して、米国への協力を続ければ攻撃の標的になり得ると警告する声明を放送している（CIAが本人の声と確認）。

9　〇三年一月二〇日に、フセイン政権打倒後のイラクの復興において国連諸専門機関やNGOとの連携を果たす組織として設立された。〇三年六月にCPAに統合されたのにともなってガーナー局長は辞任した。

10　真偽は不明だが、「アフメド・ヤシン殉教者旅団」を名乗る組織が、「これはファルージャの住人から、シオニストに暗殺されたアフメド・ヤシンの家族とパレスチナ住民にむけた贈り物である」として、イスラエルがハマスの指導者ヤシン師を暗殺したことへの復讐だとする声明を発表している。また、同日にはファルージャ西郊ハバニヤで米軍車両への爆弾攻撃によって米兵五人が死亡する事件も起きている。

11　シーア派の低所得層が住む地区で、かつてはサダムシティと呼ばれていたが、フセイン政権崩壊後にムクタダ・サドル師の父でシーア派指導者のサーデク・サドル師にちなんでサドルシティと改称された。

12　ムクタダ・サドル師の主導で〇三年七月に結成された民兵組織。

13　同日には、米海兵隊支援のためにファルージャに向かっていた新イラク軍の部隊が米軍のサドル師派への強硬姿勢に反発し、「同胞であるイラク人と戦うことを拒否する」として撤退している。

第2節　「対テロ戦争」の長期化・泥沼化の諸要因

「テロ」事件の多様性

前節で述べたように、イラク西部スンニ派地域のファルージャの住民感情を無視したアメリカの占領政策、南部シーア派地域でのサドル師派に対する強硬姿勢をきっかけとして、「対テロ戦争」は本格化・泥沼化していったのである。イラクにおける「対テロ戦争」とは、一般的には「テロ」勢力と多国籍軍(14)およびイラク政府（軍・警察・内務省傘下の治安部隊など）との戦いを意味すると受け取られているだろう。しかし、実態はかなり複雑なのであって、このような単純な二分法的視点ではこの戦争の本質を見誤ることになる。

日本のマスメディアではイラク情勢の報道の際に、自爆攻撃や自動車爆弾攻撃によって多数の死傷者が発生する事件が起こると、「テロ」という言葉が使われるのが一般的である。しかし、UNAMIの調査報告やAP、ロイターなどの外国通信社の報道では、「テロ」という語が使われることは稀で、violenceすなわち暴力（事件）と表現されることが多い。「テロ」とは「暴力的手段によって政治目的を達成しようとする行為」というのが一般的な解釈であろうから、「テロ」という語を使えば暴力行為だけでなく、実行者の目的や意図も含むことになる。また「テロ」という表現には、「正義に反する卑劣な行為」という価値判断をともなうニュアンスもある(15)。UNAMIなどは、暴力行為の意図や価値判断を避け、事実だけを表現するために「テロ」ではなく単に「暴力」と表現していると思われる。

実際、イラクにおける暴力事件はその実行者、攻撃対象、意図も多様であるから、すべてを「テロ」と一括してしまえば、イラクにおける「対テロ戦争」がなぜ長期化・泥沼化したのかを把握することはできない。そこで、この時期の暴力事件をまず攻撃対象で分類すると、(A)多国籍軍やイラク軍・治安部隊など、軍隊または准軍隊という軍事目標に対する攻撃、(B)民間人を標的とする攻撃、の二種類となる。

（A）多国籍軍やイラク軍・治安部隊など軍事目標に対する攻撃

○四年までの暴力事件は、フセイン政権軍の残存勢力などのスンニ派武装勢力や、シーア派民兵組織のマフディ軍団による米軍に対する攻撃が中心であった。しかし、やがてイラク軍や治安部隊を標的とする攻撃事件が急増し、攻撃後の実行声明の内容などからみて、実行者もアルカイダ系組織などが主導する武装勢力によるものが中心となっていく。これはイラク軍や治安部隊をアメリカの占領政策への協力者ないしは占領軍と一体化したものとみなし、しかも米英軍などよりも装備も訓練度も劣るために攻撃が容易な対象として、標的にされるようになったと考えられる。

いずれも攻撃実行者の立場からみれば、直接的には米英軍のイラク攻撃と占領に対する反抗・抵抗であって、まさに「イラク戦争」の継続と位置づけられるものである。より広い文脈でとらえるならば、アルカイダ系組織の攻撃実行声明に「十字軍との戦い」という表現がたびたび見られるように、「イラク戦争」は欧米によるイスラム勢力への攻撃の一環として位置づけられている。したがって、イラクにおける外国軍への攻撃は反イスラム勢力に対する聖戦・抵抗戦争、すなわち「正義の戦い」ということになる。この文脈からは、「イラク戦争」および「アフガニスタン戦争」は一一世紀以来の西洋キリスト教諸国とイスラム勢力の歴史的対立の一環となり、彼らのいう「聖戦」はイラクやアフガニスタンという地域に限定されず、グローバルな広がりを持つことになる。

なお、○五年秋頃から米軍に対するＩＥＤ攻撃などの技術がさらに高度化し、破壊力も増大している。[16] 米軍は、イランがイラクの反米武装勢力に爆弾材料や技術を提供していることによるＩＥＤの高度化であるとして非難している。イランはブッシュ大統領が「悪の枢軸」と非難した国であり、イラク政府がシーア派主体で樹立され、シーア派が多数を占めるイランの影響力が強まって反米国家になることへのアメリカの警戒感の現れと思われる。

例えば、イラク多国籍軍報道官のリンチ米陸軍少将は〇五年一一月三日に、道路脇に仕掛けられたＩＥＤの起爆装置に赤外線センサーを利用するなど高性能・高機能化しており、こうした技術がイランから移入されている疑いがあると述べている。他方で、同報道官は、米軍やイラク治安部隊に対する攻撃の主体は、旧政権時代に権力を持っていたスンニ派の武装勢力や、ザルカウィ・グループなど外国からイラクに侵入したスンニ派テロリストだとしている。イランがシーア派主体のイラク政府に影響力を強めようとしているのだとしたら、そのイランがスンニ派武装勢力に反政府武力闘争のための爆弾や技術を提供しているという主張は説得力を欠くものである。

（Ｂ）民間人を標的とする攻撃

民間人を標的とする攻撃は動機や実行者の違いからいくつかに分類することができるし、分類して考える必要がある。

①広義の軍関係者に対する攻撃

米英軍・イラク軍の契約業者や物資納入業者、イラク軍や警官の募集所など、広義の軍関係者に対する攻撃事件で、死体に「占領軍への協力者」とか「米軍の手先」と書かれた紙片が付された例が数多く見られる。実行声明の内容からみても、彼らを占領軍と一体化したものとみなして攻撃対象とし、占領軍への協力を拒否するようアナウンスする効果もねらったものと考えられる。実行者・組織にとっては、これらの攻撃は「イラク戦争」の一環という認識となるであろう。また、イラク兵や警官の家族・関係者が攻撃対象とされる場合もあるが、これも右記と同様の効果をねらった広義の軍関係者への攻撃という性格を持っている。

② 内務省の特殊部隊などによるスンニ派への攻撃

スンニ派のフセイン体制下で弾圧されていたシーア派が、旧体制の幹部や旧バアス党員、旧軍幹部、それらの協力者とみなされたスンニ派を対象として、報復的に拉致・拷問・非合法的な「処刑」を行なっていると考えられる事件である。バグダッドやスンニ派居住地域で拷問の痕跡のある射殺体や縛られ目隠しをされた射殺体が多数発見されているが、これらの多くは、シーア派民兵が警官や内務省特殊部隊などに姿を変えて組織した暗殺部隊、いわゆる「死の部隊（Death Squads）」が実行したものと考えられている。

③ 宗派間や政治勢力間対立に起因する事件

シーア派とスンニ派のいずれかを問わず、イスラム教の聖廟やモスクに対する爆破・攻撃事件、それをきっかけとした報復攻撃事件などが多発している。これらは言うまでもなく、「イラク戦争」によって宗派間や政治勢力間の対立が助長され、先鋭化したことによるものである。この種の対立による「憎悪と報復の連鎖」が激化していけば、イラクは文字通りの内戦状態に陥ってしまう危険性がある。そうなれば米軍など外国軍が治安回復のために活動することは事実上不可能となる。一方の勢力の攻撃を阻止しようとすれば、それは対立する他方の勢力に加担することを意味することになり、外国軍自身が紛争当事者となってしまうからである。これは、もし国連がイラクにおける「対テロ戦争」に軍事的にも直接関与するようになり、有志連合国軍が国連平和維持軍（United Nations Peace-Keeping Force）に替わったとしても同じことである。一九九三年のソマリア内戦に対する国連平和維持活動の失敗が典型的な事例である。

④宗教的理由による民間人攻撃事件

一般商店や学校・教員などへの銃撃や爆弾攻撃事件も多発している。事件後の実行声明によれば、例えば理髪店がイスラム教の教えに反する髪型やひげ剃りを行なっているとして攻撃対象とされたり、CDショップで外国の退廃的音楽が販売されているとして攻撃対象とされたりしたように、イスラム教の聖典であるコーランの厳格な（偏った?）解釈に基づく宗教的理由による攻撃事件である。学校への攻撃も、アフガニスタンでいくつか例があるように、教育を通じて欧米流の文化が浸透することを妨げ、また女性の教育を否定する宗教的立場が理由とされている。

⑤石油施設、電力施設などへの攻撃事件

石油施設やパイプラインの爆破事件や電力施設への攻撃事件も頻発し、石油輸出が阻害されたり、猛暑の時期にも電力供給が一日数時間というように国民生活に深刻な影響を与えている。この種の攻撃の目的は、占領軍主導の統治機構の再建と復興を妨げて民衆の不満を強め、反占領・反政府意識を助長することにあると考えられる。

これらの標的が比較的明確な攻撃事件の他にも、ＩＥＤや自動車爆弾などによって民間人のみが犠牲となった事件も多発しているが、有志連合国軍やイラク治安部隊を標的とした攻撃が外れたと思われる事例はかなり多い。有志連合国軍兵士による誤射・誤爆・過剰防衛による民間人死傷者が少なくないことを考えると、標的不明の爆弾事件や銃撃事件でも武装勢力による誤射・誤爆の可能性は小さくない。これらのいわゆるコラテラル・ダメージについては前述の(A)に分類できるだろう。

以上のように分類してみると、これら諸要因の「対テロ戦争」における意味は、次のように読み解くことができる。(A)および(B)の①について、米英主導のイラク攻撃によってフセイン政権の打倒という目的は達成されたが、有志連合国軍の派遣規模の不充分さもあって旧政権軍の残存勢力による軍事的抵抗が継続した。さらに占領政策の不備に起因する治安悪化と住民の反米・反外国軍意識の高まりのもとで、シーア派の反米民兵組織や外国から流入したスンニ派武装組織による攻撃が多発した結果、イラクにおける「対テロ戦争」が本格化し長期化していったのである。

(B)については、イラクにもともと存在していた宗派間対立や政治勢力間の対立が、フセイン政権崩壊とともに顕在化し、アメリカ主導の占領が対立を緩和するための適切な政策を欠いていたために、武力抗争にまで先鋭化した結果と考えられる。さらに、治安の悪化のもとでイスラム原理主義的武装組織が勢力を拡大し、その主張を実現しつつ米英主導の占領政策を無効化させることを目的として、多種多様の標的に対する「テロ」攻撃を実行していった結果と解釈できるだろう。

これら諸要因が絡み合うことによって、イラクにおける「対テロ戦争」は多面的な性格を持つものとなり、泥沼化することになったのである。いずれにしても、フセイン政権打倒後のアメリカの占領政策の不備に起因して、「暴力による憎悪と報復の連鎖」が発生しエスカレートしていったために、「対テロ戦争」は長期化・泥沼化したといえるだろう。そこで次に、イラクの復興と「民主化」プロセスに関するアメリカ主導の占領政策を検証していくことにする。

「民主化」プロセスの難航

① ＣＰＡ主導の急進的な統治機構改革

「対テロ戦争」が発火し本格化するなかで、イラクの「民主化」プロセスも難航した。ブッシュ大統領は二〇〇三年の一般教書演説でイラク攻撃の決意を強調したが、この演説以前に、フセイン政権打倒後のイラクの統治を担当する機関の設置を国防総省に指示していた。それが〇三年一月二〇日に設立されたＯＲＨＡで、その任務はイラクの復興において国連諸専門機関やＮＧＯと連携しながら占領初期の暫定統治を行なうこととされた。ＯＲＨＡの構成メンバーは、国防総省、国務省などの米国政府機関からの派遣職員が中心で、ジェイ・ガーナー退役陸軍中将が局長に任命された。ＯＲＨＡはフセイン政権崩壊後の四月九日にイラク南部のウムカスルに最初の活動拠点を設置し、統治機構の改革と復興のための活動を開始した。ガーナー局長は、改革と復興を順調に進めるためには、フセイン政権の主軸であったバアス党やスンニ派の協力が必要と考え、漸進的な改革をめざしていた。

四月二一日にはバグダッドに設置されたORHA本部にガーナー局長も移動したが、同日、ORHAの上部機関である中央軍のフランクス司令官の主導でCPAが設立された。CPAの任務はイラク人による統治機構が確立するまで暫定的に行政権限を行使することとされたから、ORHAの任務と重複する性格を持つ組織である。これは、フセイン大統領の影響力をただちに完全に排除したいブッシュ政権が、バアス党やスンニ派の協力のもとに漸進的な改革を進めるというガーナー局長の方針に不満だったからである。また、イラクの統治体制を再建し復興を軌道に乗せるためには、フセイン政権下で抑圧されていたシーア派やクルド人勢力の反発を避け、フセイン政権崩壊とともに帰国したチャラビ氏など亡命イラク人政治勢力の協力が必要であった。そのためにはバアス党やスンニ派の影響力を排除することが不可欠と考えられたからでもある。

ただし、すでにORHAが暫定統治業務を開始していたため、設立当初で組織的な準備も不充分であったCPAは名目的な存在であった。しかし、五月六日にブッシュ大統領が国務省出身のブレマー大統領特使をCPAの代表として文民行政官に任命して以降、CPAは急進的な改革に着手する。ブレマー文民行政官はイラクの復興プロセスにおけるCPAの実質的権限を拡大し、前述のように五月一六日にフセイン政権の支配政党であるバアス党幹部の公職からの永久追放を命令し、同月二二日にはフセイン政権を支えてきたイラク軍や国防省、情報省、各治安機関などの組織の解体を命令した。

さらに、六月初めにはORHAを統合してCPAが統治機構の再建と復興事業全体を統括することになった。

　この時期は、前述のファルージャにおける「暴力による憎悪と報復の連鎖」がすでに発生しており、スンニ派トライアングル地域での反米武装勢力の米軍などへの攻撃事件が頻発し始めていた時期である。ＣＰＡは統治機構と治安体制の再建を急ぎ、六月二三日に新イラク軍の創設を発表し、七月一三日には国内各政治勢力の代表ら二五人を選出して、暫定政府樹立のための統治評議会を発足させた。統治評議会の構成メンバーは、シーア派一三人、スンニ派五人、クルド人五人、キリスト教徒一人、トルクメン系一人、うち女性三人で、シーア派が過半数を占めている。八月一一日には新憲法の制定手続きを決める憲法制定準備委員会が発足し、九月一日に統治評議会が暫定内閣の二五人の閣僚名簿を発表したが、首相職は置かれず、主導権はＣＰＡが維持することにより三日に暫定内閣が発足した。

　ＣＰＡ主導でシーア派と亡命イラク人を重視した統治機構の再建プロセスは、七月一七日にバグダッドで市民一万人規模の抗議デモが行なわれたように、スンニ派を中心とする住民の反発を生んだ。また、一〇月にはサドル師が米軍の占領統治による暫定内閣とは別の内閣を発足させたと宣言するなど、イラク人主導による国家体制再建を求める政治勢力・宗教勢力の声も強まった。ブッシュ政権は、ＣＰＡ主導つまりアメリカ主導の統治機構改革という性格を弱め、また悪化する治安への対処のために国連の協力を要請し、一〇月一六日に国連安保理決議一五一一が採択された。同決議は、統治評議会をイラクの暫定統治機構の最高意思決定機関と認定し、ＣＰＡは統治権限をできるだけ早期にイラク国民に返還すること、イラクの復興のための人道援助・経済再建・政治制度の確立などにおいて、国連が決定的に重要な役割を果たすべきこと、多国籍軍が治安維持のために必要なあらゆる措置を講じる権限の承認などを規定している。

このような内容の安保理決議が採択されたとはいえ、占領政策が基本的にCPA主導で進められることに変わりはなく、治安情勢も改善されなかった。一〇月の米軍を含む多国籍軍の戦闘関連の死者数は三五人と五月以降の最多となり、一一月は米軍ヘリが地上からの攻撃によって撃墜される事件が相次ぎ、イタリア軍基地への自爆攻撃で同国軍兵士多数が死亡する事件もあって、死者数は九四人と急増した。一一月四日には、統治評議会のタラバーニ議長代行がブッシュ大統領らに親書を送り、米軍への「テロ」急増を抑えるためにもイラク人への統治権限の移譲を早急に進めるよう要請した。

② 拙速なイラクへの主権移譲プロセス

こうした動きに対応するために、〇三年一一月一一日にブレマーCPA代表は一時帰国し、パウエル国務長官、ラムズフェルド国防長官、ライス大統領補佐官ら国家安全保障担当スタッフと、イラク人に前倒しで主権を移譲する可能性について協議した。それまでブッシュ政権は正式憲法の制定とそのもとでの選挙実施を主権移譲の前提とする方針であったが、ブッシュ大統領はこの方針を転換し、ブレマー代表の提案に基づいて、暫定憲法の制定や暫定政権の早期樹立によってイラク人に主権を移譲することを承認した。この決定を受けて、同月一五日にCPAと統治評議会との間で今後の政治日程に関する合意が成立した。その主な内容は以下のとおりである。

一．二〇〇四年二月末までに正式政府への移行期間のための「基本法」を制定する。

二．同年三月末までに統治評議会とＣＰＡが有志連合国軍の地位保障に関する協定を締結する。

三．同年五月末までに新憲法案作成のための暫定国民議会議員を「基本法」に規定された手続きによって選出する。

四．同年六月末までに移行行政機構を選出し有志連合国が承認する。これによってＣＰＡは解散し統治評議会の任務も終了する。

五．二〇〇五年三月一五日までに憲法制定議会選挙を実施し恒久憲法を制定する。

六．同年末までに新政府を選出し、これによって「基本法」は失効する。


この政治日程と想定される基本法の概要が明らかになると、ＣＰＡ主導による統治機構の再建と主権移譲方針に対して、イラク人の自主性と自治権を重視する勢力は強く批判した。ナジャフ州知事は、アメリカは治安維持にも成功しておらず、占領政策によって充分な自治権も与えられていないと批判して辞任し、穏健勢力であったシーア派の最高位聖職者（大アヤトラ）のシスターニ師は暫定議会選出選挙を州ごとの直接選挙で行なうよう要求した。さらにシスターニ師系の宗教指導者は「アメリカは民意を尊重していない」、民意が反映されなければ「我々は流血もいとわない」と警告した。

主権移譲プロセスの難航が治安のさらなる悪化につながることを危惧したＣＰＡは、統治評議会に参加する政治勢力保有の民兵組織を統合して新治安部隊を創設することを提案し、統治評議会議長はこの提案に賛成した。統治評議会に参加し民兵組織を保有しているのは、主としてフセイン政権期に外国に亡命していたシーア派の政治組織やクルド人勢力である。このＣＰＡの措置が、本節冒頭の

「テロ」事件の分類の(B)の宗派間・政治勢力間対立による「テロ」を正当化し助長した可能性は否定できない。

CPAと統治評議会の合意に基づいて、正式政府への移行期間における最高法規としての基本法の制定作業が始まったが、その内容が明らかになるにつれて、草案作成もCPA主導で進められているとして、基本法反対運動が強まっていった。特に大統領および副大統領二人が国会議員の選挙によってシーア派・スンニ派・クルド人の三派から一人ずつ選出されること、この三人で構成される大統領評議会が首相の任命権を持つことに対して、シーア派住民や聖職者が強く反対し、直接選挙による暫定政府樹立を求める大規模な抗議行動が頻発した。イラク国民の約六割がフセイン政権下で抑圧されていたシーア派であるから、直接選挙であればシーア派が議席の多数を確保し、暫定政府さらには正式政府樹立を主導することが可能であるが、草案のような間接選挙であればスンニ派やクルド勢力の発言力が強まる可能性があったからであろう。

暫定政府樹立の難航を危惧した国連は〇四年二月に調査団を派遣し、直接選挙の可能性の検討やシスターニ師の説得を試みたが、統治評議会は三月一日に全員が基本法原案を承認すると発表した。三日に評議会メンバーの署名を行なって基本法が成立する予定であったが、二日にバグダッドとカルバラで爆弾攻撃によって計一〇〇人以上が死亡、五〇〇人以上が負傷する事件が発生し、シーア派勢力とクルド勢力の対立もあったために署名式は延期された。八日にメンバー全員が署名して基本法は正式に成立したが、シスターニ師は基本法には正当性がないと批判し、SCIRI指導者のアブドゥルアジズ・ハキム師も選挙で選ばれた組織が制定したものではないと批判した。(17)

シーア派の批判が強まるなかでも、ＣＰＡは統治評議会との合意および基本法に規定された手続きにしたがって、イラクへの主権移譲プロセスを進めていった。さらに、この時期に激しさを増していたファルージャでの「対テロ戦争」とサドル師派との「対テロ戦争」への対応のために、ブレマーＣＰＡ代表は四月二三日に占領開始当初のバアス党の公職追放政策を一部見直し、元党員の一部の公務員への復職と旧イラク軍幹部を新イラク軍に登用する方針を発表した。ブッシュ政権の方針のもとで自らが進めた急進的な占領政策の失敗を一部認めたものといえよう。統治評議会、特に亡命シーア派評議員は強く反発し、暫定政府樹立をめぐる宗派間対立が強まった。五月一七日にはバグダッドのＣＰＡ本部近くで、統治評議会のアブドゥルザフラ・ムハンマド議長（シーア派）の車列に対する自動車爆弾による自爆攻撃で議長を含む七人が死亡する事件が起こっている。

しかし、統治評議会にとって早期に主権回復を実現するためには、ＣＰＡの強い指導力のもとで暫定政府樹立プロセスを進めることが必要であった。五月二八日にはシーア派のイラク国民合意（ＩＮＡ）[18]のイヤド・アラウィ代表を暫定政府首相とする各閣僚が指名され、六月一日、スンニ派のガジ・ヤワル氏を大統領とする暫定政府が樹立された。シスターニ師も暫定政府を事実上承認する声明を発表し、サドル師は当初は選挙で選ばれた指導者以外は承認できないと批判したが、やがて容認姿勢に転じた。六月二四日には国防省、内務省など一一省庁がＣＰＡから権限を移譲され、全二六省庁の権限移譲が完了する。二八日にブレマーＣＰＡ代表がイラクへの主権移譲文書を暫定政府に渡し、ＣＰＡは同日に解散した。この主権移譲によって、フセイン政権崩壊から一四カ月余りにわたったアメリカ主導の有志連合国による占領統治が法的には終了したのである[19]。

③ 正式政府樹立プロセスと宗派間・民族間対立の深刻化

占領統治が法的に終了しても米軍への攻撃が沈静化することはなく、月平均約七〇人の米軍兵士が死亡する状態が続いた。民間人の死者は、CPA主導の主権移譲プロセスによって宗派間・民族間対立が激化したこともあって、〇四年七月～一二月の間に六四一五人と前年同期間の二倍近くに増加した。宗派間・民族間対立は、憲法制定のための国民議会選挙に始まる正式政府樹立プロセスにおいてさらに先鋭化していく。

国民議会選挙は〇五年一月三〇日に実施されたが、シーア派や選挙実施関係者、投票予定所などに対する「テロ」事件が多発し、中部・北部のスンニ派四州の一部地域では治安悪化のために投票が実施されなかった。投票が行なわれた地域でも、スンニ派住民の一部はシーア派主導の選挙として投票をボイコットした。選挙後、スンニ派からは選挙が公正に実施されなかったとする不満と異議申し立てが続出し、スンニ派の宗教者委員会は選挙は正統性を欠いていると非難する声明を発表したが、アラウィ暫定政府首相は、国民議会選挙の成功とテロリストに対する勝利を宣言した。選挙結果は投票率五八％で、シーア派政党連合の統一イラク同盟（UIA）が得票率四八・二％、全二七五議席のうち一四〇議席と単独過半数を獲得した。二位はクルド同盟で得票率二五・七％、七五議席、三位はアラウィ暫定政府首相派（Iraqi List, シーア派系）で得票率一三・八％、四〇議席で、シーア派系だけで一八〇議席、クルド勢力を含めた三派で二五五議席と、定数の九〇％以上を占めた。

三月一六日に第一回国民議会が開かれたが、スンニ派の扱いや閣僚ポストをめぐる各派の対立から議長の選出もできずに散会、再招集された二九日の議会も同様の対立が原因で休会となった。四月三日に再開された議会で議長（スンニ派）、副議長二人（シーア派とクルド人）が選出され、六日の議会でタラバーニ大統領（クルド人）、ヤワル副大統領（スンニ派）、マフディ副大統領（スンニ派）が選出された。翌七日に大統領と副大統領で構成された大統領評議会がダワ党のジャファリ代表（世俗派）を次期首相に指名、四月二八日、ジャファリ次期首相が提出した閣僚名簿に大統領評議会が署名して議会に提案し、議会の賛成多数により承認されて、選挙から約三カ月経ってようやく移行政府が成立した。

この体制のもとで、憲法草案の作成→議会による新憲法案の承認→国民投票による憲法案の承認→新憲法のもとでの国民議会選挙→正式政府樹立というプロセスが進められるのだが、スンニ派議員がごく少数の議席構成で作成された憲法案では国民投票で否決される可能性があった。そこで五五人の議員で構成される憲法草案起草委員会にスンニ派委員一五人、顧問一〇人を参加させることになったが、この措置はシーア派とスンニ派の対立による草案作成の難航という両刃の剣の危険性をはらむものであった[20]。またクルド勢力の自治拡大要求というアラブ人とクルド人との民族間対立という火種も存在していた。これらの対立は異なる宗派や民族という理由にとどまらず、石油利権をめぐる争いという経済的理由も背景としている。南部のシーア派地域と北部のクルド人地域には豊富な油田地帯があり、中部と西部のスンニ派地域には油田が少ないため、シーア派勢力とクルド勢力は石油収入を独占できる連邦制を強く主張していたからである。ブッシュ政権がイラク攻撃開始前に作成した「イラク再建計画」で指摘されていた「けた外れの複雑性」の一つである。

実際、憲法草案作成過程ではシーア派委員とクルド人委員が連邦制導入を強く主張した結果、憲法草案には連邦制が盛り込まれることになったが、当然スンニ派は強硬に反対し、両派の対立は議会内にとどまらず、住民や各政治組織・聖職者間の対立も深まっていった。スンニ派は、クルド自治区についてはフセイン政権期から存在しているとして容認姿勢に転じたが、南部シーア派自治区の新設については国家を分断するものとして妥協を拒否した。さらに、アメリカは八月一五日と定められていた憲法案作成期限を厳守するよう暫定政府に強く要求したり、スンニ派に対して連邦制を受け入れるように圧力をかけたりしただけでなく、イラクがイラン型のイスラム聖職者による統治となることを阻止するために、欧米型の民主主義を織り込むよう草案の内容にもたびたび介入した。

こうした事情によって憲法草案の作成は難航し、議会は基本法を修正して憲法草案起草期限を一週間延長したが、シーア派とスンニ派の主張の溝は埋まらず、起草委員会は八月二二日にスンニ派の同意なしに連邦制を含む憲法草案を議会に提出した。議会は草案の修正協議期間を設定しシーア派とスンニ派双方が対案を提示したが、やはり両者の妥協は成立せず、二八日にタラバーニ大統領がスンニ派委員の合意がないまま修正協議を打ち切り、憲法草案は確定した。議会は一部の文言の修正を行なったうえで一〇月一二日に憲法案を承認し、一〇月一五日に国民投票が実施された。基本法の規定では、国民投票で憲法案が否決されるのは三つ以上の州で反対票が投票者の三分の二以上となった場合とされていたが、反対票が三分の二を超えたのはスンニ派地域の二州だけであったため、憲法案はイラクの新憲法として承認されることになった。

一二月一五日に新憲法下での国民議会選挙が実施されたが、選挙に不正投票や脅迫などの不正行為があったとする一四〇〇件以上の異議申し立てが行なわれ、スンニ派連合や世俗派は選挙の無効を訴える共同声明を発表、スンニ派各地域で選挙の不正行為に抗議する大規模なデモが頻発した。国連の選挙監視団が調査を開始し、その調査結果を受けて選挙管理委員会は〇六年一月一六日に、全国三万二〇〇〇カ所の投票所のうち二二七カ所で不正行為があったとしてこれら投票所での投票を無効としたが、選挙結果全体には影響はなく選挙は有効と発表した。選挙から一カ月以上たった一月二〇日にようやく開票結果が確定した。

確定した開票結果では、シーア派政党UIAの議席は一二八と単独過半数に達しなかった。クルド人政党はクルド連合（Kurdish Bloc）の五三議席とクルド・イスラム同盟（Kurdish Islamic Union）の五議席と合わせて五八議席、スンニ派政党は三党の合計五八議席、世俗派（シーア派系）が二五議席であった。世界のイスラム教徒のうちスンニ派は約九割、シーア派は約一割であるが、イラクではシーア派が中部から南部を中心に人口の約六三％を占め、スンニ派アラブ人は中北部と西部を中心に人口の約二〇％、北部のクルド人自治区に住むクルド人（その多くはスンニ派）は約一五％である。人口約三五〇〇万人のイラクで「民主的で公正」な選挙が行なわれれば、このような議席構成となるのは当然といえる。単独過半数を得た政党が存在しないため、次のプロセスは連立による正式政権の樹立となる。しかし、すでに各政党・政治勢力の間の宗派間・民族間対立がエスカレートしていたため、各派の主張は衝突し連立協議は難航した。

新憲法制定過程で各派の対立がより激しくなったことを反映して、治安情勢も急速に悪化していた。イラク・アルカイダ機構などのスンニ派武装組織は、アメリカ主導による「民主化」政策がスンニ派を敵視し、シーア派とクルド人に有利な方向で進められていると受け取り、米軍とイラク治安部隊、シーア派、クルド勢力に対する「テロ」攻撃をエスカレートさせた。これに対抗するように、スンニ派に対するシーア派民兵の攻撃事件や内務省の「死の部隊」による「処刑」事件も多発し、宗派間・民族間の「憎悪と報復の連鎖」もエスカレートしていった。米軍・イラク軍はアンバル州などのスンニ派地域で大規模な武装勢力掃討作戦を数次にわたって実施したが、武装勢力も多様な「テロ」攻撃で対抗し、両者の「攻撃と報復の連鎖」は拡大の一途をたどった。さらに、〇六年二月二二日にシーア派の聖地の一つであるサーマッラのアスカリ聖廟のゴールデン・ドームが爆破される事件が起こると、スンニ派のモスクなどに対する報復攻撃事件も多発し、宗派間の対立と武力抗争はいっそう深刻化した。

深刻な宗派間対立と治安情勢の悪化によって連立交渉は暗礁に乗り上げた。与党のUIAは治安悪化の責任はジャファリ首相にあるとして、四月一日に新政府首相候補の指名を辞退するよう要求した。同日にはバグダッドを訪問したライス米大統領補佐官とストロー英外相がタラバーニ大統領と会談し、正式政府樹立を促進するためにジャファリ首相に首相候補の指名辞退を強く要請した。ジャファリ首相は要請を拒否していたが、シーア派勢力に強い影響力を持つシスターニ師やサドル師の説得を受け入れ、四月二〇日に首相候補指名辞退の意思を表明した。

翌二一日、UIAはダワ党のヌーリ・マリキ副代表[21]を首相候補に指名し、二二日の国民議会でタラバーニ現大統領が新大統領に選出され、正副大統領三人で新しく構成された大統領評議会がマリキ氏を首相に指名した。マリキ氏はスンニ派に対する強硬派として知られていたが、国民議会のスンニ派・クルド勢力も首相就任を受け入れた。各派の妥協が成立したのは、内戦状態の続くなかでマリキ政権は短命で終わると予想されていたこと、正式政府の樹立が遅れれば遅れるほどアメリカの介入が強まることを懸念したからと推測されている。マリキ首相による組閣は治安対策の要となる国防相と内務相ポストをめぐる各派の対立によって難航したが、両ポストをマリキ首相が兼務するという妥協策によって閣僚名簿が承認され、五月二〇日、ようやく正式政府が成立した。

正式政府樹立プロセスで宗派間対立が武力抗争へと発展していったことについて、サドル師は〇五年九月に「すでに内戦が始まっている」との認識を表明していたが、一二月の国民議会選挙前後から治安情勢はさらに悪化し、まさに内戦といえる状態に陥った。さらに対スンニ派強硬派のマリキ政権の成立によって、スンニ派武装勢力の「テロ」攻撃はいっそう活発化し、内戦は激しさを増していった。しかもこの内戦は、イラク国内の宗派・民族間の武力抗争にとどまらず、米軍・多国籍軍を巻き込み、アメリカの「対テロ戦争」と絡み合って激化していったのである。米軍・多国籍軍の死者数は〇六年七七五人（月平均六五人）、〇七年は八月までで七四七人（月平均九三人）と〇四年、〇五年よりさらに増加している。言うまでもなく、この複雑な構造の内戦の激化のもとでコラテラル・ダメージとしての民間人死者数は激増していった（前掲第４－２図）。〇六年の民間人の死者数は二万七四四四～二万九四二一人（月平均二二八七～二四五二人）と前年から倍増し、〇七年は八月までで一万九七七八六～二万一一九一人（月平均二四七三～二六四九人）に達している。

以上のように、ＣＰＡ主導の占領政策が、予想される宗派間・民族間対立を抑制する方策をとらないまま、統治機構改革とイラクへの主権移譲を急いだために、特にシーア派とスンニ派間の対立を顕在化させ、武力抗争にまで先鋭化させたのである。さらに、この対立の先鋭化に乗じて、様々なイスラム過激主義武装組織がイラク国内で勢力を拡大し、多国籍軍やイラク統治機構およびその関係者への「テロ」攻撃を「聖戦」と位置づけて実行していった。そして、これらの「テロ」攻撃は宗派間・政治勢力間の「憎悪と報復の連鎖」を生み、対立をいっそうエスカレートさせていったのである。治安回復をめざして繰り返される米軍・多国籍軍の武装勢力掃討作戦は、コラテラル・ダメージをともなうがゆえに外国軍・外国人に対する住民の反感を増幅し、外国軍と住民との間の「憎悪と報復の連鎖」のエスカレートを通じて、むしろ反米武装組織の勢力を強化してしまう。この何重もの「連鎖」の悪循環がブッシュ政権の「イラクの民主化」政策の帰結であり、「対テロ戦争」をより複雑なものとし泥沼化させていったのである。

14　イラクを攻撃し占領した有志連合国軍は国連安保理決議に基づかない組織であったが、〇三年一〇月の安保理決議一五一一の採択により「多国籍軍（Multi-National Force）」という位置づけとなった。

15　九・一一同時多発テロ後、ブッシュ大統領は攻撃実行者を「卑怯な（coward）」という形容詞付きでテロリストと呼び、テロ＝悪に対抗する側に正義があることを強調しようとしている。

16　第1章の注7で説明したように、携帯電話や自動車のリモコンキーなど電波によってIEDの起爆が行なわれていたため、〇五年に入って米軍は電波による起爆を防ぐためバグダッド地域の米軍車両に電波妨害装置を取り付け、武装勢力が起爆装置を作動させても車両が通過後に妨害電波が弱まってから爆発するような対策をとった。これは米兵の被害を減少させたが、米軍車両通過後に爆発するため後続のイラク民間人車両や通行人の死傷者を増加させる結果となった。武装勢力もIEDに常時電波を送り妨害装置によって電波が途切れると爆発する装置や、赤外線センサーによる起爆装置を組み込むなど対抗策をとったとみられ、〇五年秋からはＩＥＤによる米兵の死傷者が再び増加していった。

17　〇三年八月に爆弾攻撃によって殺害されたバキル・ハキム師の弟で、同師の後継者としてＳＣＩＲＩの指導者となった。

18　アラウィ氏が一九九〇年に軍・警察機関の反体制派を中心にイラク国外で結成した親米反フセイン政権組織。

19　〇三年一〇月採択の国連安保理決議一五一一では、イラクへの主権移譲とともに多国籍軍の駐留期間も終了する原則が定められていたが、六月八日に採択された安保理決議一五四六で、イラク暫定政府の要請に基づくとして多国籍軍の駐留延長が認められている。

20　イラク・アルカイダ機構は、シーア派主導が予想される草案作成にスンニ派が参加すること自体を問題視し、起草委員会に参加するスンニ派メンバーの殺害予告をウェブ上に発表した。武装組織以外のスンニ派政治勢力のなかにも草案作成への参加に反対する声もあり、身の危険を感じたスンニ派委員が辞任したり、実際に武装集団の銃撃によってスンニ派起草委員二人が死亡したりする事件も起こっている。

21　マリキ氏はフセイン政権下のダワ党弾圧で一九八〇年にイランに脱出、その後シリアに移ってイラク国内のダワ党の反フセイン闘争を指導した。フセイン政権崩壊後に帰国し、バアス党公職追放委員会副委員長として脱バアス党政策を強力に進めてスンニ派からの反発を買っていた。

第3節　米軍・有志連合国軍のイラクからの撤退

ブッシュ政権の出口戦略

「対テロ戦争」に要する巨額の戦費（前掲第1－1表）はアメリカ連邦財政の大きな負担となっていった。二〇〇一会計年度の国防支出は三六八一億ドルであったが、〇四年度には四八〇三億ドルに増加し、ブッシュ政権最後の年度の〇八年度には五四八一億ドルにまで膨れ上がった。これにともなって、財政収支は〇一年度の一二八二億ドルの黒字が〇四年度には四一二七億ドルの赤字を計上するまでに悪化した。〇七年度は景気上昇による税収の増加によって赤字額は一六〇七億ドルに減少するが、〇八年度には四五八六億ドルまで再び増加した。財政赤字の累増に加えて、「対テロ戦争」において米兵が多数死傷しているにもかかわらず、戦争は長期化・泥沼化していることで、ブッシュ政権に対する批判が強まっていった。国内政治的にも派兵継続が困難となったブッシュ政権は、イラクから早期に撤退するための出口戦略を模索していく。

その出口戦略とは、米軍増派によって武装勢力掃討作戦を強化して内戦状態にまで悪化した治安を回復すること、イラク攻撃の大義名分だった「イラクの民主化」を放棄して、米軍の撤退後も治安を維持できるような、イラク人による強力な行政・軍事機構を早期に設立することである。前掲の第4－1図、第4－2図が示すように、〇七年秋以降、有志連合国軍兵士・イラク民間人ともに死者数が激減している。この理由について、イラク多国籍軍のペトレイアス司令官やブッシュ大統領は、〇七年二〜三月に実施されたイラク駐留米軍の三万人規模の増派によってイラクの治安状況が改善されたためであると、その戦略変更の成果を強調した[22]。

しかし、この死者数激減の最大の要因は、アメリカが反米・反イラク政府闘争の中心的存在の一つであったフセイン政権軍由来のスンニ派武装勢力を懐柔したことにある。スンニ派武装勢力に「イラクの子孫（Sons of Iraq）」などと呼ばれる自警団組織[23]を作らせ、月三〇〇ドルの給与と武器を与えて多国籍軍・イラク政府側に協力させることに成功し、その結果、治安情勢が劇的に「改善」されたのである。この自警団組織の設立は、アルカイダ系武装組織とスンニ派系武装組織の勢力が強く、事実上彼らの支配下にあった西部アンバル州で〇六年秋に駐留米軍の主導で始められ、その後、イラク全土で一〇万人規模に拡大された（イラク駐留米軍は〇七年時点で一六万人規模）。

この一〇万人すべてがそれまで多国籍軍やイラク治安部隊を攻撃していた武装勢力ではなかったにせよ、少なくともスンニ派武装勢力とその同調者あるいは潜在的武装勢力を懐柔し、アルカイダ系武装組織やシーア派系民兵組織と戦わせることに成功したわけである。したがって、有志連合国とイラク政府側にとっては、敵側陣営の一〇万人を自陣営に「転向」させたことになり、差引二〇万人の兵力増強に値するといえる。ゲーツ国防長官やマレン統合参謀本部議長、そしてペトレイアス司令官自身も「イラク情勢の〝前進〟の大部分が〝Sons of Iraq〟との協力による」と高く評価しているゆえんである[24]。

ただし、治安情勢の「改善」には、サドル師配下のマフディ軍団（イラク全土で五〜六万人規模）が、〇七年八月末のサドル師の指令によって反米・反外国軍攻撃を休止したことも寄与している。この指令では攻撃休止は六カ月間とされていたが、〇八年二月の指令でさらに六カ月間延長され、同年八月には無期限の休戦と平和的手段による抵抗が指令された。サドル師が攻撃休止を指令した理由としては、〇七年二月からイラク治安部隊と多国籍軍がマフディ軍団とサドル師支持派住民に対する大規模な攻撃作戦（「法の執行」作戦）を開始し、軍団メンバーや住民多数が死傷または拘束されたことが要因となっている。一回目の攻撃休止指令の直後、サドル師派国民議会議員三〇人は抗議のためにマリキ政権与党のUIAから離脱した。これによって過半数割れ寸前となったマリキ政権はサドル師派への攻撃をさらに強化し、攻撃対象地域も拡大した。その後も、サドル師派は米軍などの駐留継続に反対する数万人規模の集会をバグダッドで平和的に開くなど、サドル師の影響力は衰えなかったが、〇九年一月末予定の統一地方選挙を前に、武力闘争の継続によって組織の力が衰えるのを防ぐために休戦を指令したものと思われる。

治安情勢が劇的に「改善」されたとはいえ、宗派間・民族間対立が解消されたわけではなく、イラクの統治機構もまだ不安定であったから、内戦状態に逆戻りすることを防ぐためには米軍の駐留を継続せざるを得ない状況であった。イラクの主権回復後も多国籍軍が駐留を継続していた法的根拠は、国連安保理がイラク政府の駐留延長の要請に基づくとして多国籍軍の駐留を承認していたからである。〇七年七月に採択された安保理決議一七九〇は駐留期限を〇八年一二月三一日と定めていたが、マリキ首相は安保理に駐留延長を要請するのは今回で最後になると言明し、〇九年以降の米軍駐留の継続は二国間協定によることになった。米軍以外の多国籍軍の多くが〇七年夏以降に撤退を予定していたことが主な理由である。この措置によってイラク政府側は、国内における米軍の軍事行動をいつまで、どの程度認めるか、米兵の軍事行動にともなって民間人が死傷した場合にどの範囲まで免責するかなどの駐留継続の条件について、これまでよりも主体的に交渉することが可能にもなる。米軍の駐留継続を定めた米・イラク安全保障協定は〇八年一一月に締結され、米軍は〇九年六月末までに都市部から撤退すること、一一年末までに完全撤退することが定められた[25]。

治安情勢の「改善」の成果を背景として、任期終了直前のブッシュ大統領は一二月一四日にバグダッドの米軍基地キャンプ・ヴィクトリーを訪れ、約一五〇〇人の米軍兵士の前で、「戦争は終わっていないが、勝利への途上にいることは明白である。イラクは八年前よりも劇的に自由になり、安全になり、改善された。米兵の犠牲の結果、アメリカはより安全になった」と米軍駐留の意義を強調する演説をしている。また、〇九年一月一五日の大統領退任演説では、我々がテロリストとその支援者と戦ったことによって、九・一一テロ以降、アメリカ本土でのテロの再発はなく、アフガニスタンはアルカイダを匿っていたタリバンの支配から解放され、イラクは残酷な独裁と反米の国から中東におけるアラブ民主国家となり、アメリカの友人となった、と「自画自賛」している[26]。

オバマ政権による米軍撤退の実行

二〇〇九年一月に就任したオバマ大統領は、第1章第3節および第3章第2節でも述べたように、ブッシュ政権以上にイラクからの撤退を急がなければならない課題を抱えていた。そのもっとも重要な課題の一つが、アフガニスタンとイラクにおける「対テロ戦争」の泥沼化がもたらした、アメリカの国家安全保障の脆弱化と財政赤字の累増である。そこでオバマ大統領は「イスラム社会との和解」

を掲げて米軍のイラクからの早期撤退を推進する方針を選択した。具体的には、〇九年二月二七日のノースカロライナ州の海兵隊基地キャンプ・レジューンでの演説で、「二〇一〇年八月三一日までに我々のイラクでの戦闘任務は終了する」と明言し、一八カ月間ですべての戦闘部隊を撤退させ、演説時点での一四万人規模から三・五〜五万人規模（主としてイラク治安部隊の訓練要員）に縮小するというイラク駐留米軍の撤退計画を発表した。

〇三年時点で有志連合国に名を連ねていた四〇カ国のうち、〇八年末までに二五カ国は撤退を完了していたが[27]、〇九年七月には駐留継続国のうちアメリカに次ぐ兵力の英軍、第三位のオーストラリア軍も撤退した（英軍は米軍と同様に小規模の訓練要員の駐留を継続）。米国防総省はオバマ大統領の方針に従って一〇年八月末には米軍の戦闘任務を終了させ、九月一日にイラクでの作戦名はＯＩＦから「新しい夜明け作戦（Operation New Dawn）」に変更された。一〇年末には有志連合国軍はすべて撤退し、駐留外国軍は米軍のみとなった。自警団組織の統括権限の米軍からイラク政府への移管手続きも急速に進められ、安全保障協定に定められた米軍のイラク都市部からの撤退期限前の四月二日に全面的な移管が完了した。

この移管によって自警団メンバーへの給与支払いや処遇に責任を持つことになったイラク政府は、メンバーの二〇％をイラク治安部隊に編入し、その他は職業訓練を行なって民間での雇用や起業を推進する計画を発表した。しかし、治安部隊への編入は、その能力の評価や反政府武装勢力との関係の有無の判別など、適格者の選別に手間取って進まなかった。また経済復興の遅れによって失業率が四〇％以上と推計される状況のもとでは、民間での雇用や起業の機会も限られていた。さらに〇八年九月のリーマン・ショック後に原油価格が急落し、(28) 原油輸出収入が激減したために政府予算支出も削減を余儀なくされた。この結果、自警団メンバーへの給料の支払いは数カ月以上も遅延したことから、メンバーの間で不満が高まって政府に対する抗議行動も発生した。また、反政府武装勢力は「転向」した自警団も敵とみなして、自警団メンバーやその関係者を標的とした攻撃事件も頻発するようになった。

有志連合国軍の撤退や戦闘任務からイラク治安部隊の訓練目的などへの任務変更にともなって、〇九年半ば以降、外国軍兵士の死傷者は月平均一〇人以下に減少した。しかし、政府関係施設を標的とした大規模攻撃事件や米軍基地・部隊への攻撃事件もたびたび発生し、宗派間・民族間対立による民間人を標的とした攻撃事件も継続した。この結果、〇九年以降も毎年四〇〇〇～五〇〇〇人の民間人が暴力事件によって死亡する状態が続いた。一一年になっても治安状況は好転せず、年末に予定される米軍の全面撤退期限が近づくにつれて、マリキ首相やゼバリ外相が撤退期限を延長し米軍の駐留延長を期待する旨を公表した。クルド自治政府のバルザーニ大統領も米軍撤退後に内戦が再燃する危惧から、イラク政府に駐留延長の検討を要請した。一方、サドル師は支持者に対して、駐留米軍の撤退を遅延させないために米軍への攻撃を撤退完了まで停止するよう指令し、期限までに撤退が実現しない場合は攻撃をより強化して再開するとの声明を発表している。

アメリカはイラク政府の米軍駐留延長要請を受けて、パネッタ国防長官が八月にイラク政府と交渉を開始したことを発表したが、オバマ大統領はイラクからの早期撤退方針を変更せず、一〇月に当初の予定通り一一年末までに撤退させる方針を発表した。一二月一四日、オバマ大統領はノースカロライナ州フォート・ブラッグ陸軍基地で、イラクから帰還した米兵たちの前に立って演説し、イラク戦争の終結を宣言した。同じ頃、パネッタ米国防長官もバグダッドで戦争終結を宣言した。ただし、両者ともに戦争の勝敗については言及していない。一七日には〇四年から続いていた米英軍を中心とするイラク軍・治安部隊訓練計画も終了し、翌一八日に駐留米軍の最後の部隊がクウェートに移動して撤退が完了した。しかし、次章でみるように、イラクにおけるアメリカの「対テロ戦争」は撤退完了によって終わったわけではなかったのである。

22　〇七年九月一〇日の下院軍事外交委員会の合同公聴会でのペトレイアス司令官の証言、同一三日のブッシュ大統領のイラク情勢についてのテレビ演説など。

23　Sons of Iraq の他にも Sahwa, Awakening Council, Neighborhood Patrol などと呼ばれている。

24　*Measuring Stability and Security in Iraq, Report to Congress In Accordance with the Department of Defense Appropriations Act* 2008, March 7, 2008 など。

25　米兵の犯罪の訴追権限については、米軍基地外かつ職務以外の行動中の犯罪で、さらにイラクと米国の合同委員会がイラク政府による米兵の捜査・訴追を認めた場合のみ、イラク側が米兵の訴追権限を持つことになった。これは米兵が軍事行動中の誤射・誤爆により、あるいは故意に民間人を殺害しても、イラク側に訴追されないということを意味する。一二月にはイギリスとオーストラリアとも同様の免責規定を含む安全保障協定が結ばれている。

26　ホワイトハウスのアーカイブ（https://georgewbush-whitehouse.archives.gov/）に収集されているブッシュ大統領の演説の趣旨を要約した。

27　日本の陸上自衛隊は〇六年七月に撤退し、航空自衛隊も〇八年一二月に撤退を完了した。

28　ニューヨーク商業取引所のＷＴＩ原油一バレルあたりの先物価格（期近）の終値は、〇八年七月中旬の一四五ドル台から一二月中旬には三〇ドル台へ急落した。

第5章　イラクにおける「対テロ戦争」の新たな展開

ブッシュ政権のイラクからの出口戦略によって、内戦状態に陥っていたイラクの治安情勢は二〇〇七年秋以降に劇的に「改善」し、民間人の死者数も急減した。オバマ政権はその出口戦略の基本線を引き継いでイラク駐留米軍の撤退を急ぎ、一一年一二月にはイラク戦争の終了を宣言し米軍の撤退を完了させた。しかし、ブッシュ政権の出口戦略とは、治安の回復と米軍の早期撤退を実現するためにイラクの民主化という大義名分を放棄し、シーア派政権への権力集中を容認するという政策転換であった。この「拙速」な出口戦略がイラクにおける「対テロ戦争」の新たな展開をもたらすことになる。

第1節　マリキ政権のスンニ派敵視政策

マリキ政権の独裁的体制と反政府運動の高揚

二〇〇六年五月の正式政府発足時、各派の妥協の産物として成立したマリキ政権は当初は短命とみられていた。しかし政権成立以降、マリキ首相は国防相と内務相を兼務するという立場から指揮権と人事権を利用し、軍・警察・内務省・情報機関などの治安機構を掌握して独裁的な体制を作り上げていった。ブッシュ政権および駐留米軍はマリキ首相の独裁体制につながる権力の集中を容認した。内戦状態に陥っていた治安の早期回復を実現し米軍撤退を可能とするために、イラク人による強力な統治機構と治安機構を必要としていたからである。そして、〇七年秋以降の治安情勢の劇的な「改善」を背景として、駐留米軍が戦闘任務を終了し段階的に撤退を開始すると、マリキ政権はスンニ派武装勢力の「テロ」の脅威にさらされていたシーア派の一定の支持も得て、露骨なスンニ派敵視政策をとるようになる。

駐留米軍が撤退を完了した一一年一二月一八日、やがて米軍撤退後のイラクの政治と治安情勢を大きく変化させることになる象徴的な事件が起こった。スンニ派と世俗派の政党の連合組織であるイラク国民運動（Iraqi National Movement）が、マリキ首相は治安権力を独占しようとしているとして、閣議をボイコットすると発表したのである。翌日には、マリキ政権を独裁体制と呼んだムトラク副首相（スンニ世俗派）に対してマリキ首相は辞任を要求し、治安当局は内務省の暗殺集団「死の部隊」への関与容疑でハシミ副大統領（スンニ世俗派）の逮捕状を発行した。ハシミ副大統領は滞在先のクルド自治区で逮捕状の容疑は政治的に捏造されたものと非難したが、マリキ首相はクルド自治政府に身柄の引き渡しを要求し、さらにスンニ派の政権批判は国を分裂させ内戦に導くことになると警告した。マリキ首相の対スンニ派強硬姿勢によってスンニ派勢力の反マリキ意識は急速に高まり、政権への大規模な抗議行動を展開していった。

このようにマリキ政権とスンニ派勢力との対立が激化するなか、イラク・アルカイダ機構を前身とする「イラク・イスラム国（ＩＳＩ）」は一二年一月二五日、シーア派主導の政府に対する攻撃を強化すると宣言し、この前後から政府施設や治安部隊、シーア派巡礼者などを標的とする大規模な攻撃事件が多発するようになる。七月二一日には、ＩＳＩのアブ・バクル・バグダディ最高指導者が、〇七年以降に米軍と自警団組織が制圧したスンニ派地域の奪還を目的とする「城壁突破（Breaking the Walls）作戦」とアメリカの心臓部への攻撃作戦を開始すると宣言し、世界のイスラム教徒に対して彼らの運動に参加するように呼びかける声明をウェブ上に発表した。

ＩＳＩは、イラク・アルカイダ機構が、〇六年一月に複数のスンニ派武装勢力の連合組織としてムジャヒディン諮問評議会の設立を宣言し、〇六年六月にザルカウィ指導者が米軍の空爆によって殺害された後の一〇月に、アンバル州などスンニ派諸州で建国を宣言した組織である。ザルカウィ死後の後継指導者も米軍やイラク治安部隊に殺害され、一〇年五月にバグダディが最高指導者となった。

バグダディは〇四年二月に反米組織設立に関与した容疑で米軍基地内の収容所に拘束され、そこで受けた拷問やイスラム過激主義の影響などによって反米意識を強め、のちの「イラクとレバントのイスラム国（ＩＳＩＬ）」の主要メンバーとの人脈を形成したといわれている。釈放後にはイラク・アルカイダ機構に参加した。一一年末の米軍撤退後、ＩＳＩは刑務所や米軍基地内の収容所から釈放されたり、脱獄によって自由の身となった戦闘員らを吸収したりして組織を拡大し、一三年四月に組織名をＩＳＩＬに変更した。

アメリカに対するＩＳＩの「テロ」攻撃は実行されなかったが、イラク各地での同時多発的攻撃事件は頻発した。一二年の「テロ」事件の件数は一一年よりやや減少したものの、一件ごとの死傷者がより多数となっているのが特徴的傾向で、一二年の民間人の死者数は四三四〇～四七二九人と前年比一三％増加した。一二年に発生し、ＩＳＩが実行声明を発表した大規模な同時多発的攻撃事件は以下のとおりである。

二・二三　バグダッド、バクバ、ムサイブなど一四都市で政府庁舎・検問所などへのＩＥＤや自動車爆弾攻撃により少なくとも六〇人死亡、二二五人負傷。

三・二〇　バグダッド、カルバラ、キルクークなど八都市で警官隊・シーア派巡礼者標的の爆弾や小火器攻撃により四六人死亡、二〇〇人以上負傷。

四・一九　バグダッド、アンバル州、ニナワ州、サラハディン州など中部・北部の七州で自動車爆弾や自爆、小火器などによる同時多発攻撃により少なくとも三八人死亡、一七〇人以上負傷。

六・一三　バグダッド、カルバラ、バクバ、バスラ、バラド、ヒッラなどの主要都市でシーア派巡礼者・治安部隊標的の自動車爆弾やＩＥＤ攻撃により少なくとも八〇人死亡、二〇〇人以上負傷。

七・三　バグダッド、ディワニヤ、カルバラなど六都市でシーア派標的の爆弾攻撃などにより少なくとも

七・二三　四〇人死亡、一〇〇人以上負傷。
　バグダッド、カディシヤ、サラハディン、ディヤラ、ニナワなど各州の一四都市でシーア派住民・治安部隊標的の自動車爆弾や自爆攻撃により少なくとも一一〇人死亡、二六〇人以上負傷。
八・一六　バグダッド、アンバル、キルクーク、ディヤラ、ニナワなど各州でシーア派住民・治安部隊標的の自動車爆弾や自爆攻撃などにより少なくとも九三人死亡、二〇〇人以上負傷。
九・九　バグダッド、キルクーク、アマラ、バスラ、ナーシリヤなど一三都市で治安部隊・シーア派住民標的の自動車爆弾やIED攻撃などにより少なくとも一〇九人死亡、三六〇人以上負傷。
九・三〇　バグダッド、キルクーク、クート、バクバなど一〇都市および近郊で治安部隊・シーア派住民標的の自動車爆弾やIED攻撃などにより少なくとも三三人死亡、一〇六人以上負傷。
一〇・二七　バグダッド、モスルなどでシーア派教徒・イスラム少数派標的の爆弾攻撃や銃撃により少なくとも四〇人死亡、一〇〇人以上負傷。
一一・二七　バグダッド、キルクーク、ディヤラ各州で治安部隊・シーア派標的の自動車爆弾やIED攻撃により三八人死亡、一〇〇人以上負傷。
一二・一七　ティクリートなど北部地域中心に自動車爆弾やIED攻撃により五七人死亡、一五〇人以上負傷。

マリキ政権の強硬姿勢と内戦再発の危機

　このようにシーア派や政府施設、治安部隊を標的とする大規模な攻撃事件が多発し、治安が再び悪化し始めたことへの対応として、マリキ政権はスンニ派敵視政策をさらに強める手段をとった。二〇一二年一二月一九日、マリキ首相が掌握する内務省がイサウィ財務相（スンニ派）の護衛官一〇人をテロに関係した容疑で逮捕した。これに対してイサウィ財務相らスンニ派閣僚は二一日に、マリキ政権が宗派間対立を煽っていると強く非難し、閣僚の引き揚げも示唆した。これ以降、マリキ首相の辞任を要求する大規模な抗議行動がアンバル州を中心として頻発していく。抗議行動自体は平和的に行なわれたが、一部ではデモを鎮圧しようとした治安部隊とデモ隊の衝突も発生し、デモ参加者が無差別的に逮捕される事件も起こった。抗議行動に対するマリキ政権の強硬姿勢はスンニ派の反感をさらに強め、二六日にはアンバル州東部ラマディで住民数千人がスンニ派の権利の尊重と刑務所からのスンニ派受刑者の解放を要求し、バグダッドと北部地域を結ぶ高速道路を封鎖する事件も起こっている。

一三年一月一日、サドル師はスンニ派による抗議行動について、イラクにおける「アラブの春」(1)という表現を使って、「抗議行動が平和的に行なわれイラクの分裂を意図しないものである限り、我々は抗議行動を支持するし議会も支持すべきである」とした上で、「抗議行動の要求は正当で国民の支持もあるから満たされるべきものである」との声明を発表した。一方、ＩＳＩは二月一日、反マリキ政権抗議行動への支援を表明し、スンニ派の名誉と自由のために武器を取るよう呼びかける声明を発表し、その後はシーア派やイラク軍・治安部隊、自警団組織への大規模な攻撃事件はさらに多発するようになった。マリキ政権のスンニ派差別や権力独占に対するスンニ派住民による抗議行動も、毎週数万人規模で開かれるほどに高揚していった。

四月二〇日に州議会議員選挙が実施されたが、スンニ派各州で選挙の不正やマリキ政権に対する住民の抗議行動と治安部隊の衝突事件が起こる一方、ティクリート東方のスンニ派地域を武装勢力が攻撃し同地域を一時支配する事件や、バグダッド各所のスンニ派モスクへの攻撃事件が起こり、投票後の数日間で二〇〇人以上が死亡し、三〇〇人以上が負傷した。その後も両派の対立による双方への攻撃事件は頻発し、内戦再発と言えるほど治安状況は悪化していった。両派への「テロ」の多発によって、一三年の民間人死者数は七九八〇～九八七〇人と前年比一・五倍に急増している。

このように内戦再発の危機に陥った最大の直接的要因は、マリキ首相が独裁的体制を作り上げ、露骨なスンニ派敵視政策を実行していったことにあるのは言うまでもない。政権批判の抗議行動に対しても強圧的に対応した結果、宗派間対立が先鋭化するとともにＩＳＩの大規模な「テロ」攻撃を誘引していったのである。ただし、マリキ首相がそうした政策をとることを可能にしたのは、ブッシュ政権がイラクからの出口戦略のためにマリキ首相の独裁的体制につながる権力集中を容認し、オバマ政権も米軍撤退の早期実現のためにブッシュ政権の方針の基本線を踏襲したからである。その意味で、マリキ政権下での内戦再発の危機という形で「対テロ戦争」が再燃したのは、ブッシュ政権の拙速な出口戦略が間接的ではあるが重要な要因となっているといえよう。そして、この危機へのマリキ政権の対応がイラクにおける「対テロ戦争」の新たな展開をもたらすことになる。

1　二〇一〇年一二月、チュニジアで青果物行商の青年が政府の不正や汚職に抗議して焼身自殺したことをきっかけとして、民主化を求める反政府運動や民衆暴動が拡大したことから、一一年一月にベンアリ大統領は国外脱出を余儀なくされ独裁政権は崩壊した。このチュニジアの「ジャスミン革命」以降、独裁的な政権に対する民主化運動は周辺諸国に広がり、二月にエジプトのムバラク政権、八月にリビアのカダフィ政権が打倒された。その後も民主化運動は北アフリカから中東地域にまで波及し、これら一連の動きは「アラブの春」と呼ばれるようになった。

第2節　「イスラム国（ＩＳ）」の台頭

反マリキ政権運動の武力弾圧とＩＳＩＬの勢力拡大

アンバル州での対マリキ政権抗議行動は、「テロ」事件が多発するなかでもデモや座り込みなど平和的手段によって継続していた。しかし、マリキ首相は二〇一三年一二月二三日にアンバル州での大規模な武装勢力掃討作戦（「モハメド指揮官の復讐」作戦）の開始を発表した。翌日にはサドル師がマリキ首相に対して平和的な抗議運動との対話を求める声明を発表したが、マリキ政権は武力による制圧という強硬手段を選択した。二八日、ラマディの反政府抗議行動の拠点周辺にイラク軍戦車三〇台以上を展開させ、三〇日には抗議行動参加者のテントを強制撤去したが、その際の衝突により住民一〇人以上が死亡、三〇人以上が負傷した。スンニ派の国民議会議員四四人は抗議のために辞意を表明した。

この反政府抗議運動の強硬手段による弾圧以降、マリキ政権とスンニ派との対立は全面的な軍事対立に発展していった。この混乱に乗じて、シリア内戦で勢力を強化・拡大してＩＳＩから組織名を変更したＩＳＩＬが、アンバル州や北部・中部のスンニ派地域で急速に勢力を拡大していく。イラクにおける「対テロ戦争」の新しい段階の始まりである。(2)

ＩＳＩＬ軍は一四年一月にファルージャ市街地を掌握し、六月一〇日には、バグダッドに次ぐイラク第二の大都市である北部モスルの治安部隊駐屯地を襲撃して隊員を排除し、州政府庁舎やイラク軍・治安部隊基地、都市の基幹的施設などを次々に制圧した。さらにチグリス川沿いに南下して、モスル南方の複数の村とサラハディン州北部シャルカットのイラク空軍基地もほとんど抵抗を受けることもなく制圧し、同日夜にはキルクーク西方地域、ティクリート東方地域も制圧した。翌一一日にはティクリート市内に侵攻し、ほぼ無抵抗で大統領宮殿など主要施設を制圧した。一二日には支配地域でのシャリーア（イスラム法）の適用による統治を宣言し、バグダッドやシーア派の聖地のある南部地域への進撃のために、マリキ政権に不満を持つスンニ派にさらなる参加を呼びかける声明を発表した。一四日には支配地域の住民に対してガソリン価格の値下げと二四時間の電力供給を実施すると発表し、戦闘中に避難していた住民が帰宅を開始した。一六日にはモスル西方のタルアファルも制圧している。

また、シリア東部からアンバル州に侵入したＩＳＩＬ軍は、六月二一日にはシリア国境近くのカイム、ラワ、アナの三都市を制圧してカイムのシリア国境検問所を掌握し、二二日にはヨルダン国境近くのルトバを制圧してヨルダン国境検問所を掌握した。これによってシリアとの国境およびヨルダンとの国境が事実上消滅した[3]。そして、六月二九日にバグダディ最高指導者はモスルのヌーリ・モスクで演説し、自らをカリフ（預言者ムハンマドの後継者）とする「イスラム国（ＩＳ）」の樹立を宣言した。

疑似国家としてのＩＳの勢力拡大の理由

ＩＳ軍はその後も支配地域を拡大していき、八月にイラク北部のクルド自治区西部ズマールやシンジャル、発電・飲料水供給のモスル・ダムを制圧し、油田五カ所とイラクの穀物生産の四〇％を占める穀倉地帯も支配下においた。西部地域では、アンバル州西部からユーフラテス川沿いに東方に進軍し、一〇月にはハディサやヒートを制圧、一五年五月にはラマディ中心部の政府施設や州警察本部などを制圧している。シリアでも油田や天然ガス田地域を制圧し、一四年末までにはシリア全土の約三分の一、イラク全土の約四〇％を支配下においたと推測されている。こうしてISはシリア北部から東部、さらにイラク西部・中部・北部にいたる広大な地域を支配するにいたったのである。

ISが単に「テロ」を実行する反政府武装組織にとどまらずに、「国家」の樹立を宣言し、武力によって支配地域を拡大していった動機は何か。ISは、中東地域の現在の諸国家や国境は、第一次世界大戦中の一九一六年に英仏露が結んだ秘密協定「サイクス・ピコ協定」(4)に基づいて、オスマン帝国領が恣意的に分割されたもの（サイクス・ピコ体制）として、この体制を打破し武力行使を含む手段によってイスラム世界を統一すると主張している。その当否は別として、ISの主張はウェブサイトやSNSを利用した巧妙な宣伝戦略によって世界中に拡散していった。その主張に共鳴した外国人が中東地域のみならず、アフリカ・ヨーロッパ・アジアなどからもISに参加し、メンバーの数は月平均約二〇〇〇人増加して一四年中に三万三〇〇〇人規模に達したと推測されている。彼らは母国での経験をもとに、ISの「国家建設」のための戦闘員や官僚、技術者として積極的に協力していったのである。

支配地域の油田から採掘した石油の密輸出による豊富な資金を経済的基盤として、ISは外国人メンバーには月八〇〇ドル、現地人メンバーには月四〇〇ドルを給与として支給し、支配地域の異教徒の女性を奴隷として分配するなどして厚遇した。また、支配地域の住民に対しても、シーア派政権下で復興が遅々として進まずに不足していた電力や飲料水、生活物資を供給したから、気温五〇度を超えるような猛暑の時期にも一日数時間しか電力が供給されない状態にあった住民は、ＩＳの支配をむしろ歓迎したのである。これらの「政策」もＩＳの勢力拡大に寄与したと考えられる。

一方で、支配地域拡大のための戦闘では、降伏したイラク軍兵士や治安部隊員、シーア派民兵を銃殺や斬首によって殺害した。その数は数千人規模に上るとみられている。また支配地域でも、異教徒やＩＳの主張する「イスラム法」に従わない者に対しては容赦のない処置が実行された。シンジャル地域では、ヤジディ教徒を邪教の信徒として男性は大量虐殺し、女性や子ども五〇〇〇人以上を奴隷として誘拐した（死者数は数千人とされるが、犠牲者の正確な数は現在でも不明）。住民の「犯罪」に対してはきわめて残虐な手段による刑罰が科されている。ＩＳ自体が公表している事例だけをみても、ＩＳの思想に批判的な言動をした若者を銃殺、イラク治安部隊のスパイ容疑者を斬首や生きたまま焼殺、姦通罪容疑の女性を檻に閉じ込めたまま水中に沈めて溺死、同性愛容疑の男性を高所から突き落として殺害、万引きをした容疑で子どもの手を切断などの刑罰が、多くの場合、住民を集めた公開の場で実行されている。(5)

「対テロ戦争」のグローバル化

ＩＳの主張の影響力は、外国人の共鳴者をイラクやシリアのＩＳという疑似国家に参集させたにとどまらなかった。一四年一一月、エジプトのイスラム過激主義的武装組織「アンサール・ベイト・マクディス」がＩＳに忠誠を誓って「イスラム国シナイ州」と改名し、一五年一月にシナイ半島のエジプト軍施設や警察施設一〇カ所以上を迫撃砲や自動車爆弾で攻撃し、エジプト軍兵士二五人と警官一人が死亡し、六〇人が負傷した。この事件の前後から、下記のように諸外国のイスラム過激主義組織がＩＳに忠誠を誓ってＩＳの「カリフ国家」に次々と参加していった。

二〇一五年
一月　アフガニスタン東部で活動する「パキスタン・タリバン」の分派が「イスラム国ホラサン州」と呼称。
三月　ナイジェリアの「ボコ・ハラム」が「イスラム国西アフリカ州」と改名。
　イエメンのイスラム武装組織が「イスラム国サヌア州」を呼称。
六月　ロシア南部のイスラム武装組織が「イスラム国コーカサス州」を呼称。
九月　サウジアラビアのイスラム武装組織が「イスラム国アル・ヒジャーズ州」を呼称。
一〇月　バングラデシュでのテロ事件で「イスラム国バングラデシュ」名の実行声明。
一一月　レバノンでの自爆テロ事件で「イスラム国レバノン」名の実行声明。
　フランス・パリでの連続テロ事件で「イスラム国フランス」名の実行声明。

二〇一六年
一月　インドネシア・ジャカルタでのテロ事件で「イスラム国インドネシア」名の実行声明。
三月　ベルギー・ブリュッセルでのテロ事件で「イスラム国ベルギー」名の実行声明。
四月　フィリピン・バシラン島でのテロ事件で「イスラム国フィリピン」名の実行声明。
八月　フィリピン・ミンダナオ島での刑務所襲撃事件で「イスラム国東アジア」名の実行声明。

もちろん、各種の武装組織がISに忠誠を誓って参加したのは、ISのカリフ国家建設という思想に影響を受けただけでなく、ISの豊富な資金の配分を受ける目的もあったと思われる。また、これらISの分派組織すべてがIS指導部によって承認されたものとは限らない。特に、テロ事件の実行声明は犯人がISを自称している可能性があるし、ISが「我々の戦士によって実行された」と声明を出した場合でも、指導部の明確な命令によってテロを実行したのではなく、犯人がISの主張に触発されて自分の判断でテロを実行し、事後的にISが彼らを「戦士」と呼んでいる場合も多いと思われる。ただ、いずれにしてもISの影響力によってテロが実行されたことは否定できないだろう。ISはバグダディ最高指導者を頂点とするピラミッド型の組織ではなく、アルカイダのようにその主張に共鳴する複数のグループから構成され、公然・非公然のネットワークに支えられた緩やかな連合体と解釈するのが妥当と思われる。この解釈に立てば、イラクにおける「対テロ戦争」はイラク国内にとどまらず、ISの影響力の拡大にともなってグローバルに展開する戦争へと拡大することになったのである。

2　「アラブの春」はシリアにも波及し、一一年三月中旬に南部地域から大規模な民主化要求運動が始まったが、アサド政権は武力によって弾圧し多数の運動参加者や一般住民が死傷した。やがて民主化運動は反政府武装闘争へと性格を変え、多くの反政府武装組織が結成されて政府軍との武力衝突を繰り返し、シリアは内戦状態に陥った。
内戦は政府軍と反政府勢力間にとどまらず、シーア派のアサド政権をイランやレバノンのヒズボラおよびロシアが支援し、反政府勢力をスンニ派のサウジアラビアや国内にクルド人問題を抱えるトルコおよびアメリカが支援するなど、中東地域の宗派間・民族間対立と国際政治上のパワーゲームを反映するものに発展した。さらに、内戦の混乱の中で、アルカイダ系などの武装組織も侵入して勢力を拡大し、ISILがシリア北部から東部の一部地域を実効支配するにいたった。

3　六月二五日には、シリア東部アブ・カマルを支配するアルカイダ系反政府武装組織「アルヌスラ戦線」が、ISILに忠誠を誓って合流している。アブ・カマルはカイム北西のイラクとシリアの国境をはさむ位置にある都市である。

4　サイクス・ピコ協定と現代の中東問題との関係については第6章第3節で述べる。

5　私はイスラム教について専門的な知識があるわけではなく、コーランがこのような刑罰を科すことを規定していると解釈できるのか否かは判断できない。ただ、オサマ・ビンラーデンの死後にアルカイダの最高指導者となったザワヒリは、ISILの主張や支配地域の住民に対する残虐行為を非難し、一三年五月にISILに対して解散を命令している。しかし、ISILは命令を無視しシリアやイラクでの活動を拡大していったため、ザワヒリは二〇一四年二月に「ISILはアルカイダとは無関係である」との声明を発表している。また、イエメンの「アラビア半島のアルカイダ」の指導者は、ISが政府軍兵士や民間人を斬首する映像を公開していることについて、「イスラムの教えに反するもっとも忌まわしい行為である」と非難する声明をウェブ上に発表している。

第3節　対ＩＳ軍事作戦

マリキ政権の対スンニ派無差別的軍事攻撃と政権交代

アンバル州東部地域での住民主体の反政府抗議行動に加えて、ＩＳＩＬの勢力拡大への対処を迫られたマリキ政権は二〇一四年一月九日に、ラマディとファルージャ地域で空爆と砲撃を中心とする大規模な軍事作戦を開始した。政府はＩＳＩＬを標的とする軍事作戦であると説明したが、住宅地区や病院なども空爆や砲撃の対象とされ、ほぼ無差別といえる攻撃が連日行なわれた。一月一六日にファルージャの住民たちが、住宅地区へのイラク軍の無差別の砲撃が女性や子どもを含む多数の非戦闘員を死傷させていると、政府に砲撃作戦を停止するよう訴えたが、マリキ政権は無視して軍事行動をエスカレートさせていった。ＩＳＩＬがモスルやティクリートを制圧しＩＳの樹立を宣言したのちには、これらの地域へも同様の軍事作戦が実行された。この無差別的な軍事作戦を手段とするマリキ政権の「対テロ戦争」によって多数の民間人が犠牲になったのは言うまでもない。一四年の一年間にファルージャ教育病院に搬送された民間人死者だけで一〇〇〇人を超え、負傷者は約三〇〇〇人、この軍事作戦全体では死者数一九〇六人、負傷者数三五九三人に上っている。

ＩＳＩＬが勢力を拡大するなか、一四年四月三〇日に国民議会選挙が実施された。マリキ首相が主導する「法治国家連合」[6]が九五議席で第一位、第二位以下は小党乱立で票が分散し、サドル師派が三四議席、ハキム師のＳＩＩＣが三一議席などとなったが、第一党となったマリキ派も過半数には遠く及ばなかった。連立協議が行なわれたが、マリキ政権のスンニ派敵視政策に起因する宗派間対立は依然として深刻で、連立政権の樹立は難航した。ＩＳＩＬがシリア国境とヨルダンの国境の検問所を掌握した直後の六月二三日、ケリー米国務長官がバグダッドを訪問してマリキ首相と会談し、ＩＳＩＬに対抗するためのシーア派、スンニ派、クルドの三者の協力体制を強く要求した。二七日にはシスターニ師の代理人が、現在の危機の政治的解決のためにマリキ首相に代わる次期首相選びを開始するよう呼びかけた。

こうした動きに応えて、マスーム大統領は八月一一日にハイダル・アバディ国民議会副議長（ダワ党）を次期首相候補に指名したが、マリキ首相は第一党の代表である自分を指名しないのは憲法違反と非難し、バグダッド各地に非常事態に匹敵する大規模な治安部隊を展開させた。しかし、マスーム大統領がマリキ首相を次期副大統領に指名すると発表すると、マリキ首相は一四日に自身の立候補を取り下げ、アバディ候補を支持すると表明した。九月八日の国民議会でアバディ新内閣が承認され、選挙から四カ月余りたって新政権が成立した(7)。

対ＩＳ軍事作戦の本格化と「対テロ戦争」の新展開

アバディ政権が取り組まなければならない最優先課題は、ＩＳの支配地域を奪還しイラクの分裂を防ぐことであったのは言うまでもない。新政権発足前の二〇一四年六月一九日には、ゼバリ外相がアメリカ政府にＩＳＩＬに対する空爆を要請し、八月七日にオバマ大統領がＩＳによるキリスト教徒やヤジディ教徒に対する「ジェノサイド」を阻止するためとして、北部地域での米軍の限定的な空爆を承認し、同地域への食料や飲料水の航空機からの投下を開始していた。また、同月二九日にはラマディのＩＳ支配地域を米軍が空爆し、アンバル州での対ＩＳ空爆作戦も開始された。同時期には英仏などが参加して有志連合国軍が形成され、イラクとシリアのＩＳに対する空爆も開始されている。これに対してＩＳは九月二二日、イスラム教徒に対してアメリカおよび有志連合諸国の市民の殺害を呼びかける声明をウェブ上に発表、同日にファルージャ北東郊のイラク軍基地を攻撃しイラク軍兵士少なくとも四〇人が死亡、六八人を拉致した。

一五年三月二六日、アバディ首相はティクリートのＩＳ支配地域の解放作戦を米軍の空爆支援下で開始したと発表した。これ以降、ＩＳ支配地域に対する大規模な軍事作戦が次々に実行されていく。イラク政府軍の対ＩＳ軍事作戦には、民衆動員部隊（al-Hashd al-Shaabi, Popular Mobilization Forces）と呼ばれるシーア派民兵部隊やスンニ派民兵部隊、クルド治安部隊（ペシュメルガ）、各部族の民兵部隊も政府軍統合部隊として参加している。有志連合国軍は地上戦には参加しない原則で、政府軍への軍事援助や兵士の訓練のための特殊部隊などを派遣して、ＩＳ支配地域解放作戦を支援した。イラク政府がＩＳに対する本格的な反撃に転じたことにより、イラクにおける「対テロ戦争」は、イラク政府軍および米軍主導の有志連合国軍のＩＳに対する戦争という構図に変化したのである。

アメリカは、ＩＳ樹立宣言直後の一四年六月末にバグダッドの大使館警備要員や軍事援助顧問団として、駐留米軍を八〇〇人規模に増派していたが、その後も段階的に増派を続け、一五年六月には海兵隊や特殊部隊を含む三五〇〇人規模、一六年四月には四〇〇〇人規模、同年一〇月には五一〇〇人規模に増強された。海兵隊や特殊部隊などの駐留米軍は地上での戦闘には参加しない原則であるとはいえ、海兵隊や特殊部隊はイラク政府軍の軍事行動に帯同し、作戦上のアドバイスなどを行なう任務であるから、ＩＳの攻撃によって損害を被る危険性がある(8)。アメリカ政府は公式には認めていないが、海兵隊がイラク政府軍の対ＩＳ軍事作戦支援のために砲撃を行なうなど、実質的には戦闘に参加しているといえる。ＩＳの台頭によって、アメリカはイラクにおける「対テロ戦争」に再び関与することを余儀なくされたのである。

ＩＳの支配地域縮小と戦略転換

有志連合国軍およびイラク軍による空爆やイラク政府軍統合部隊による対ＩＳ軍事作戦が本格化すると、制空権確保の手段を持たないＩＳ軍は劣勢になっていった。また二〇一四年前半には一バレル一〇〇ドル前後だった原油価格が七月頃から急速に下落し、一六年初めには三〇ドル台を割ったこと、有志連合国軍がシリアとイラクでＩＳが支配する製油所や石油輸送車への攻撃を強化したことにより、ＩＳの主要な資金源としての石油密売収入は激減し、財政状態が悪化したこともＩＳの劣勢の要因となっている(9)。

一五年三月三一日にはティクリート中心部に政府軍統合部隊が進撃し、戦闘によってＩＳ戦闘員四〇〇人以上が死亡しメンバー多数が市外に敗走、アバディ首相は同市をＩＳから奪還したと発表した。その後も主として中部から北部のＩＳ支配地域の奪還作戦が実行され、一一月一三日にはペシュメルガによってクルド自治区北西部のシンジャルがＩＳの支配から解放された。一六年に入ると、中部・北部地域に加えてアンバル州での対ＩＳ軍事作戦も本格化し、左記のＩＳ支配地域の解放作戦の経過が示すように、ＩＳの支配地域は急速に縮小していった。支配地域の縮小によって油田地域を失えば石油密売収入も減少し、資金難から戦力は減退してさらに形勢は不利となる[10]。また、ＩＳの劣勢が明白になるにつれてＩＳに参加する外国人も減少し、ＩＳは戦闘員の補充も困難になっていった。一六年四月二六日の米国防総省の発表によるとＩＳに参加する外国人戦闘員は月二〇〇〇人規模から二〇〇人程度まで減少したという。さらに、幹部を含むメンバーの離反や支配地域内での住民の対ＩＳ武装蜂起も発生するようになっている。このように、ＩＳはスパイラル的な勢力縮小状態に陥っていったのである。

ＩＳ支配地域の解放作戦の経過（二〇一六年）

三・一五　有志連合国軍のウォーレン報道官がティクリート、バイジ、ラマディ、ヒートなどのＩＳの支配領域のうち約五〇％、二万四〇〇〇平方キロメートルが解放されたと発表。
三・二四　治安部隊と部族民兵部隊が米海兵隊の砲撃支援下でモスル南方地域の奪還作戦を開始。
四・一四　アンバル州中部ヒートを解放。
五・一七　アンバル州西部ルトバを解放。
五・二二　ファルージャの解放作戦開始。
六・二六　ファルージャ市街全域を解放。
六・二八　有志連合国軍のガーバー報道官が過去六カ月間でＩＳは支配地域の四〇％以上と戦闘員二万五〇〇〇人を失ったと発表。
八・二四　モスル南方カイヤラ地域を解放。

九・二二　サラハディン州北部シャルカットを解放。これによりISは同地区の石油精製施設を失ったことを含めてISの石油売却収入はピーク時より九〇％減少したと治安当局が発表。

一〇・一七　モスルの解放作戦開始。

このようなスパイラル的な支配地域喪失に対応するために、ISは支配地域での「恐怖政治」をさらに強化して体制の引き締めを図った。住民に対しては、外部との連絡を断つために携帯電話やインターネットの使用を禁止し、違反した者を治安部隊への協力容疑やスパイ容疑で公開処刑したり、支配地域から脱出しようとした者を銃撃やIEDによって殺害したりして、ISへの服従を強制した。メンバーに対しては、イラク政府軍統合部隊との戦闘で劣勢となり、幹部の命令に背いて前線から撤退した戦闘員や、有志連合国軍・イラク軍の空爆を避けて司令部や支配拠点を放棄したメンバーらを敵前逃亡罪や反逆罪で処刑するなど、バグダディ最高指導者への絶対的忠誠を強要した。しかし、対IS軍事作戦が強化されISの劣勢が明らかになるにつれて、ISの上級幹部の中にも敗北・衰退を予測し、巨額の資金を着服して家族とともに逃亡する者が現れはじめた。

こうして支配地域の防衛と組織の統制の維持が困難になると、ISはテロによる攻勢に重点を置く戦略に転換し事態の打開を図ろうとした。一六年中に多数の死傷者が発生したテロ事件を挙げておく。

二・二八　バグダッド東部サドルシティの市場でIEDの爆発で集まった群衆への自爆攻撃により七三人死亡、一一二人負傷。

五・一一　バグダッドのシーア派居住地区で三件の自動車爆弾攻撃により九六人死亡、一六五人負傷。
七・二　バグダッド中心部カラダ地区のショッピングセンターでトラック爆弾による自爆攻撃により三二四人死亡、二〇〇人以上負傷。
一〇・一五　バグダッド北東部シャアブ地区で自爆攻撃により少なくとも三五人死亡、六〇人以上負傷。
一一・二四　バビル州南部ヒッラ近郊でトラック爆弾による自爆攻撃によりイラン人巡礼者四〇人含む民間人七三人死亡、六五人負傷。

もちろん、こうした戦略転換にスパイラル的な勢力縮小を逆転する効果はなく、ＩＳが国家樹立を宣言した三年後の同じ日の一七年六月二九日、モスル旧市街のヌーリ・モスク地域を政府軍が制圧し、アバディ首相が「ＩＳのカリフ国家という虚偽の国家は終焉した」との声明を発表した。ＩＳは司令部をモスルからタルアファル、さらにアンバル州西部カイムへ移転するが、そのカイム地域も一一月三日には政府軍が制圧した。シリアでもアサド政権軍とロシア軍、有志連合国軍とシリア民主軍(Syrian Democratic Force, SDF)(11)の攻勢によってＩＳは敗走を余儀なくされ、一〇月一七日にはＩＳが首都としていた北部ラッカをＳＤＦが制圧した。一一月二日には東部デリゾールのＩＳ支配地域をアサド政権軍が制圧し、一一月九日にはＩＳのシリア国内最後の拠点の南東部イラク国境近くのアブ・カマルを制圧したとシリア政府が発表している。一七年末までのイラクのＩＳ支配地域の解放作戦の経過は以下のとおりである。

イラクのＩＳ支配地域の解放作戦の経過（二〇一七年）

一・二四　モスル東部チグリス川左岸地域を解放。
二・一九　モスル西部チグリス川右岸地域の解放作戦開始。
六・四　タルアファル南西バアジを解放。
六・二九　モスル西部旧市街のヌーリ・モスク（ＩＳ樹立が宣言されたモスク）地域を政府軍が制圧。
アバディ首相が「ＩＳのカリフ国家という虚偽の国家は終焉した」との声明を発表。
六・三〇　ＩＳの最高幹部がモスルでの敗北を認め、タルアファルをカリフ国家の臨時司令部とする声明を発表。
七・九　アバディ首相がモスルの解放作戦の勝利を宣言。
八・三　ＩＳが司令部機能をアンバル州西部カイムに移転。
八・二〇　タルアファルの解放作戦開始。
八・三一　タルアファルを解放。
九・二一　キルクーク西方ハウィジャの解放作戦開始。
一〇・五　ハウィジャを解放、アバディ首相が「この勝利はイラクの人々にとってだけでなく、世界全体にとっての勝利だ」との声明を発表。
一〇・二六　アンバル州西部カイム地域の解放作戦開始。
一一・三　カイムを解放。
一二・九　アバディ首相がＩＳとの戦いでの勝利を宣言。

こうしてイラクとシリアにまたがるＩＳの支配地域はほぼ消滅した。ただし、バグダディ最高指導者はアンバル州からシリア方面に逃走し、ＩＳのメンバーもイラクとシリアの砂漠地帯などに逃れて潜伏しているとみられている。またアメリカのシンクタンクのソウファン・センターの調査によれば、ＩＳの外国人戦闘員約五六〇〇人はすでに母国に帰還したと推測されている。疑似国家としてのＩＳは消滅しても、スンニ派過激主義武装組織としてのＩＳが消滅したわけではない。実際、二〇一八年になってもＩＳの残存勢力によるとみられるテロ事件が、散発的にではあるが、バグダッド地域を中心に起こっているのである。

有志連合国内でのＩＳによるテロの頻発

イラクでもシリアでも劣勢となったＩＳがテロ攻撃へ戦略転換したのに呼応するように、有志連合国内でＩＳが関与したとみられるテロ事件が頻発するようになった。ＩＳが実行声明を発表した主なテロ事件は以下のとおりである。

二〇一五年

一一・一三　フランス・パリ市内のコンサート会場やレストランでの銃撃と自爆攻撃、郊外のサッカー場での自爆攻撃により計一二八人死亡、三〇〇人以上負傷。

二〇一六年

三・二二　ベルギー・ブリュッセルの国際空港と地下鉄駅で、連続自爆攻撃により三四人死亡、約二〇〇人負傷。

六・一二　アメリカ南部フロリダ州中部オーランドの同性愛者向けナイトクラブ内で、武装したアフガニスタン系米国人男性が突撃ライフルと拳銃を乱射し四九人死亡、五三人負傷。
七・一四　フランス南部ニースで革命記念日の花火見物客にトラックが突っ込み八四人死亡、一〇〇人以上負傷。

二〇一七年
五・二二　イギリス中部マンチェスターの屋内競技場マンチェスター・アリーナでのコンサート終了直後、ロビーでの自爆攻撃により二二人死亡、五九人負傷。
六・三　イギリス・ロンドン中心部ロンドン橋で車が暴走し通行人をはねた後、下車した男たちが近くのバラ・マーケットの客をナイフで襲撃し七人死亡、四八人負傷。
八・一七　スペイン東部バルセロナ中心街の歩道をミニバンが暴走し観光客ら一三人死亡、一〇〇人以上負傷。
一〇・三一　アメリカ東部ニューヨークでピックアップ・トラックの暴走により通行人八人死亡、一一人負傷。

これら欧米でのテロについてのＩＳの考え方は、二〇一六年五月二一日にＩＳの報道官が欧米に居住するイスラム教徒に対して、ラマダーン（イスラム教の断食期間）中に欧米でのテロ攻撃を実行するよう呼びかけた声明に示されている。「十字軍たちの国土でのお前たちのどんな小さな行動でも、我々が実行する最大の行動よりも我々にとっては貴重なものである。十字軍の国土の心臓部には無実の者はいない」。ヨーロッパ諸国がローマ教皇の名のもとにイスラム圏に十字軍を派遣し、イスラム教徒を非戦闘員を含めて大量虐殺して財産を略奪した負の歴史を持つのは確かである。ブッシュ大統領が九・一一同時多発テロ後に対テロ戦争の開始を宣言した際に、対テロ戦争を十字軍と同一視する発言をし、批判を受けて撤回したこともあった。

しかし、これまでみてきたように「対テロ戦争」は多面的で複雑な性格を持っており、これを十字軍対イスラム教徒という単純な論理で説明するのは、ブッシュ大統領が「我々の側につくか、テロリストの側につくか」と世界に迫った善と悪との二分法と同様のプロパガンダとしての意味しかない。また、グローバル化が進んだ現代では各国内に多様な民族、宗教、異なる価値観を持った人々が生活している。右記の数々のテロが、アフガニスタンやイラクでの多国籍軍を構成した諸国や対ＩＳ軍事作戦での有志連合国で実行されているとはいえ、実際に犠牲となった人々をすべて「無実の者」ではないと断言するのは暴論である。テロ攻撃が実行される現場には、彼らの言う「十字軍」の国以外からの旅行者やイスラム教徒も居合わせているかもしれないし、「十字軍」のイスラム教徒迫害に反対し、そのための活動をしている人がいるかもしれないのである。どのような「こじつけ」の論理によって正当化しようとしても、無辜の人々の生命を不当に奪う「無差別殺人」以外の何ものでもない。この意味では、コラテラル・ダメージの発生を容認しながら実行された、ブッシュ政権のアフガニスタン攻撃やイラク攻撃が「国家テロ」という性格を持つのと同様である。

また、これらのテロが「暴力的手段によって政治目的を達成しようとする行為」であって、その政治目的に一定の合理性があったとしても、「無差別殺人」という手段は政治目的を達成する方法として最悪の選択である。九・一一同時多発テロ後に、アメリカの国民やメディアの一部には「なぜアメリカはこのように敵視されるのか」というきわめて真っ当な問題提起も見られたが、そのような自省は「無差別大量殺人」の衝撃と怒りの波によってかき消された。ISの影響力によるとされるテロ事件でも、多くの人々とりわけ犠牲者の家族や友人・知人など関係者の感情は悲しみと憎悪であって、自省であるはずがないだろう。このような手段は、むしろイスラム教徒やイスラム教自体に対する誤解、嫌悪、敵意をもたらすだけであって、その政治目的にとって逆効果でしかない。だからこそ、トランプ米大統領の一連の大統領令のような、イスラム教徒の差別政策が一定の共感と支持を獲得することになるのである。

ISの主張するような政治目的を実現するためにはどのような行動が適切なのか、あるいは不適切なのかを冷静に考えれば、「無差別殺人」という手段の愚かさに気づくのはそれほど難しくないはずである。では、なぜ欧米でテロが頻発するのか。それは、これらのテロがISの思想に基づくというよりは、欧米の格差拡大社会において、宗教差別によって経済的格差や機会の不平等の底辺に置かれ、将来の展望も見いだせない閉塞感と不満から、ISの主張に共感し触発された結果の行動と考えるのが妥当であろう。

ISとの「対テロ戦争」における軍事作戦の性格

ISと有志連合国軍・イラク政府軍の「対テロ戦争」にともなって、民間人死者数は激増した。二〇一四年は一万六六五一七〜一万九〇一五人と一三年の二倍以上に増加したが、その主な要因はマリキ政権のアンバル州東部地域での無差別的空爆と砲撃による死者と、ISの支配地域拡大に起因する死者である。特にISの樹立が宣言された六月とヤジディ教徒が多数殺害された八月の死者が突出している。一五年は一万六〇〇五～一万七四九三人、一六年は一万四七六二～一万六五四八人と高水準が続き、一七年はモスルが解放された七月末までで一万七一〇～一万一二八九人（年率では一万八三六〇～一万九三五二人）と、ＩＳとの「対テロ戦争」での最多となった(12)。一五年以降はＩＳのテロ攻撃による死者もあるが、対ＩＳ軍事作戦の本格化にともなうコラテラル・ダメージとしての民間人死者の急増が主要因である。

なぜ、対ＩＳ軍事作戦によるコラテラル・ダメージがこれほどまでに増加したのか。その原因は、有志連合国軍とイラク政府軍の「対テロ戦争」における軍事作戦の性格にある。〇六年から〇八年までイラク駐留米軍司令官を務めたオディエルノ元陸軍参謀総長は一六年四月に、ＩＳを打倒するためには有志連合国軍の地上部隊五万人規模が必要であると述べている。オディエルノ氏が駐留米軍司令官だったのは、まさにイラクが内戦の泥沼状態に陥り、そこから治安情勢が劇的に「改善」していった期間である。地上部隊五万人規模が必要という発言は、その経験に基づいたものであろうから、信頼性の高いもののはずである。彼が司令官在任当時の駐留米軍は一六万人規模であったが、その後イラク政府軍は顕著に増強されているから、発言時点では有志連合国軍の規模は五万人程度で足りるという判断と思われる。

しかし、実際にイラクに派遣された米軍の地上部隊は五六〇〇人規模で、その他の有志連合国軍の派遣規模も数百人規模に過ぎず、しかも各国軍ともイラク軍の訓練が主目的で、地上戦には参加しない原則であった。にもかかわらず、オディエルノ元司令官の発言から一年半程度でＩＳの支配地域がほぼ消滅したのはなぜか。これは、元司令官が地上戦を含む軍事行動によってＩＳを打倒するという前提に立っていたのに対して、米軍・有志連合国軍は地上戦を避け、戦闘機やミサイル、無人攻撃機による空爆や砲撃によって対ＩＳ軍事作戦を実行したからである。この選択がコラテラル・ダメージとしての民間人死者を多数発生させることにつながったのである。

兵士対兵士の地上戦では、相手が敵か味方か、あるいは戦闘員か非戦闘員かを判別したうえで、攻撃するか否かの判断が可能であるため、民間人のコラテラル・ダメージの発生を避けることもできる。ただし、敵か民間人かの判断を慎重にすればするほど、敵の攻撃によって味方が人的損害を受ける危険性も高まり、判断を早くすればするほど民間人を敵と誤認してコラテラル・ダメージが発生する確率も高まる。ＩＳの樹立以前の「対テロ戦争」での武装勢力による攻撃は、道路脇に仕掛けたＩＥＤによる攻撃や爆発物を積んだ民間車両による自爆攻撃、民間人と変わらない外見をした戦闘員が民家などから突然現れて奇襲し、その後に再び民間人の中に退避するなど、いわゆるゲリラ戦術によって実行された。こうした場合には兵士たちは瞬時の判断を迫られるし、パニックを起こす場合もありうる。第1章の注7でも述べたように、アフガニスタンでもイラクでも、ＩＥＤ攻撃などの奇襲によって兵士たちがパニック状態になった場合、敵か民間人かの判別が困難となり、過剰防衛によって民間人が死傷した事例が多数発生しているのである。

これに対して、戦闘機や無人攻撃機のミサイルによる空爆の場合は、ＩＳが迎撃のための航空機や効果的な対空兵器を保有していなかったために、敵の攻撃によって損害を受ける可能性はきわめて小さい。砲撃の場合には標的から遠く離れた位置から攻撃が行なわれるために、やはり敵の反撃を受ける可能性は小さい。ブッシュ政権およびオバマ政権がアフガニスタンとイラクからの早期撤退を余儀なくされた要因の一つが、「対テロ戦争」において多数の多国籍軍兵士が死傷したことであった。対ＩＳ軍事作戦で地上戦を避け、空爆や砲撃が選択されたのはこのためである。また、ゲリラ戦では敵の存在は不明確であったが、ＩＳは国家を自称しており、国家の支配地域には統治機構の施設や軍の司令部、武器・弾薬の保管所、兵舎などが存在する。これらは空爆や砲撃の明確な攻撃目標となることも、空爆や砲撃が選択された理由である。その意味で、ＩＳとの「対テロ戦争」は国家の正規軍間の戦争という性格が強くなっているのである。国家間の戦争であれば、制空権確保の手段を持たないＩＳに対して有志連合国軍が戦力的に圧倒的に優勢なのは当然である。

しかし、空爆や砲撃はその殺傷力と破壊力が大きければ大きいほど、標的周辺にも影響が及んでコラテラル・ダメージを発生させる確率の高い攻撃手段である。ＩＳの統治機構や軍の施設は一見してそれと判別できるものではなく、都市施設や民家などを利用したものが多いから、確かな標的情報に基づく攻撃であったとしてもコラテラル・ダメージとしての民間人死者が発生するのは不可避といえる。さらに、ＩＳは住民を「人間の盾」として防衛手段に利用しており、有志連合国軍もそのことを充分認識していた。それでも空爆や砲撃を選択したということは、対ＩＳ軍事作戦によって多数の民間人が犠牲になることを容認していたとしか考えられない。民間人の犠牲を考慮する必要がなければ、空爆や砲撃によってＩＳを殲滅するのは容易である。モスルは人口約二〇〇万人の大都市でありＩＳのゲリラ戦術に対応する必要もあって、東部地域の奪還には約三カ月を要し、その後の西部地域の奪還には約四カ月を要したが、それ以外の都市の奪還作戦が短期間で終了しているのはこのためである。

実際、有志連合国軍・イラク政府軍のＩＳ支配地域解放作戦における空爆や砲撃で多数の住民が死傷したことが明らかになっている。一七年一月一二日には、国連人道問題調整官がモスルの戦闘での民間人死者の四七％はＩＳ支配地域解放作戦にともなうものとの調査結果を発表している。三月一四日には、スンニ派の政治家が、アメリカの人命を考慮しない性急な対ＩＳ軍事作戦により、モスル西部で少なくとも三五〇〇人の民間人死者が発生しているとして、民間人の犠牲者を最少化する作戦に変更するよう要求している。七月一一日には、アムネスティ・インターナショナルが、モスルのＩＳ支配地域解放作戦でＩＳが住民を「人間の盾」としただけでなく、有志連合国軍・イラク政府軍の違法な攻撃によっても多数の民間人犠牲者が発生したとして、戦争犯罪について調査を開始するべきだと提言している。七月二〇日には、英インディペンデント紙がモスルのＩＳ支配地域奪還作戦での民間人死者は四万人以上に上ると報道している。

このような批判に対して、米軍はコラテラル・ダメージの発生を容認する軍事作戦であることを事実上認める発言をしている。イラク駐留米軍のタウンゼンド司令官は一七年三月二八日に、モスル西部地域の奪還作戦中の三月一七日に民間人一〇〇人以上が死亡した事件について、米軍の空爆が民間人の死亡に関係した可能性を認めたうえで、ＩＳが民間人多数を「人間の盾」として拘束していた可能性を指摘し、米軍の空爆が多数の民間人死者発生の原因の一つだったとしても「米軍が意図したものではなく、戦争に付随する偶発的事故である」と釈明した。また、マティス国防長官は五月二八日に、「イラクとシリアでのＩＳとの戦争では、人道的には民間人の犠牲者を避ける必要性があるが、軍事的には民間人の犠牲者の発生は不可避である」と米ＣＢＳニュースのインタビューに答えている。

軍人にとっては疑問の余地のない論理で、公表しても何の問題もないという認識に基づく発言なのかもしれない。タウンゼンド司令官の釈明で、ＩＳが民間人多数を「人間の盾」としていた「可能性」があると指摘したのは、「だから多数の民間人死者が発生したのは米軍の責任ではなく、ＩＳの責任である」という趣旨なのだろう。しかし、これが事実であれば、米軍は標的とする建物内に民間人がいるかどうかの確認もせずに空爆を実行したことを認めたということになる。あるいは「可能性」があると指摘しただけで、建物内に多数の民間人がいたからだと言わなかったのは、「人間の盾」の存在を認識していながら空爆を実行したという非難を恐れたからだろう。いずれにしても多数の民間人死者の発生について何の釈明にもなっていないし、マティス国防長官の発言と合わせれば、米軍の対ＩＳ軍事作戦は民間人死者の発生を容認しているだけではなく、それを避けるための努力も怠って強行されていることを認めただけである。

しかし、これがアメリカ国内で起こった犯罪に対する対応であったらどうだろうか。例えば、民間人を殺害した犯人が民家に立てこもり、その犯人が軍隊並みの重武装をしていて人質を盾にしている可能性もある場合である。警察が保有する武器では対応できないため、軍に対応を依頼したとする。軍は人質がいるかどうかの確認もせず、あるいは人質の存在が推測できたのに解放の努力もしないまま民家を空爆した結果、犯人とともに人質も死亡したとすれば、世論はその行為を許すはずもなく、政府に対しても最大限の非難を浴びせるであろう。軍が「偶発的事故」とか、重武装した犯人によってさらなる犠牲が出ることを防ぐために人質の死亡は「不可避」であったと釈明したとしても、そのような軍の論理が受け入れられるはずはない。ＩＳが国家を自称していてもあくまでも疑似国家であって、住民の広範な支持を基盤とした正統性のある国家ではないから、ＩＳとの「対テロ戦争」は国家間の正規軍どうしの戦争ではない。ＩＳの行為は犯罪として裁かれるべきものであって、コラテラル・ダメージを「不可避」とする戦時における軍の論理は成立しないのである。

以上のように、ＩＳとの「対テロ戦争」において多数のイラク民間人の生命が奪われたのは、アメリカが自国兵士の犠牲を避けながらこの戦争に勝利するために、コラテラル・ダメージが必然的にともなう軍事作戦を選択したからである。しかも、この作戦はトランプ政権においていっそう強化されたと思われる。オバマ政権がイラクにおいて対ＩＳ軍事作戦を開始した一四年の米軍の空爆による民間人死者数は、報道による限り七人であった。軍事作戦が本格化した一五年には七八七人と急増し、一六年も七二七人であった。一七年になると、一月二〇日のトランプ大統領就任以降一〇月末までで二九三一人にも達しているのである[13]。シリアでも同様の状況で、空爆などによる民間人死者数は一六年に一二一九人、一七年は八四六人である[14]。このような民間人犠牲者をともなう空爆の強化が選択されたのは、トランプ大統領の方針なのか、「狂犬（Mad Dog）」という異名を持つマティス国防長官[15]の方針なのかはわからない。しかし、トランプ政権がＩＳに対する勝利を性急にめざした結果の選択であることは間違いないであろう。ＩＳという疑似国家に対する勝利というアメリカの国益のためには、多数の民間人の犠牲も顧慮しない、これがアメリカの「対テロ戦争」の本質なのである。

6　Supreme Islamic Iraqi Council. イラク・イスラム革命最高評議会（ＳＣＩＲＩ）は〇七年五月にハキム師が「もはや革命を模索する必要はない」として、党名から「革命」を削除した。

7　アバディ首相は就任直後の九月一三日にイラク空軍に対して、ＩＳの支配地域であっても民間人居住地区への空爆を停止するよう命令した。空爆の回数は減ったものの、ファルージャ郊外からの無差別砲撃は継続され、民間人死者の発生ペースにはほとんど変化がない。アバディ首相は就任直後で軍を掌握できていなかったと推測される。

8　実際、一四年八月の空爆開始から一七年一〇月末までの対ＩＳ軍事作戦で、戦闘行動中の米軍の死者は一三人、負傷者は五三人となっている。

9　財政収入の減少とともにメンバーへの給与支給も遅れがちになり、ＩＳ指導部は一六年一月にアラブ人の給与を四〇〇ドルから二〇〇ドルに、外国人メンバーの給与を八〇〇ドルから四〇〇ドルに半減する布告を発令している。

10　米財務省高官は一六年五月に、ＩＳの年間石油売却収入はピーク時から半減し二億五〇〇〇万ドルと推計されると発表している。

11　二〇一五年一〇月にＩＳの支配地域奪還を主目的として、クルド民兵部隊を中心にアラブ系反政府勢力の合同部隊として結成された。アメリカから軍事援助と空爆の支援を受けている。

12　ＩＳとの「対テロ戦争」開始後は、純粋に非武装の住民という意味での民間人の死者数の集計は困難となっている。メディアの報道でも「戦闘で民間人を含むＸ人死亡」とか「ＩＳに処刑された民間人と治安部隊員計Ｙ人の死体発見」というような表現が多くなり、また警察官や民兵を民間人としてカウントするか否かという定義の問題もあるからである。

メディアの報道に依拠しているＩＢＣの集計も、当初から民間人の定義は厳密なものではなかったが、最近では処刑されたＩＳメンバーが一部含まれているなど、さらに定義は曖昧になっている。ＵＮＡＭＩが二〇一三年から発表している「テロや武力紛争によるイラク民間人の死傷者数」の調査報告でも、一六年までは民間人に警官と自警団員を含め、治安部隊員にペシュメルガと民兵を含めるというように分類されていたが、一七年からは民間人死者数とされているだけで、その定義は説明されていない。

13　民間人死者にはイラク政府軍の空爆による死者も含まれているが、大半は米軍の空爆による死者である。

14　ただし、シリアではアサド政権軍とロシアの空爆による死者が多数を占めている。シリア政府もアメリカと同様の軍事作戦を実行した結果である。

15　一六年の大統領選挙での当選決定後、トランプ候補は国防長官にマティス氏を指名すると発表した際に「Mad Dog Mattis」と紹介した。マティス国防長官はOEFにもOIFにも海兵隊の指揮官として参加している。彼はアフガニスタンでの経験について、「ヴェールを着けていないという理由だけで女性たちに暴力を振るい続けた連中は人間のクズだ、だからそういう連中を撃つのは実に楽しいことだ」と話したという。また、〇四年四月以降のイラク・ファルージャの戦闘では海兵隊第一師団の司令官であった。

ただし、ファルージャでは兵士たちに住民への配慮を訓示しているし、反米勢力の指導者たちとの交渉にも応じている。国防長官になってからも、トランプ大統領の好戦的な発言に対して、ティラーソン国務長官とともに外交努力の重要性を強調しており、もちろん文字どおりのmadでないことは言うまでもない。

第6章　終わらない「対テロ戦争」

二〇〇一年九月にブッシュ大統領が対テロ戦争の開始を宣言してから一六年余りが経過したが、アフガニスタンでは政府軍および米軍を中心とするNATO軍とタリバンやIS系武装勢力との「対テロ戦争」は続いている。イラクでは、疑似国家としてのISは消滅したものの武装勢力としてのISは残存しており、[1]「対テロ戦争」は完全に終結したとはいえない状態である。中東や北部・中部アフリカ諸国内ではISの影響を受けたイスラム武装組織が実効支配している地域もあるし、現地政府や軍隊への攻撃事件も多発しており、「対テロ戦争」は周辺諸国に拡大している。欧米諸国でもISの思想や主張に影響されたとみられるテロが頻発し、各国政府にとってテロ対策はきわめて重要な課題となっている。さらに、ISに参加した外国人メンバー五〇〇〇人以上が母国に帰還したと推測され、彼らが今後それぞれの母国内でテロを実行する可能性もある。「対テロ戦争」はグローバルに拡大する危険性をはらんでいるのである。

二〇世紀にアメリカが軍事力を行使したもっとも長い戦争はベトナム戦争であるが、一九六五年のベトナムへの本格介入開始から七三年の米軍の完全撤退まで八年余り、六〇年代初めにケネディ政権がベトナムへの軍事援助顧問団を増員し、米軍が実質的に戦闘にも参加するようになってからでも一一年余りである。二一世紀の「対テロ戦争」はアメリカの歴史上もっとも長い戦争となり、しかも終わりの見えない戦争となっているのである。なぜ「対テロ戦争」はこれほどまでに長期化し泥沼化するのか。それは「対テロ戦争」が「終わらない」性格を持つ戦争だからである。本章では、第5章までの分析を基礎として、この戦争の「終わらない」という特殊な性格を明らかにする。

1　二〇一七年一一月一六日に有志連合国軍はイラクとシリアのＩＳ支配地域の九五％が解放されたと発表している。

第1節　適切な戦後計画の欠落と場当たり的な占領政策

適切な戦後計画の欠落が「対テロ戦争」に着火した

ブッシュ大統領が宣言した〝対テロ戦争〟とは、アフガニスタンのタリバン政権とイラクのフセイン政権に対する戦争であった。タリバン政権については第1章で、フセイン政権については第2章で述べたように、いずれもテロを実行した勢力ではなく、両国の政権打倒を目的とする戦争を対テロ戦争と規定するのは妥当ではない。そして、「テロ」勢力との戦いという意味での「対テロ戦争[2]」が始まったのは、両国の政権を武力によって崩壊させ統治機構を破壊したにもかかわらず、治安の回復や戦後復興が順調に進まなかったために、イスラム武装組織の勢力拡大を許すことになったからであった。つまり、両国の政権打倒後の適切で効果的な戦後計画が欠落していたことが、「対テロ戦争」開始の主な原因なのである。

アフガニスタン攻撃は九・一一同時多発テロからわずか一カ月ほどで開始されたことから、詳細な戦後計画が策定される時間的余裕がなかったことは当然である。ブッシュ政権にとって、アフガニスタン攻撃の最大の目的は、対米テロの首謀者のオサマ・ビンラーデンを庇護しているタリバン政権を打倒してオサマを殺害することであり、そのことは国連安保理決議によって容認されたという解釈であった[3]。したがって、政権打倒後のアフガニスタンの国家体制の再建や復興は、アメリカが一義的に責任を負うのでなく、国連などの諸国際機関のイニシアティブのもとに、国連加盟国の協力と支援によって進められるべきものであるという主張も成り立ちうる。実際、タリバン政権の実質的崩壊からわずか一カ月余りで、国連主導のもとで暫定政権が樹立された。しかし、第1章で述べたように、アフガニスタンには国家体制の再建と復興を担う適切な主体が存在せず、政権の座についた北部連合の腐敗・統治能力の不足によって復興は遅れ、治安も悪化していった。その状況を利用してタリバンが民衆の支持を獲得し勢力を拡大していった結果、「対テロ戦争」の発火となったのである。

イラクの場合にはアフガニスタンの場合とはまったく異なり、国家体制の再建や復興を国連などの国際機関の責任とする主張は成り立たない。イラクを〝対テロ戦争〟の標的とすることを表明した〇二年のブッシュ大統領の一般教書演説からイラク攻撃の開始まで一年二カ月、ブッシュ政権がイラク攻撃を指示した九・一一直後から一年五カ月、イラクの石油売却代金をイラク側の要請によってユーロ建てに変更する決定の二〇〇〇年一〇月からは二年五カ月である。フセイン政権打倒後のイラクの占領計画を検討する時間的余裕は充分であるし、なによりブッシュ政権がイラク攻撃の大義名分の一つとして「イラクの民主化」を掲げていたのであるから、イラクにおける国家体制の再建のための具体的で効果的な計画が策定されていて当然であろう。

しかし、そうした再建計画は準備されていなかった。これは第3章で述べたように、イラク攻撃がそもそもイラクの民主化を目的としたものではなく、ドルの基軸通貨特権を死守する目的であったからなのであるが、それでもなお、国際的な批判を無視して一国の統治機構を軍事力によって解体する以上、新国家体制再建のための戦後計画を準備しておくことはブッシュ政権にとって当然の責任であったことは言うまでもない。

イラク攻撃開始前（〇三年二月）に再建計画の概要が公表されていたが、その内容は第2章で述べたように、「イラクの民主化計画」とはとてもいえない責任回避の姿勢に満ちており、国家体制の再建と民主化を誰が担うのか、というもっとも重要な問題については希望的観測に終わるものであった。そのことが第4章で詳述したように、イラクにおける「対テロ戦争」に着火し、長期化・泥沼化させていったのである。

戦後計画を欠いたままイラク攻撃を強行したのはなぜか？

では、なぜブッシュ政権は具体的で効果的な戦後計画を準備せずにイラク攻撃を強行したのか。この疑問に答える材料はブッシュ大統領のイラク攻撃開始前後の言動にある。彼は第二次世界大戦後、米国主導の占領によって日本を親米民主主義国家に転換することに成功したという、「日本モデル」(4)をアナロジーとしてイラクの民主化の必要性と実現可能性を強調し、イラク攻撃の正当化の理由としていた。では「日本モデル」、つまりアメリカの対日占領政策のもとでの日本の「民主化」とは実際どのようなものであったのか。

日本は一九四五年八月一五日にポツダム宣言の受諾によって連合国に無条件降伏し、占領されることになったが、実質的にはアメリカの単独占領に近い形態であった。アメリカの対日占領計画の最優先の目的は、日本が再び軍事強国となってアメリカに敵対することのないようにすること、すなわち日本の非軍事化であった。占領開始当初から、女性参政権の実現（四五年一二月衆議院議員選挙法改正）、日本国憲法の制定（四六年一一月公布、四七年五月施行）、財閥解体（四五年一一月開始）、農地改革（四六年一〇月開始）、労働改革（四五年一二月労働組合法制定、四七年四月労働基準法制定）、教育改革（四五年一〇月軍国主義的教育の禁止、四七年三月教育基本法制定）など、日本を「民主化」する諸改革がGHQの指令によって実行されていったが、これらは日本の非軍事化という目的を実現するための「手段」であった(5)。

財閥解体は、財閥が日本の軍事力と軍事侵略の経済的基盤であるとの認識のもとに進められた。持株会社整理委員会の命令による三井・三菱・住友・安田などの財閥本社およびそれに準ずる持株会社の解散と所有有価証券などの資産の強制譲渡、財閥家族所有の有価証券の強制譲渡、過度経済力集中排除法による財閥傘下の巨大企業の分割・解散などを内容としている。

農地改革は、大地主が日本の支配層を構成しており、寄生地主制のもとで大量の小作農が窮乏状態にあることが国内市場を狭め、対外侵略を促進する要因となっているという認識のもとに、自作農を大量に創出することを目的として実行された。不在地主の所有する全小作地と在村地主の一定面積以上の貸付地を国が強制的に買い上げて、小作人に優先的に売り渡すという内容であるが、戦後の急激なインフレのもとでは農地の買収は実質的に無償に近いものとなった。

労働改革も低賃金が国内市場を狭め、対外侵略の基盤となっているという認識に基づいている。

財閥解体や農地改革は私有財産制を侵害する性格を持っており、その他の民主化諸政策も含めて、目的はどうであれ占領という外部主体の介入なくしては実現困難なドラスティックな改革が行なわれ、戦前とは一線を画する日本の政治・経済・社会体制が成立したのである(6)。

アメリカが占領開始直後からこうした改革を実行できたのは、一九四二年八月に国務省内に対日占領政策研究班が設置されたように、日米開戦直後から対日戦勝利を前提としてすでに戦後政策の検討を始めており、日本の社会システムを詳細に分析したうえで効果的な占領計画を作成していたからである。そのうえで、占領開始後には戦争責任のある為政者の上層は追放したものの、GHQの指令・勧告に基づいて日本政府が政策を実行するという間接統治形態をとることによって、天皇を頂点とする既存の統治体制を政策実行に有効に利用していったからである（沖縄など南西諸島と小笠原諸島は米軍の直接軍政下におかれた）。

そして、このドラスティックな占領改革が日本で定着していったのは、大戦末期から高まった国際協調による平和への志向と個人の自由・人権の尊重という国際的な思潮と、当時の日本にそのような国際的な思潮を受け入れ展開していく素地がすでに存在していたからである。例えば、GHQの憲法草案は、高野岩三郎や鈴木安蔵たちの憲法研究会が発表した主権在民原則や立憲君主制などを内容とする「憲法草案要綱」参照して作成されている。これ以外にも、戦争終了直後に民間人によって作成された複数の民間の憲法草案が発表されているが、その背景には、明治期の多数の私擬憲法や大正デモクラシー期の立憲政治運動のように、民主主義を求めてきた歴史と前述の国際的思潮、そして戦争への道を突き進んでいった戦前の体制への痛切な反省が国民にあったのである。

ひるがえって、同じくアメリカ主導のイラク占領はどうか。アメリカの占領政策の最優先目的はフセイン政権の打倒とその復活を阻止することであって、その手段としてのイラクの「民主化」は、イラク国内の石油をめぐる経済的利害をともなう複雑な宗派間・民族間対立や社会構造、近隣諸国との関係などについての詳細な分析に基づかないものであった。イラクの民主主義体制確立のための現状変革と将来に対する明確なビジョンに基づく具体的な政策というよりは、場当たり的な対策でしかなかったのである。実際、対日占領計画のような詳細で具体的な対イラク占領計画が作成され、必要な準備がされていたわけではない。あったのは「日本モデル」のアナロジーともいえない希望的観測でしかない[7]。ブッシュ政権は適切で効果的な戦後計画を欠いたままイラク攻撃を強行した結果、統治体制の崩壊と治安の真空状態をもたらし、多様なイスラム武装組織の勢力拡大と「テロ」攻撃の多発を許すことになり、有志連合国は「対テロ戦争」を戦うことを余儀なくされたのである。

場当たり的なイラク占領政策と性急な出口戦略

対日占領政策に比べて場当たり的としか思えないイラクの占領政策は、占領開始当初から始まっている（↓第4章第2節）。フセイン政権打倒後のイラクの統治を担当する機関として二〇〇三年一月二〇日にORHAが設置されたが、四月二一日にはORHAの任務と重複するCPAが設立されている。これはORHAのガーナー局長の占領政策がバアス党やスンニ派の協力のもとに漸進的な改革を進めるという方針であったのに対して、ブッシュ政権はフセイン政権の権力基盤であったバアス党やスンニ派の影響力を早急に排除しようとしたからであった。五月六日にブッシュ大統領に任命されたブレマー文民行政官は、CPA代表として急進的な改革を進めていく。バアス党幹部の公職からの永久追放、治安機構の解体を命令し、六月にはCPAがORHAを統合して、対日占領におけるマッカーサー最高司令官のように、ブレマーCPA代表に占領政策の権力が集中された。

この頃、すでにファルージャにおける「暴力による憎悪と報復の連鎖」が各地に拡大し、治安が悪化しはじめていた。ブレマー代表は統治・治安機構の再建を急ぎ、新イラク軍の創設を発表した。さらに、全勢力を結集する国民議会を設置して暫定政府を樹立するという当初の計画を、CPAが各政治勢力の代表二五人を指名する統治評議会の設置へと計画を変更する。統治評議会は亡命イラク人を含めたシーア派が多数を占めたから、統治機構の再建プロセスはシーア派主導で進められることになり、スンニ派住民は反発を強めて武装勢力による「テロ」事件も多発していった。米軍・多国籍軍の死者が急増するようになると、ブッシュ政権はブレマー代表の提言を受けて、イラクへの主権移譲を早める方向に占領政策を転換する。正式憲法の制定とそのもとでの選挙実施後とする方針を、暫定憲法（基本法）の制定に基づく暫定政権の樹立によって主権移譲を前倒しするように変更した。

〇四年四月にファルージャの反占領軍闘争とシーア派地域でのサドル師派に対する米軍の軍事行動をきっかけとして「対テロ戦争」が本格化すると、ブレマー代表はこれまで進めてきた統治・治安機構再建計画の一部を修正する。バアス党の元党員の公職追放政策の運用を一部見直し、旧イラク軍幹部の新イラク軍に登用する方針を発表する一方、統治評議会に参加する政治勢力保有の民兵組織を統合して新治安部隊を創設することを提案した。前者はフセイン政権下で弾圧されていたシーア派政治勢力の反発を呼ぶ措置であり、後者の措置は、民兵組織を保有しているのは亡命シーア派組織とクルド人組織であるから、その後の新治安部隊によるスンニ派勢力殺害事件の多発など、宗派間・民族間対立を助長することになった可能性は大きいのである。

治安状況がさらに悪化するなかでもＣＰＡは主権移譲プロセスを進め、〇四年六月にイラクへの主権移譲が完了しＣＰＡは解散した(8)。主権移譲によって占領統治が法的に終了した後も米軍への攻撃は沈静化することはなく、正式政府樹立プロセスでの石油利権をめぐる利害の対立もあって宗派間・民族間対立がより激しくなり、イラク・アルカイダ機構などの武装組織が勢力を拡大していった。「テロ」事件が多発して民間人死者数が急増し、〇六年には内戦と呼ばれる状態に陥ったのである。

イラクにもともと存在していた宗派間・民族間対立は、フセイン政権のシーア派とクルド勢力の弾圧という強権政治によって潜在化されつつも累積していた。ブッシュ政権がイラク攻撃によってフセイン政権を崩壊させれば、潜在化していた対立が顕在化することは容易に予測できたはずである。しかし、CPA主導の急進的な占領政策は、宗派間・民族間対立を抑制する方策をとらないまま統治・治安機構を破壊した結果、特にシーア派とスンニ派間の対立を顕在化させた。CPAは治安悪化に対応するために、当初の占領政策の方針をたびたび変更し、シーア派重視の統治機構の再編・主権移譲プロセスを進めたことが宗派間・民族間対立を武力抗争にまで先鋭化させたのである。また、反米・反占領改革闘争に対して米軍は軍事力の行使で鎮圧しようとしたことが、「暴力による憎悪と報復の連鎖」を誘発し、イスラム過激主義武装組織の侵入と勢力拡大をもたらした。これがイラクを内戦状態に陥らせるほど「対テロ戦争」がエスカレートしていった理由である。

長期化・泥沼化する「対テロ戦争」に耐えられなくなったアメリカは性急で拙劣な出口戦略をとっていく。イラクの民主化という大義名分すら放棄し、米軍の早期撤退を実現するための強力な行政および軍事機構の設立へと政策転換し、マリキ政権の独裁的体制をも容認した。米軍撤退後のマリキ政権のシーア派の利益を重視した独裁的政治はスンニ派住民やクルド人の不満を醸成し、治安状況は再び悪化してISの台頭を許すことになったのである。ISは一四年六月からわずか二カ月ほどで北部から中部および西部のスンニ派地域を制圧している。この地域には複数のイラク軍基地が存在するが、これらの基地もほとんど無抵抗で制圧しイラク軍の近代的兵器や装備を手に入れているのである。これはマリキ政権のスンニ派敵視政策に不満を抱いていたイラク軍兵士が、IS軍の攻撃に対して命がけで対抗することを放棄し、降伏したり基地を放棄して逃走したりした結果である。シーア派政権下での抑圧と経済的困難に苦しんでいたスンニ派住民は、豊富な資金を基盤として電力や飲料水、生活物資を供給したＩＳの支配をむしろ歓迎したのである（→第5章第2節）。

イラクは、第一次世界大戦中からの中東地域における列強間のパワーゲームに左右され、サイクス・ピコ協定[9]に起源を持つ列強の中東支配を背景とする宗派間・民族間対立を内包したまま成立した国家である。その特殊性を軽視したアメリカの占領政策とその占領に起因する「対テロ戦争」からの性急な出口戦略が、ＩＳの台頭と勢力拡大を誘引しイラクを中東全体の不安定化の核とする危険性をもたらしてしまったのである。ＩＳのサイクス・ピコ体制の破壊という主張がイスラム教徒の一部の支持を獲得したのも根拠がないわけではない。

イラク政府軍と有志連合国軍の対ＩＳ軍事作戦によってＩＳの支配地域は奪還されたが、スンニ派住民のコラテラル・ダメージを顧慮しない軍事作戦によって多数の民間人が犠牲となった。また、ＩＳ支配地域の奪還に重要な役割を果たしたシーア派民兵部隊は、ＩＳの残存勢力掃討作戦の一環として、避難民の中にＩＳメンバーが紛れ込んでいるという理由で多数のスンニ派住民を拘束し、拷問や処刑を行なっている。スンニ派とシーア派の対立はより深まっている可能性がある。ＩＳという疑似国家は消滅しても、ＩＳのような組織が台頭しシーア派とスンニ派の対立を扇動して、宗派間対立が武力抗争に発展する火種は消えていない。クルド自治区内外のＩＳ支配地域の奪還ではクルド治安部隊のペシュメルガも大きな貢献をしている。そのクルド自治区では一七年九月にイラクからの独立の是非を問う住民投票が実施され、独立賛成票が九三％となった。イラク政府は住民投票の実施自体に反対していたが、投票が強行され独立賛成が多数を占めて独立を求める声が高まると、クルド勢力の支配地域に治安部隊を展開させた。イラク治安部隊とペシュメルガの衝突が小規模ながら発生し死傷者も出ている。民族対立という火種も依然として消えていないのである[10]。

「テロ」への軍事力による対応が「対テロ戦争」を泥沼化させた

イラクでは拙劣な占領政策が反占領軍闘争と宗派間・民族間対立を先鋭化させ、「テロ」に対して米軍・イラク政府軍が軍事力で対処したことが「暴力による憎悪と報復の連鎖」をエスカレートさせて、「対テロ戦争」は泥沼化していったが、アフガニスタンでも基本的な構図は同様である。国家体制の再建と復興のためのビジョンもないままに、軍事攻撃によってタリバン政権を打倒したために「対テロ戦争」を発火させた。米軍・ISAFは戦闘による兵士の犠牲者の急増から増派による対応を余儀なくされたが、軍事力によっては勝利できず、「対テロ戦争」は多数の民間人死者をともないながら泥沼化していった。

オバマ政権はイラクからの撤退を急ぐ一方で、アフガニスタンを「対テロ戦争」の主戦場と位置づけて、米軍の大増派を実行しISAFと合わせてアフガニスタン駐留外国軍は一六万人規模まで増強された。大規模な武装勢力掃討作戦が繰り返されたが、タリバン勢力の拡大を抑止することができず、「対テロ戦争」はむしろエスカレートしていった。二〇一一年五月のオサマ・ビンラーデン殺害後も反米・反政府勢力の「テロ」攻撃は沈静化しなかったが、オバマ政権は駐留米軍を段階的に縮小し、一四年末には戦闘任務を終了させた。その後のアフガニスタンの治安情勢はいっそう悪化し、タリバンが実効支配する地域も拡大していった。さらにIS系武装組織の侵入と勢力拡大もあって、アフガニスタンにおける「対テロ戦争」は「終わらない戦争」となっている。オバマ大統領が就任演説で表明したアフガニスタンにおける「平和構築」のための努力は、それが軍事力に頼るものだったためにむしろ「対テロ戦争」をエスカレートさせていったのである。イラクでもアフガニスタンでも軍事力では「対テロ戦争」を終わらせることはできないのである。

2　〝対テロ戦争〟と「対テロ戦争」の異なる表記の意味については、「はじめに」の二〇ページを参照していただきたい。

3　ブッシュ政権がタリバンをオサマ・ビンラーデンの庇護を理由にテロ支援者とした時点では、オサマが九・一一テロを首謀したとする確かな証拠を提示していなかった。オサマ自身が九・一一テロの実行を指示したと認める声明を発表したのは二〇〇六年五月二三日である。

4　ブッシュ政権が〇三年二月に公表した「イラク再建計画」の概要にも日本の占領についての言及がある。イラクの復興と民主化を実行する最高責任者には、対日占領政策を指揮したマッカーサー最高司令官のような絶対的な権力が必要だが、イラクの場合はアラブ諸国の懸念を考慮して、文民行政官を最高責任者とすることが望ましいとされている。

5　この目的と手段との関係から、占領軍の民主化政策は、日本国民が占領目的に反する行動をとった場合には強権的に抑圧するという側面を持っていた。四七年一月三一日の二・一ゼネストの中止命令がその例である。

6　ただし、米ソ冷戦の開始、アジアへの冷戦の拡大とともに、占領目的は日本をアジアにおける「反共の防壁」、資本主義の拠点とすることに転換され、占領政策もその目的に沿うように変更されていった。例えば、過度経済力集中排除法は占領政策の変更によって緩和され、実際に分割や解散の措置を受けたのは一部の巨大企業に限られた。

7　ブッシュ大統領は、二〇〇三年五月のイラクにおける主要な戦闘作戦終了宣言で、フセイン政権打倒によって「イラクは自由になり」、有志連合諸国は「歓喜するイラク人」のために「独裁体制から民主主義への移行」を実現し「イラクの治安回復と復興に従事する」ことになると述べている。おそらく彼は対日占領政策による民主化政策が日本国民に歓迎されて順調に進み、親米国家となったという認識を持っており、イラクの占領においても民主化がイラク国民に歓迎されて成功すると楽観視していたことがうかがわれる。

8　主権移譲プロセスにおけるCPAの強引ともいえる政策に対して、〇四年六月二日にブラヒミ国連事務総長特別顧問はブレマー代表を独裁者と批判している。アメリカ政府の抗議によって一週間後に謝罪したが。

9　サイクス・ピコ協定は現在のパレスチナ問題の原点の一つともなっている。この問題については本章第3節で取り扱う。

10　トビー・ドッジはその著書『イラク戦争は民主主義をもたらしたのか』（山岡由美訳、山尾大解説、みすず書房、二〇一四年）で、フセイン政権崩壊後のイラクの国内政治状況とアメリカの占領政策との関係を分析し、内戦状態に直面したアメリカが政策目的をイラクの民主化から強力な行政・軍事機構の設立に変更した結果、マリキ政権の独裁体制を招いたことを論じている。そして最後に、多数の民間人の犠牲者と巨額の費用にもかかわらず「人々の生活は、国家との関係および経済という点についていえば、体制転換以前の状況となんら変わらないのである。……イラクに介入した外部主体は成果らしい成果をほとんど残すことができず、アフガニスタンでも同様に成功を勝ち得ることができなかった。……外部国家が他国に介入し、経済と政治に持続可能な変化をもたらすなどということが、そもそも可能なのだろうか。イラクでの経験は根本的な問いを投げかけている」と結んでいる。

原書名は *Iraq: From War to a New Authoritarianism*（イラク：戦争から新たな独裁主義へ）で、メイン・テーマであるマリキ独裁体制成立の経緯や結びの主旨には異論はないが、外部主体すなわちアメリカは、なぜイラクの民主化を実現できるような戦後計画の立案とそのための充分な準備をしなかったのか、なぜ内戦状態をもたらした宗派間・民族間対立を顕在化させるような占領政策をとったのかという疑問には答えていない。つまりイラク攻撃を強行したアメリカ側の政治・経済・軍事の論理を欠いているのである。ドッジの著書の意義と限界については、私が執筆した書評（『図書新聞』第三一八五号、二〇一四年一二月六日付）をお読みいただきたい。

第2節　「対テロ戦争」における「国家の軍事力」の限界

「対テロ戦争」における「敵」概念の曖昧性

ブッシュ大統領が宣言した〝対テロ戦争〟とは、アフガニスタンのタリバン政権とイラクのフセイン政権に対する戦争であった。タリバン政権については第1章で、フセイン政権については第2章で述べたように、いずれもテロを実行した勢力ではなく、両国の政権打倒を目的とする戦争を対テロ戦争と規定するのは妥当ではない。両国の政権を武力によって崩壊させ統治機構を破壊したにもかかわらず、占領政策の不備によって治安の回復や戦後復興が順調に進まなかったために治安が悪化し、イスラム武装組織の勢力拡大を許すことになり「対テロ戦争」が始まったのである。しかし、米軍・多国籍軍は戦闘機、無人攻撃機、攻撃ヘリなど武装勢力が持つはずもない最新鋭兵器を保有していることはもちろん、個々の兵士の装備も武装勢力に対して圧倒的に優位である。戦力的に優位であるにもかかわらず、なぜ「テロ」勢力の拡大を抑止できなかったのか。

タリバン政権やフセイン政権という国家に対する戦争は、米軍を中心とする多国籍軍の戦力の圧倒的優位によって、わずか一カ月前後で両政権は崩壊し早期に終結した。それはこの戦争が国家間の戦争だったからである。なぜなら、国家間の戦争の場合、国家組織という地理的にも国際法上も明確な存在があるために、「敵」という概念を明確に設定することが可能である。したがって、国家間の正規軍同士の戦争を前提とした「国家の軍事力」によって、相手国の経済・社会に決定的な打撃を与えるか、あるいは国家体制の中枢部を崩壊させ、相手を明示的または事実上の降伏に追い込んで戦争を終結させることができるのである。

しかし、両政権崩壊後の「対テロ戦争」は、イスラム武装組織という非国家勢力との戦争である。非国家勢力は、国家のようにその中枢部・組織が地理的に明確に存在しているわけではなく、「敵」という概念自体がもともと曖昧である。そして、九〇年代以降のIT化・ネットワーク化の進展によって、非国家勢力はその活動範囲を柔軟に拡大することがますます容易になっているために、この「敵」概念の曖昧性はいっそう強まっている。ブッシュ大統領の〝対テロ戦争〟戦略は、「テロの実行者、組織者」だけでなく、その「支援者・支持者あるいは匿う者」にまで攻撃対象を拡大したのであるが、これは「対テロ戦争」の攻撃対象としての「敵」を無限に拡大することを意味している。さらに、非国家勢力が広範な民衆の支援のもとにゲリラ戦を実行した場合には、民間人と武装組織の戦闘員との判別は困難となるから、攻撃対象としての「敵」を明確に限定することもきわめて困難となる。これが非国家勢力との「対テロ戦争」における「国家の軍事力」の限界であり、「対テロ戦争」が終わらない根本的な要因である。

また、「国家の軍事力」が相手の攻撃を未然に防ぐという抑止力としての機能も、「対テロ戦争」においてはほとんど有効性を持たない。第3章で述べたように、軍事力の抑止力としての機能は懲罰的抑止と拒否的抑止の二種類あるが、懲罰的抑止が有効に機能するための条件は、相手が攻撃によって得られる利益と報復による損害とを冷静かつ合理的に比較衡量して、攻撃の是非を判断することである。非国家勢力あるいは個人が自爆攻撃という手段を選択した場合、もともと自分の生命を失うという最大の損害を覚悟した攻撃であるから懲罰的抑止は機能しない。遠隔操作によるＩＥＤ攻撃や攻撃後に民衆の中に姿を隠すというゲリラ戦術の場合も、前述のように「敵」と民間人との判別や「敵」の拠点を地理的に明確に特定することが困難であるから、報復攻撃による「懲罰」はほぼ不可能である。攻撃実行者を特定し逮捕あるいは殺害できた場合でも、死刑となることも前提した攻撃であればやはり懲罰的抑止は機能しない。

拒否的抑止は相手の攻撃を阻止または無力化する能力を保有することで、相手に攻撃成功の確率が小さいと判断させて攻撃を断念させるという考え方に基づいている。攻撃の無力化とは、相手が攻撃実行後に迎撃する方法だけでなく、攻撃実行前に先制攻撃によって相手の攻撃力を破壊する方法も含んでいる。そのためには相手の攻撃手段を特定または予想して、それぞれに対応する準備をしておく必要がある。「対テロ戦争」では、九・一一同時多発テロのように旅客機を攻撃手段に利用したり、欧米で頻発するテロのように交通手段を爆弾攻撃の標的としたり、前もって予測するのが困難な攻撃が実行されるために、拒否的抑止を有効に機能させるのは不可能に近い。これらすべてを抑止しようとすれば、徹底的な情報収集によって攻撃の計画・準備段階で容疑者を予防検挙するという「先制攻撃」しか方法はない。

しかし、「ローン・ウルフ」による攻撃のように外部の組織とほぼ無関係にテロが実行される場合や、武装組織が軍や治安部隊にメンバーを入隊させて潜伏戦闘員とし、機会を見て内部者攻撃を実行させる場合、あるいは武装組織とは無関係だった兵士がイスラム過激主義思想の影響を受けて内部者攻撃を実行する場合などは、予防検挙のための情報収集は非常に困難である。(11) そして何よりも、この方法はアメリカの愛国法やヨーロッパでの非常事態宣言、そして二〇一七年六月に成立した日本のいわゆる「共謀罪」法のような手段による治安対策の強化を必要とする。欧米での治安対策の現状や、日本の「共謀罪」法案の審議過程で明らかになったように、拒否的抑止を有効に機能させようとすれば、市民の権利の制限を不可避的にともない、テロの脅威から自由と民主主義を守るという理念自体を侵食する矛盾をはらんでいる。「対テロ戦争」における「抑止力のジレンマ」といえよう。

「対テロ戦争」は軍事力では勝利できない

アフガニスタンやイラクでの「対テロ戦争」では、多国籍軍による空爆を含む武装勢力掃討作戦が、同じ地域で何度も繰り返し実行されているのが特徴である。例えば、イラクでは二〇〇四年以降、イラク・アルカイダ機構などの反米武装組織の勢力が強かったアンバル州東部ラマディ・ファルージャ地域、北部ハディィサ周辺地域、シリア国境近くのカイム周辺地域、ニナワ州北部のタルアファルなどで武装勢力掃討作戦が実行された。米軍は武装勢力X人を殺害しY人を拘束したと「戦果」を報告し、同地域を制圧し作戦を終了したと発表したにもかかわらず、それから何カ月も経たないうちに、同じ地域で武装勢力掃討作戦を開始したと発表されるパターンが繰り返されたのである。

これは、武装勢力掃討作戦によってある地域の制圧に成功したかにみえても、武装勢力は周辺地域や国境外に逃れるか民間人のなかに潜伏し、その地域での作戦終了によって米軍の兵力が手薄になった頃に舞い戻って米軍や政府軍への攻撃を再開するという、典型的なゲリラ戦術が繰り返されたことを意味している。ベトナム戦争時、非国家勢力である南ベトナム解放民族戦線が圧倒的な戦力を持つ米軍と戦うためにとった戦術と同様の戦術である。ベトナム戦争は当時「アメリカの最も長い戦争（America's Longest War）」となり、四万六〇〇〇人もの米軍兵士が戦死したが、その最大の要因となったのがこの戦術である。

また武装勢力掃討作戦では、コラテラル・ダメージとしての民間人の犠牲者が必然的にともない、兵士による誤射・誤爆・過剰防衛（あるいは意図的な発砲）などによっても民間人に多数の死傷者が発生している。しかも、米軍・多国籍軍はアフガニスタンでもイラクでも民間人の犠牲者の発生を容認する軍事作戦を実行しているのである（↓第5章第3節）。例えば、アフガニスタンのＩＳＡＦ司令官は〇六年一〇月に、武装勢力掃討作戦で民間人に多数の死者が発生していることを認めて謝罪する一方で、タリバンが民間人を「人間の盾」としているように、「非対称戦では武装勢力は我々と同じルールで行動しない」ため、戦闘中に武装勢力と民間人を区別するのは困難であると述べている。このような米軍・多国籍軍の軍事行動によって多数の民間人が死傷すれば、犠牲者の親族・友人などの関係者に外国軍への憎悪や敵意を生むことになる。そして憎悪や敵意が報復という行動に現実化すれば、武装勢力はただ舞い戻るだけでなく、多数の新たな戦士をともなって攻撃を再開することになるのである。

○九年八月、アフガニスタン駐留米軍のマックリスタル司令官（一〇年六月に政権批判により解任）は、多国籍軍の個別の作戦行動における成功が治安情勢の改善をもたらさず、むしろ反政府・反外国軍武装組織の勢力拡大と攻撃増大の結果を招いているという現状認識を示し、事態打開のための「新戦略」を提起した(12)。彼の認識とは、例えば多国籍軍が一〇人の武装勢力と戦い二人を殺害したとしても、死者の親族が復讐を望んで武装勢力に参加することによって、「この場合の計算式は一〇－二＝八ではなくて一〇－二＝二〇（以上）となる」というものである。そして、アフガニスタン情勢の安定化のための「新戦略」として、武装勢力掃討作戦においても住民の安全を最優先とし、外国軍に対する住民の共感と支持を得ることをめざすべきであるとしている。

マックリスタル司令官の現状認識は間違っていないが、米軍の武装勢力掃討作戦によって死傷しているのは武装勢力だけではない。アフガニスタンでもイラクでも、武装勢力掃討作戦における空爆や武装勢力との戦闘中に民間人が死傷する事件や、誤射・誤爆や検問所等における過剰防衛による発砲、あるいは意図的な発砲によって非武装の民間人が死傷する事件が頻発しているのである。例えば、武装勢力と一〇人を標的とした空爆で誤って民間人一〇人を殺害した場合、死者一人あたり家族や友人が一〇人いたとすると、「この場合の計算式」は一〇－〇＝一〇〇、つまり武装勢力が最大で一〇〇人増えることになる。さらに、オバマ政権のアフガニスタンからの出口戦略では、マックリスタル司令官の提言によって米軍増派のもとに武装勢力掃討作戦が強化されたが、前述の住民の安全を最優先とする「新戦略」は実現せず、民間人死者数はむしろ増加していったのである。「対テロ戦争」において軍事力による「勝利」をめざしたことが、かえって「テロ」勢力やその支援者を増大させ、この戦争を長期化・泥沼化させて「終わらない戦争」としていったことは明らかであろう。

〇五年一一月、ジョン・マーサ米下院議員（民主党）は、この「対テロ戦争」が軍事力によっては「終わらない」性格を明確に指摘している。マーサ議員は米軍のイラクからの撤退とイラクの安定を外交によって実現することを求める決議を、一三人の共同提案者とともに下院議会に提出した。その際の議会演説のなかで、イラク多国籍軍のケーシー司令官の「占領軍としての有志連合軍の存在が反政府武装闘争をあおる要因の一つとなっている」という証言（同年九月の米上院軍事委員会公聴会）を引用し、イラク駐留米軍はイラクの安定化に貢献するのではなく、暴力を助長する触媒となってしまっていると述べている。そして、「この戦争は軍事的に勝利することはできない。もはや兵士たちを帰還させる時がきたのだ」と主張した。[13]また、〇六年五月に海兵隊員によるイラク民間人殺害事件が問題になった際にも、彼は米ABCニュースのインタビューに同様の認識を示している。[14]彼が元海兵隊員でベトナム戦争従軍経験を持ち、民主党のなかでもいわゆるタカ派議員として知られ、当初はイラク攻撃に賛成していたことを考えるとこの言葉の意味するところは重い。

米・英を中心とする外国軍という最新技術の兵器を装備し質・量ともに圧倒的な兵力に対して、抵抗する側がとりうる戦略と戦術は、民衆のなかに身を隠しながらあらゆる手段を駆使してゲリラ戦を行なうことである。ゲリラ戦を中心とする反外国軍闘争が「レジスタンス」として多数の民衆の支援と協力を得ながら実行された場合、もともと国家間の正規軍同士の戦闘を想定して編成されている軍事力によって「勝利する」ことは不可能である。たとえ、ある地域をごく短期間に限って「制圧」できたとしても、レジスタンスとその意思およびレジスタンスに協力する多くの民衆という構図を完全に破壊できなければ、「戦争は終わらない」からである。

武装勢力が民衆の協力と支援を得られる理由

つまり、「対テロ戦争」が終わらない要因としては、反外国軍闘争が民衆の共感によって協力と支援を得られるか否かがカギになるわけである。民間人の犠牲者は、外国軍の軍事行動によってのみ発生しているわけではなく、イスラム武装組織による外国軍や外国軍主導で樹立された政府に対する攻撃でも多数発生している。ではなぜ「テロ」勢力が民衆の共感を得られるのか。

ブッシュ政権がアフガニスタンのタリバン政権への軍事攻撃を自衛権の行使として正当化したのは、テロ勢力を庇護または支援する者もその責任が問われるとする国連安保理決議が採択され、タリバン政権がオサマ・ビンラーデンおよびアルカイダを庇護・支援しているとされたからであった。この論理の不合理性は第1章第1節で述べたが、ブッシュ政権の解釈のように、もしこの論理が成立するのであれば、アルカイダなどの反米勢力による「テロ」攻撃も自衛権の行使として正当化される可能性がある。その理由は以下のとおりである。

アルカイダなどのイスラム武装組織は「テロ」攻撃実行後に、パレスチナ民衆への連帯を掲げて「十字軍とシオニスト」を標的とした攻撃であるという趣旨の声明をたびたび発表している。[15] 例えば、二〇〇八年一二月二七日から〇九年一月一八日まで、イスラエルはハマスのロケット弾攻撃に対する自衛のためとして、パレスチナ自治区のガザ地区を空爆や地上部隊によって攻撃した。この攻撃によるガザ地区の住民の死亡者は一三二四人（うち子ども四一〇人、女性約一〇〇人）に上った。オサマ・ビンラーデンは〇九年一月一四日に「ガザ地区に対する侵略を阻止するジハードの呼びかけ」と題する声明を発表している。その概略は以下のとおりである。

パレスチナの我々の兄弟たちよ、あなたたちが多くの犠牲を払っていることを見聞きし、ムスリムたちは共感している。我々ムジャヒディンも同様に共感している。我々はあなたたちとともにあり、あなたたちを落胆させないであろう。十字軍・シオニスト連合との戦いにおいて、勝利または殉教するまでの戦いにおいて、我々の運命はあなたたちの運命と結びつけられている。

アルアクサ*とパレスチナを奪還する唯一つの強力な方法はジハードであり、それが神の示す道筋である。ムスリムのなすべき義務は、人々をジハードに駆り立て若者をジハード部隊に入らせること、また戦いに必要な資金を寄付するジハードに参加することである。アラブ諸国の指導者たちもパレスチナ解放という責任を回避している。彼らが戦う意思がないのなら、戦う意思を持った者たちに道を空けるべきである。

＊アルアクサは東エルサレムのアルアクサ・モスクを指し、アルアクサの奪還とは同モスクのある神殿の丘などイスラム教の聖地の奪還を意味すると思われる。

ガザ地区からイスラエルの支配地域内に向けて、ハマスがロケット弾や迫撃砲による攻撃を繰り返したのは事実であるが、それらの武器は技術レベルの低いもので、射程も数キロメートル程度と短く破壊力も大きくない。〇一年から〇八年まで一万発以上が発射されたが、イスラエルの人的被害は死者二八人、負傷者約六〇〇人と報告されている。アメリカから軍事援助を受けているイスラエル軍は、戦闘機や戦車などの近代兵器によって報復攻撃を実行し、その結果パレスチナ民間人一三〇〇人以上が死亡したのである。戦力においても死傷者の規模においても、両者間に決定的な差のある「非対称戦争」であり、イスラエルの過剰防衛であることは明白である。国連安保理もアメリカが拒否権を行使しなかったことにより一月八日にガザ地区の即時停戦を求める決議を採択している。また、アムネスティ・インターナショナルは現地調査を行ない、〇九年七月二日に以下のような内容の報告書を発表した(16)。

一．イスラエル軍の攻撃によって、子どもと非武装の民間人を含む約一四〇〇人が殺害され、ガザ地区の広大な地域を瓦礫とし数千人のホームレスを生み出して、ガザ地区の経済を崩壊させた。

二．これらの大規模な破壊行為は、軍事目標と民間人およびその財産とを区別しないイスラエル軍の無差別攻撃によってもたらされたもので、イスラエル軍の主張する「軍事的必要性」やコラテラル・ダメージとして正当化できない。

三．このような行為は、民間人と民間人の財産への直接攻撃の禁止、無差別あるいは非対称攻撃の禁止、集団的処罰を禁じた国際人道法の諸規定に違反する。

四．ハマスが民間人を「人間の盾」として利用したとのイスラエル軍の主張について、「その証拠は見つからなかった」。逆にイスラエル軍が子どもを含む民間人を「人間の盾」として使用した。

五．イスラエル軍は住宅地で白リン弾を大量に使用した。
六．ハマスに対しては、イスラエルの民間人居住地域に向けての違法なロケット弾攻撃の方針を放棄し、他の武装グループにもそのような攻撃を行なわせないよう求める。

オサマの声明は、このようなパレスチナ人の大量虐殺を行なっているイスラエルと、イスラエルを支援しているアメリカなどに対するジハードを呼びかけたものであるから、オサマによる集団的自衛権行使の宣言と解釈することも不可能ではない。つまり、「対テロ戦争」の終わらない性格を考える際には、この戦争の通奏低音として存在するパレスチナ問題を理解する必要があるのである。

11　ＩＳの台頭以降に欧米で実行されたテロ事件には「ローン・ウルフ」による犯行が多く見られる。潜伏戦闘員による内部者攻撃は、特にアフガニスタンで二〇一一年以降に頻発するようになっている。米軍の早期撤退を実現するためにアフガン治安部隊の急速な増強が必要となり、兵士や警察官の大規模な募集計画が進められたが、応募者の厳密な身元確認よりも規模拡大が優先された。これを利用してタリバンがメンバーを潜入させたと思われる。
　イスラム過激主義思想の影響を受けた兵士の内部攻撃事件としては、二〇〇九年一一月にアメリカ・テキサス州フォートフッド陸軍基地で中東系移民の軍医が銃を乱射して兵士ら一三人が死亡、三〇人が負傷した事件がある。同基地はアフガニスタンとイラクへの派兵拠点であり、軍医はイエメンのアルカイダ系組織と関係のあるイスラム聖職者の教えを受けていたとされている。

12　ＡＰ通信〇九年八月二七日付の配信記事。

13　ＡＰ通信とロイター通信の〇五年一一月一七日付の配信記事。

14　ＡＰ通信とロイター通信の〇六年五月二八日付の配信記事。このイラク民間人殺害事件とは〇五年一一月一九日にイラク西部アンバル州北部ハディサにおける起こった事件で、ＩＥＤ攻撃によって海兵隊員一人が死亡、直後の武装集団との銃撃戦中に民間人一五人が死亡と米軍当局が発表した。しかしその後、ＩＥＤの爆発直後に銃撃戦はなく、爆発でパニック状態になった海兵隊員が民家に突入して発砲し、女性と子どもを含む民間人二〇人以上を殺害したことが判明した。

15　ハマスは一九八七年一二月初めに始まったインティファーダ（反イスラエル抵抗闘争）中の一二月一四日にエジプトのムスリム同胞団のパレスチナ支部の発展的組織として結成され、イスラエル占領地域（ガザ地区、ヨルダン川西岸地区）での武装闘争を開始。武装闘争と並行して低所得層に焦点を当てた社会福祉・教育文化活動でパレスチナ人の支持を広げた。創設メンバーで精神的指導者だったヤシン師は二〇〇四年三月にイスラエル軍によって暗殺され、後継者のランティシ氏も同年四月にイスラエル軍に暗殺された。

16　報告書原文は、http://www.amnesty.org/en/library/info/MDE15/015/2009/en。なお、白リンはリンの同素体のうちでもっとも化学的活性が強く、湿った空気中では約三〇度で自然発火する。猛毒で皮膚に触れると筋肉から骨に至る重度の火傷を生じる。この特性を焼夷弾などに利用したのが白リン弾である。〇四年一一月に米軍がファルージャの戦闘で使用している。

第3節　「対テロ戦争」の通奏低音としてのパレスチナ問題

イスラエルの建国と第一次中東戦争

パレスチナはユダヤ教、キリスト教、イスラム教の聖地が存在するエルサレムを含む地域であり、パレスチナ問題の起源は一一世紀の十字軍あるいは紀元前にまで遡ることができる。しかし、現代のパレスチナ問題の出発点は、第一次世界大戦中のフサイン・マクマホン書簡（一九一五～一六年）、サイクス・ピコ協定（一九一六年）、バルフォア宣言（一九一七年）という、イギリスのいわゆる「二枚舌外交」または「三枚舌外交」と呼ばれる列強間のパワーゲームにある。フサイン・マクマホン書簡は、アラブ民族運動の指導者フサインがオスマン帝国への反乱を起こす代償として、イギリスがアラブの独立を承認するという合意である。バルフォア宣言は、イギリスがユダヤ人に対してパレスチナにおける民族的郷土（national home）の建設を支持した宣言で、第一次世界大戦でユダヤ人の支援を得ることをめざしたものである。サイクス・ピコ協定は、英仏露三カ国が大戦後のオスマン帝国領の分割や勢力範囲を取り決めた密約である。ロシア革命によって協定は実現されなかったが、戦後のセーブル条約で、イギリスはイラクとパレスチナ、フランスはシリアを委任統治領とするなど、協定の規定に近い形でオスマン帝国領の分割が行なわれた。このイギリスを軸とするパワーゲームが、パレスチナにおけるアラブ人とユダヤ人の対立の原点である。

一九四七年一一月二九日、国連総会は、イギリスによるパレスチナの委任統治終了期限を設定し、

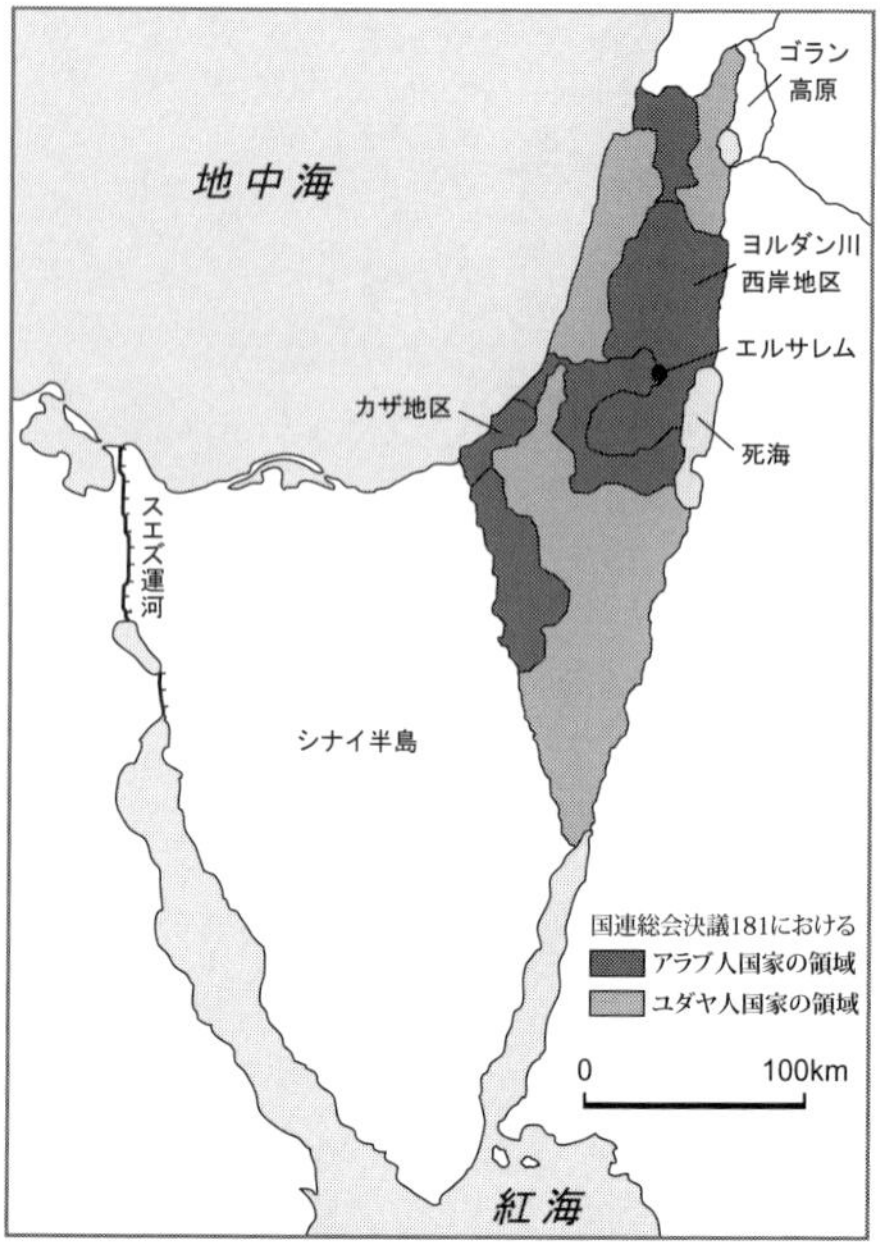

第6-1図　国連総会決議181で示されたアラブ人国家とユダヤ人国家の領域

パレスチナをアラブ人国家・ユダヤ人国家・エルサレム国際管理地区に分割する決議案一八一を採択した。第6－1図は、決議一八一で示されたアラブ人国家とユダヤ人国家の領域を示している。当時のパレスチナ地域の総人口は約二〇〇万人でアラブ人が三分の二、ユダヤ人が三分の一であったが、一九世紀半ば頃にパレスチナ地方に住んでいたユダヤ人の人口比率は五～七％と推計されている。イギリスの委任統治という事実上の植民地支配のもとで、バルフォア宣言に基づいてロスチャイルド一族らがシオニズムを援助し、ユダヤ人のパレスチナ入植が行なわれた結果、人口比率が上昇していったのである。このパレスチナ分割決議案一八一はユダヤ人に人口比以上の地域を配分するものであり、アラブ側は強く反対していたが、ユダヤ人機関の強力なロビー活動とアメリカを中心とする支援国の協力によって決議案は採択された。賛成は米ソを含む三三カ国、反対は全アラブ諸国を含む一三カ国、棄権はパレスチナの委任統治国イギリスを含む一〇カ国であった。この国連総会決議一八一により、それまでパレスチナ地域の六％しか所有していなかったユダヤ人に、五六％の地域が与えられることになったのである。

四八年五月一四日に英国のパレスチナ委任統治が終了し、ユダヤ人は国連総会決議一八一を根拠としてイスラエルの建国を宣言した。決議一八一に反対していたパレスチナ・アラブ人とアラブ諸国はイスラエル建国を認めず、翌一五日、アラブ諸国連合軍がパレスチナに進攻し、イスラエルとアラブ諸国との間で戦争となった。この第一次中東戦争（パレスチナ戦争、アラブ側は「アル・ナクバ（大惨事）」、イスラエル側は「独立戦争」と呼称）は、国連の停戦勧告などにより四九年七月までにイスラエルとアラブ諸国家との間で停戦が成立した。なお、停戦成立前の四九年五月一一日には国連総会決議二七三が採択され、イスラエルの国連加盟が承認されている。[17] この戦争の結果、ガザ地区はエジプト領になり、エルサレム旧市街を含むヨルダン川西岸地区はトランスヨルダン領に編入された。この時に設定された境界線はグリーン・ラインと呼ばれ、その後ユダヤとアラブの境界線として国際的に認知されるようになった。エルサレムは、東側をヨルダンが、西側をイスラエルが領有し、中間地帯を国連が監視する非武装中立地帯とした。第6－2図に示したようにイスラエルの支配地域は拡大され、多数のパレスチナ・アラブ人が難民となったのである。

第二次中東戦争と米ソの影響力の増大

一九五六年七月二六日、エジプトのナセル大統領はスエズ運河の国有化を宣言した。ナギブ政権下で非同盟主義外交が進められていたが、やがて西側諸国との関係が悪化し、アスワン・ハイダムの建設のための融資がアメリカなどから拒否されるにいたって、ダム建設資金を確保する必要から採られ

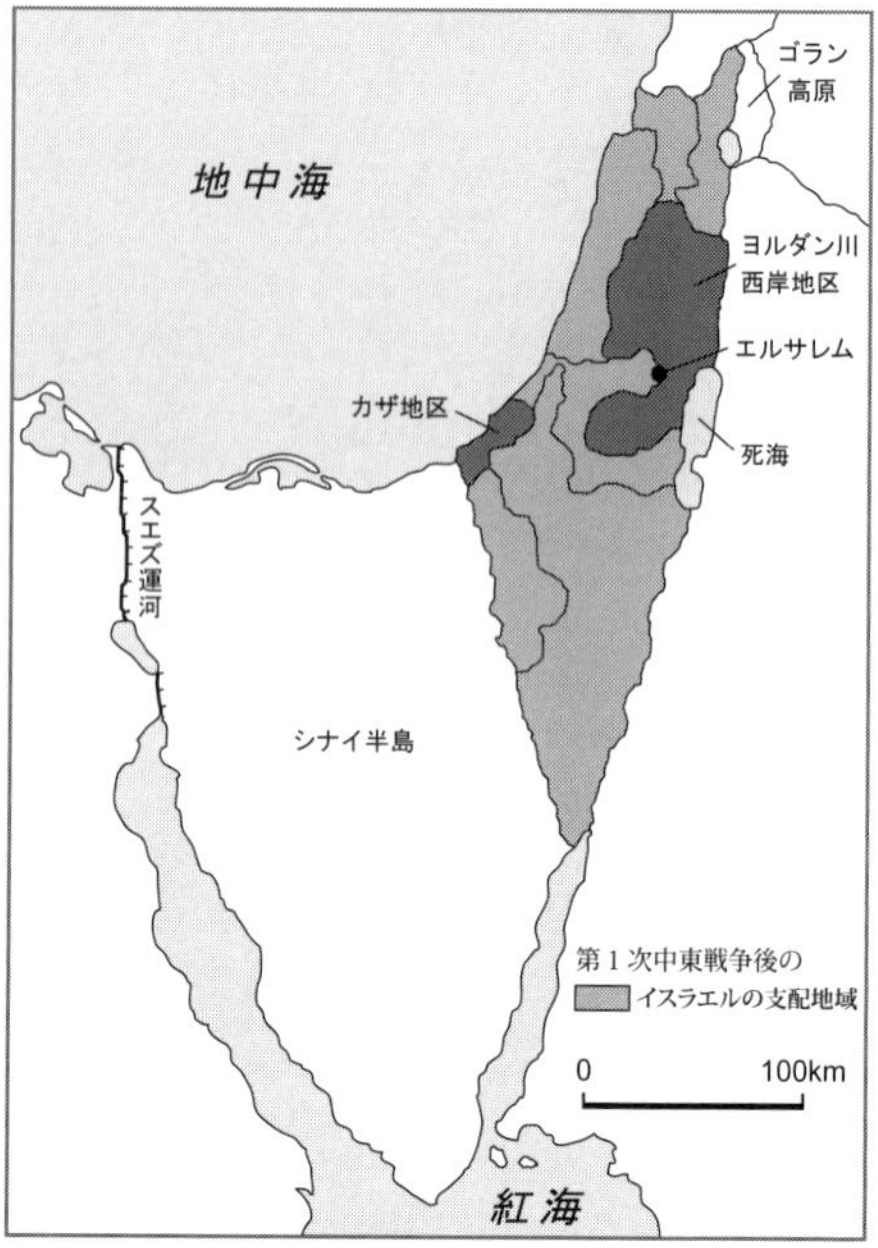

第6-2図　第一次中東戦争後のイスラエルの支配地域

た政策である。これに対し、スエズ運河を確保したい英・仏と、アカバ湾と紅海をつなぐチラン海峡における自国船舶の自由航行権を確保したいイスラエルの利害が一致し、一〇月二九日にイスラエルがシナイ半島に侵攻を開始し、三一日に英仏両軍がエジプト空軍基地を爆撃、一一月五日にはイスラエルがガザ地区とシナイ半島を占領した。

アメリカは、英・仏の思惑とは異なり、三カ国の行動を批判し即時全面撤退を要求した。これはエジプトが追い詰められて友好関係にあるソ連が介入し、この地域でのソ連の影響力が拡大することを警戒したためと考えられる。国連安保理では英・仏が拒否権を行使したため、この問題は国連総会に付託された。緊急総会が一一月一日から開かれ、一一月二日に米ソが英の国連憲章違反を非難し軍の撤退を要求し、即時停戦と三カ国軍隊の撤退勧告決議が採択された。六日に英仏は停戦決議を受諾し、一二月二二日には英・仏両国がエジプトからの撤退を完了した。イスラエルは翌年一月にシナイ半島から撤退し、三月八日にはガザ地区からも撤退した。

この第二次中東戦争（スエズ戦争）の結果、中東地域における米ソ両国の影響力が強まった。また、軍事的には劣勢だったエジプトが米ソの支援によって英・仏・イスラエル軍を撤退に追い込んだことは、アラブ諸国ではエジプトの政治的勝利と受け取られ、五〇年代後半からアラブ民族主義が中東地域で高揚していった。同時に、この時期に世界で石炭から石油へのエネルギー転換が進み、石油化学産業が急速に発達していったため、この地域に存在する石油資源をめぐって、米ソ間の対立が中東情勢に大きく影響するようになっていったのである。

第三次中東戦争によるイスラエルの占領地域の拡大

一九六〇年代に入ると、パレスチナ人によるイスラエルへの抵抗運動が強まっていった。六四年五月、五〇年代にパレスチナ人の反イスラエル武装闘争のために結成された多数の組織を統合するために、エジプトのナセル大統領の主導によってパレスチナ解放機構（ＰＬＯ）が結成された。ＰＬＯは、パレスチナ人の民族自決とアラブ諸国に離散したパレスチナ人の帰還のために、武装闘争によってパレスチナ全地域をイスラエルから解放することを目標に掲げた。六七年にはイスラエルに対する武装闘争によって多くのパレスチナ人の支持を獲得していたファタハ(18)がＰＬＯに参加し、六九年にはファタハのヤセル・アラファト議長がＰＬＯ議長に就任、以後ファタハがＰＬＯ主流派となる。

六六年二月、シリアでＰＬＯ支持のアタシ政権がクーデタによって成立すると、ゴラン高原からイスラエル領内への砲撃が開始された。イスラエルは住民保護を理由として七月に空軍機を派遣してシリア軍と交戦するなど、アラブ諸国とイスラエルとの間の緊張が高まっていった。六七年六月五日、イスラエル空軍機がエジプト・シリア・ヨルダン・イラク領空を侵犯し、各国の空軍基地を奇襲攻撃して制空権を確保した後、イスラエルは地上軍を侵攻させて、ヨルダン川西岸地区と東エルサレム、エジプト領ガザ地区とシナイ半島、シリア領ゴラン高原を占領した。六月八日にヨルダンとエジプトが停戦、六月一〇日にシリアも停戦した。この第三次中東戦争（六日戦争）によって、イスラエルの占領地域は戦前の四倍以上に拡大したため（第６－３図）、パレスチナ難民はさらに増大し、イスラエルとアラブ勢力との対立も深まった。

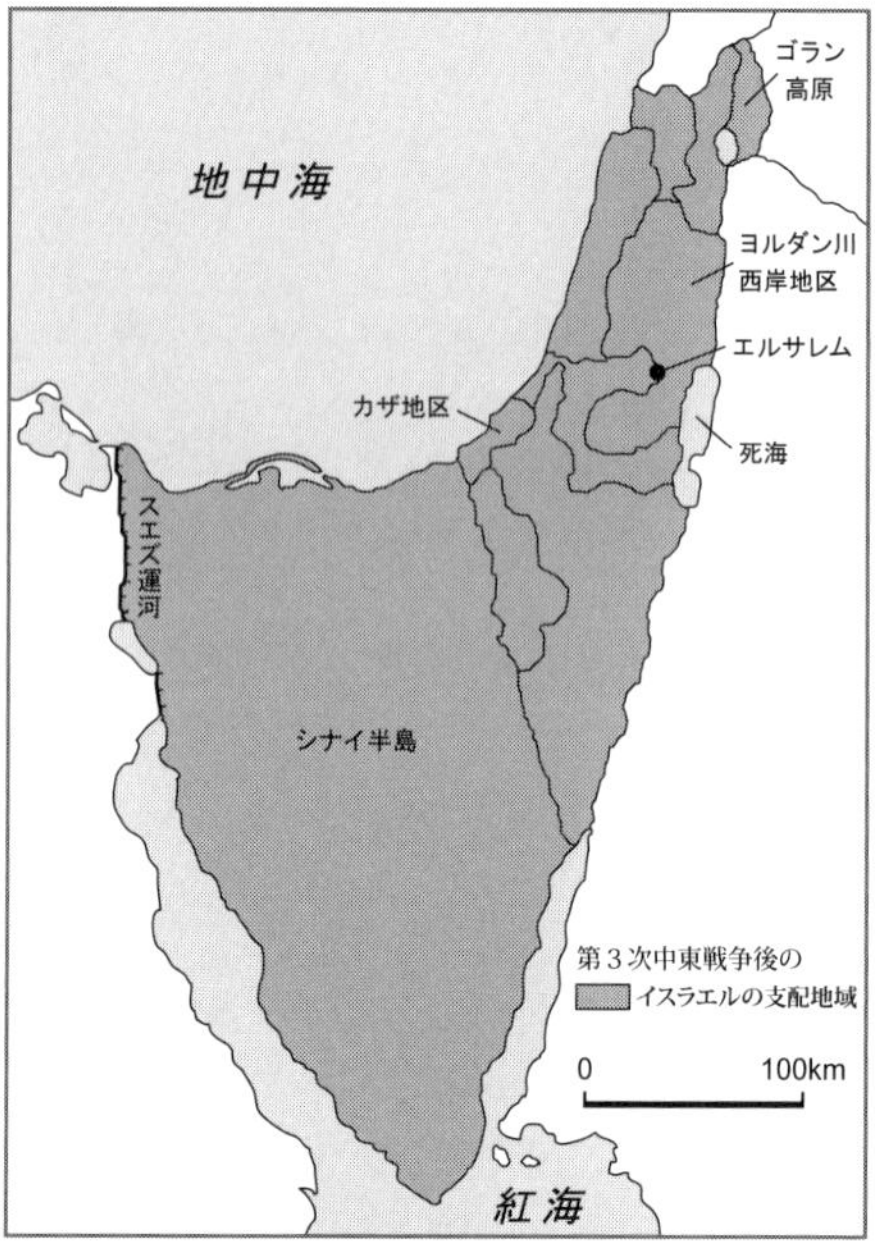

第6-3図　第三次中東戦争後のイスラエルの支配地域

国連安保理は六七年一一月二二日に、イスラエルが第三次中東戦争で占領した地域からの撤退とパレスチナ難民問題の解決などを要求する決議二四二を採択している。以後、この安保理決議二四二は、パレスチナにおいて紛争が起きた時の国連決議において確認すべき原則として常に言及される決議となる。もちろん、この決議がイスラエル軍の撤退を要求しているのはグリーン・ライン（第一次中東戦争でイスラエルが占領した地域）外の地域であって、四七年のパレスチナ分割決議で設定されたユダヤ人国家の領域に復帰することを求めるものではない。

第四次中東戦争後のエジプトの親米・イスラエル容認路線への転換

一九七三年一〇月六日、エジプトはシリアとともにイスラエルを攻撃し、第四次中東戦争が始まった。アラブ石油輸出国機構（ＯＡＰＥＣ）諸国は、これに呼応してイスラエル支援国への原油輸出の停止や制限措置をとり、また同時期に石油輸出国機構（ＯＰＥＣ）が国際石油資本から原油生産量の決定権を奪還し、原油価格の大幅引き上げを行なったため、先進工業国は深刻な打撃を受けた。七一年のニクソン米大統領の金とドルとの交換停止宣言（ニクソン・ショック）によって国際通貨体制が混乱し、各国が変動相場制に移行して戦後の西側諸国の経済復興と成長の枠組みであったＩＭＦ＝ドル体制が崩壊したことと相まって、先進資本主義国経済は七〇年代を通じて長期的な停滞とインフレーションが並存する状態に陥った。

エジプトのサダト大統領は、ナセル政権期の社会主義的政策を転換して自由化を推進し、イスラム復興主義運動も解禁した。さらに第四次中東戦争後はアメリカに接近し、反イスラエル路線を転換して和平路線を採る。七八年九月に、アメリカ・メリーランドの大統領山荘キャンプ・デービッドでカーター米大統領、サダト大統領、イスラエルのベギン首相がエジプト・イスラエル間の平和条約の締結交渉を行ない、シナイ半島からのイスラエルの撤退とエジプトへの返還、パレスチナ人統治問題の協議開始についての合意が成立した。七九年三月二六日にサダト大統領とベギン首相がエジプト・

イスラエル平和条約に調印し、八二年四月二五日にイスラエル軍のシナイ半島からの撤退が完了、シナイ半島はエジプトに返還された。

第一次インティファーダとオスロ合意

一九八七年一二月九日、ガザ地区でイスラエル軍のトラックがパレスチナ人のバンに衝突し四人の死者が出たことを直接のきっかけとしてインティファーダ（民衆蜂起、反イスラエル抵抗闘争）が始まり、やがてパレスチナのイスラエル占領地のほぼ全域に拡大した。当初はイスラエル軍に対する投石や道路の封鎖などによって、反占領・反イスラエルの意思表示をする抵抗運動であったが、イスラエル軍は小火器の発砲を含む武力で鎮圧しようとしたため、両者の衝突はエスカレートしていった。八八年一一月にPLOはパレスチナ国家の独立を宣言し、一二月にアラファトPLO議長はテロ行為の放棄、それまで認めていなかった安保理決議二四二の受諾などを発表し、PLOの「全パレスチナの解放」という原則を修正し、イスラエルとの二国家併存という現実的選択を行なった。

九三年になるとノルウェー政府の仲介によりオスロでイスラエルとPLOの秘密裡の交渉が行なわれ、九三年八月二〇日にイスラエルのラビン首相とPLOのアラファト議長が「暫定自治政府原則の宣言」に合意し署名した。この合意に基づいて、九月一三日にアメリカのホワイトハウスでクリントン大統領、ガリ国連事務総長などの立ち合いのもとで、ラビン首相とアラファト議長がパレスチナ暫定自治協定に署名した。これら一連の協定（オスロ合意）によって、ヨルダン川西岸地区とガザ地区からイスラエル軍が撤退してパレスチナ暫定自治区を設定し、パレスチナ暫定自治政府が創設されることになった。第６－４図はオスロ合意後のイスラエルの支配領域とパレスチナ暫定自治区を示している。インティファーダにおける死者一五〇〇人以上、逮捕者は五万人超とされるパレスチナ人の犠牲の上にオスロ合意は成立したのである。しかし、ヨルダン川西岸地区からのイスラエル軍の撤退は一部しか実行されず、むしろイスラエルは自治区内のユダヤ人入植地を拡張していったのである。

第二次インティファーダとイスラエルの「パレスチナ分離計画」

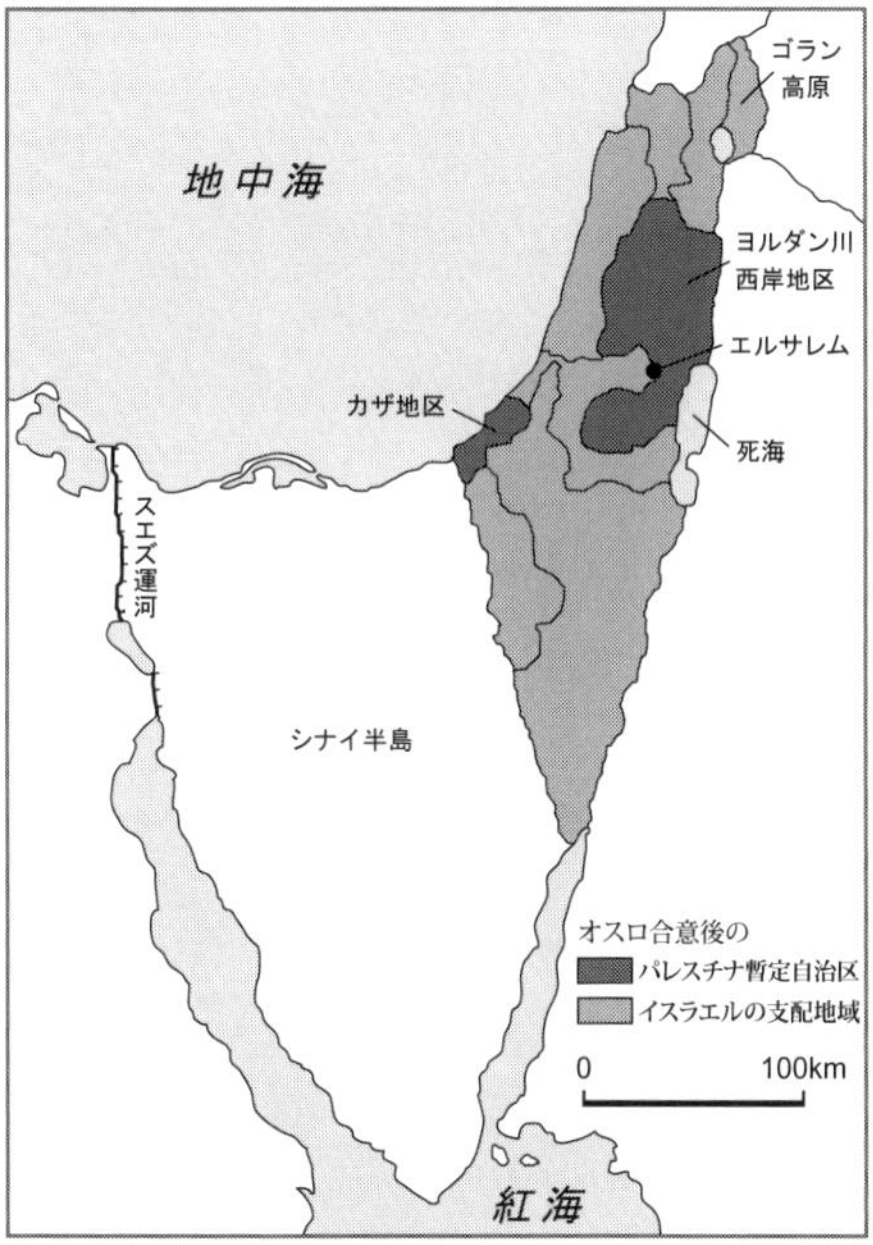

第6-4図　オスロ合意後のイスラエルの支配地域とパレスチナ暫定自治区

二〇〇〇年九月二八日、イスラエルのリクード党のシャロン党首が多数の武装護衛官とともに、エルサレムのイスラム教聖地「岩のドーム」を訪れて「エルサレムはすべてイスラエルのものである」と宣言した。イスラム教徒は強く反発し第二次インティファーダが始まった。イスラエル治安部隊とパレスチナ武装組織の武力抗争によってパレスチナ民間人も多数が死傷し、パレスチナにおける「暴力による憎悪と報復の連鎖」がエスカレートしていった。〇一年三月に首相に就任したシャロン党首は、ヨルダン川西岸地区内に分散的に存在するパレスチナ人居住地域を孤立させるような形でユダヤ人入植地を拡大する。

九・一一同時多発テロ後にブッシュ大統領が〝対テロ戦争〟の開始を宣言すると、シャロン首相は、インティファーダの鎮圧を「テロとの戦い」と位置づけ、パレスチナ人に対する軍事力行使を含むさらなる強硬策を実行していく。〇二年にはパレスチナ自治区にイスラエル軍を侵攻させるとともに、ヨルダン川西岸地区内に「テロ対策」を名目としてユダヤ人入植地を守るための分離壁の建設を開始した。ヨルダン川西岸地区にはパレスチナ人約二〇〇万人が居住しその人口はさらに増加傾向にある。パレスチナ人がユダヤ人居住地域に流入してイスラエルがユダヤ人国家として成立しなくなること、およびイスラエル領内に居住するパレスチナ人によって治安が悪化することを防ぐための「パレスチナ分離計画」の一環である。

〇三年にアメリカのイラク攻撃が始まると、パレスチナ自治区へのイスラエル軍の攻撃はさらに激しさを増し、戦闘機や攻撃ヘリによる空爆や戦車部隊による砲撃が実行された。パレスチナ側もハマス軍事部門、パレスチナ解放人民戦線（ＰＦＬＰ）、アルアクサ殉教者旅団などが自治区境界付近のイスラエル軍駐屯地や検問所への攻撃、イスラエル領内での自爆攻撃で対抗した。両者の武力行使によって民間人にも多数の犠牲者が発生したが、パレスチナ人の犠牲者が圧倒的多数であることは言うまでもない。ブッシュ政権の〝対テロ戦争〟の論理がシャロン政権の対パレスチナ強硬政策の正当化として利用され、ユダヤ人とパレスチナ人の「憎悪と報復の連鎖」を激化させていったのである。

シャロン政権は〇五年八月一五日に「パレスチナ分離計画」をさらに進めるために、ガザ地区内の全ユダヤ人入植地（二一カ所）の撤去と、ヨルダン川西岸地区内の約一三〇カ所のユダヤ人入植地のうち四カ所の撤去を開始し、同月内に撤去が完了した。九月一二日にはイスラエル軍がガザ地区から完全撤退し、第三次中東戦争以来三八年間の占領が終了した。これによってガザ地区全域のパレスチナ人による自治が実現したが、ガザ地区とエジプトおよびイスラエルの支配地域との境界にはイスラエル軍が駐留を続け、ガザ地区と外部との通交は海上を含めてイスラエルによって厳重に管理されている。その後も、境界付近に近づいた住民やイスラエルへの抗議行動で投石した住民にイスラエル軍兵士が発砲し、パレスチナ人が死傷する事件が頻発している。ヨルダン川西岸地区でもインティファーダは下火となったが、パレスチナ人によるイスラエル治安部隊やユダヤ人に対する「テロ」事件はしばしば発生している。事件による被害者が軽傷であっても多くの場合犯人は治安部隊によって射殺され、イスラエル軍は「テロ」の抑止を理由として実行犯の家族の自宅をブルドーザーで破壊するなどの報復措置をとっている。

「天井のない監獄」とされたガザ地区

二〇〇六年一月二六日のパレスチナ自治評議会選挙でハマスが七六議席を獲得して第一党となり、それまで主流派だったファタハは四三議席にとどまった。イスラエルやアメリカ、EU諸国はハマスが民主的な選挙によって勝利したにもかかわらず、ハマス政権を認めなかった。ファタハがイスラエル国家の存在を認めて「二国家併存」の方針をとったのに対して、ハマスはイスラエルを認めずパレスチナ全域の解放という原則を固持し、その軍事部門が対イスラエル攻撃を実行していたからである。

ファタハはハマスに連立政府樹立を呼びかけ、二月四日にアッバスPLO議長（〇四年一一月にアラファト議長に代わって就任）とハマス指導部が協議を開始した。

イスラエル政府はガザ地区への空爆や砲撃を再開するとともに、二月一九日にはパレスチナ自治政府に対する制裁措置を発動し、代理徴収している関税や消費税など月五〇〇〇万ドルの自治政府への送金を停止した。ハマスとファタハの軍事部門やパレスチナ武装組織はヨルダン川西岸地区のユダヤ人入植地での銃撃や自爆攻撃で対抗し、イスラエルとパレスチナの「憎悪と報復の連鎖」による武力抗争が再発した。ハマスをテロ組織とみなすアメリカ政府とEU欧州委員会も、四月にパレスチナ自治政府への直接援助を停止することを発表した。オサマ・ビンラーデンは「欧米諸国がハマスのイスラエル承認拒否を理由として支援の打ち切りを決定したことは、西洋がイスラムに対して十字軍・シオニスト戦争を仕掛けていることの証明である」との声明を発表している。一方、イランとロシアはハマスに対する緊急援助の実施を表明した。

〇六年のパレスチナに対する各国の援助計画は以下のとおりである（一〇〇〇万ドル以上のみ）。

アメリカ＝二億三四〇〇万ドル（国連機関経由含む）
EU＝一億四八〇〇万ドル（〇五年は三億四五〇〇万ドル）
ドイツ＝七六〇〇万ドル（別にNGOや国連機関経由で五六六〇万ドル）
フランス＝七三九〇万ドル（世銀、国連機関経由含む）
イギリス＝六一六〇万ドル（国連機関経由含む）

オランダ＝四〇六〇万ドル（国連機関経由含む）
スウェーデン＝三〇三〇万ドル（国連機関経由、別にNGO経由で三五七〇万ドル）
イタリア＝二七〇〇万ドル
ベルギー＝一三〇〇万ドル

ハマスに対する国際的な「経済制裁」とハマスとファタハの対立から自治政府樹立は難航し、五月には両者の対立は武力抗争にも発展した。ファタハは事態打開のためにハマスに「二国家併存」を受け入れるよう要求したがハマスは認めず、〇七年六月にハマスはガザ地区を武力で制圧しファタハを追放した。ヨルダン川西岸地区はファタハが統治し、ガザ地区はハマスが統治するというパレスチナ自治政府の分裂状態となったのである。イスラエルはガザ地区に対する封鎖を強化し、面積三六〇平方キロメートル（東京二三区の約半分）に一五〇万人が暮らすガザ地区は「天井のない監獄」と呼ばれる状態となった。さらに〇八年末から〇九年初めまで、前節末で述べたようにイスラエルはガザ地区への大規模な軍事攻撃を実行し、多数の子どもや非武装の民間人を含む約一四〇〇人のパレスチナ人を殺害した。

イスラエルが国際法違反との批判を無視してガザ地区を封鎖したり、パレスチナ民間人の犠牲も顧慮しない軍事攻撃をたびたび実行したりしているのは、懲罰的抑止によってパレスチナ武装組織のイスラエルへの「テロ」攻撃を抑止しようとする意図があると考えられる。それでもパレスチナ人によるる攻撃が後を絶たないのは、イスラエルの行為が生命を賭してもあえて攻撃実行を決意させるほどに、彼らを追い詰めていることの証しと解釈すべきであろう。また、ハマスが「テロ」攻撃によって死亡した者の家族やイスラエル軍の攻撃によって死傷した者の家族、テロへの報復としてイスラエル軍に家を破壊された実行犯の家族への支援を行なっていることも、「テロ」に対する懲罰的抑止が機能しないことの要因である。

オサマ・ビンラーデンやアルカイダ系武装組織が発表する声明にパレスチナ民衆への連帯と「シオニストとの戦い」が掲げられる背景には、このようなパレスチナ問題の歴史的事実が存在しているのである。イスラエルが武力によって支配地域を拡大し、占領地からの即時撤退を要求する国連安保理決議二四二を何十年間も無視し続けてきたのに対して、欧米諸国が実効ある対処をしないだけでなくイスラエルを支援しているのである。この現実を重視すれば、九〇年代以降のアルカイダによる一連の反米テロ事件も、論理的には集団的自衛権の行使としての反米闘争ということになる。

無用の誤解を避けるために、念のため付言しておけば、私は決して九・一一テロやその後の欧米での一般住民を攻撃対象とした一連のテロを正当化しようとしているわけではない。テロ実行者がどのような大義名分を掲げようとも、「十字軍」でも「シオニスト」でもなくイスラム圏を侵略したわけでもない、一般住民を攻撃対象とするのは許されざる行為として非難されるべきである。同時に、アフガニスタン、イラク、シリア、パレスチナなどにおいて、民間人にコラテラル・ダメージが発生することを認識しながら、軍事力を行使する「対テロ戦争」も同様の理由で非難されるべき行為であると考えている。

ブッシュ大統領はフセイン政権が安保理決議を遵守していないことをイラク攻撃正当化の理由の一

つとしていたが、イスラエルの安保理決議二四二違反を黙認しているのはダブル・スタンダード以外の何物でもない。アフガニスタン、イラク、パレスチナでの軍事力行使を〝対テロ戦争〟として正当化する論理は、イスラム武装組織の欧米・イスラエルへの「自衛戦争」も正当化する論理となるはずである。もちろん、オサマの声明のような主張に基づく「テロ」がイスラム圏諸国および世界のイスラム教徒の多くの共感を勝ち取ることはないであろう。しかし、パレスチナやアフガニスタン・イラクでの「対テロ戦争」でコラテラル・ダメージとして犠牲となった人々の親族・関係者にとって、その「憎悪と報復」の感情はこの主張と親和性を持つだろう。また欧米社会に居住しているイスラム教徒で差別や格差を実感し、将来に希望を抱くことが困難な人々に対しても「ジハード」の呼びかけは一定の共感を勝ち取る可能性があるだろう。

パレスチナ問題に対するオバマ・イニシアティブ

イスラエルのガザ地区攻撃と経済封鎖に対して、国連安保理やアムネスティ・インターナショナルなど国際機関は強く非難し、二〇〇九年三月にエジプトで開催されたガザ地区復興支援会議では参加国が総額五二億ドルの復興援助を表明した。さらに四月にはオバマ米大統領がトルコ国会での演説でイスラム社会との関係改善と中東和平への強い意欲を表明するなど、国際的な風向きの変化を受けて、イスラエルのネタニヤフ首相は六月一四日に条件付きでパレスチナ国家の樹立を容認するとの和平方針を発表した。その条件は以下のとおりである。

一．パレスチナ国家の完全な非武装化
二．パレスチナ側によるユダヤ人国家の承認
三．パレスチナ難民のイスラエル領土への帰還権は認めない
四．エルサレムを分割せずにイスラエルの首都とする
五．ヨルダン川西岸地区における新たな入植地建設は停止、ただし既存入植地における人口増にともなう家屋建設は容認

これらは現状よりもイスラエル側にきわめて有利な条件であり、パレスチナ自治政府報道官は「和平努力をマヒさせるものであり、パレスチナやアラブ、米国の立場への挑戦だ」と批判した。ハマスは同年一一月二一日にガザ地区内のすべての武装組織とイスラエルへのロケット弾攻撃の停止に合意したと発表、ネタニヤフ首相は同月二五日にヨルダン川西岸地区でのユダヤ人入植者用住宅の新規建設を一〇カ月凍結すると発表したが、着工済み住宅や公共施設の建設は続行し東エルサレムでの建設は規制しなかった。実際、イスラエル政府は一〇年三月には東エルサレムでのユダヤ人入植者用住宅一六〇〇戸の建設計画を承認している。オバマ大統領が意欲を示した中東和平は現実化の方向に進むことはなく、イスラエルとパレスチナ人との衝突はその後も散発的に続いて、「憎悪と報復の連鎖」を断ち切ることはできなかった。

一一年五月一九日、オバマ大統領は中東政策について演説し、イスラエルとパレスチナとの「二国家併存」による和平実現のために、一九六七年の第三次中東戦争以前の境界線を基礎として交渉を進

めることを提唱した。もちろん、すでに述べたように、国連安保理はイスラエルが第三次中東戦争で占領した地域からの撤退と、パレスチナ難民問題の解決などを要求する決議二四二を採択済みであり、オバマ大統領はこの決議の求めるラインを和平交渉の出発点に設定したに過ぎない。さらに、もしイスラエルが第三次中東戦争以前の境界線まで撤退しても、イスラエルの支配地域は、一九四七年の国連総会決議一八一（パレスチナ分割決議）で認められたユダヤ人地域よりも広い、四八年の第一次中東戦争後のグリーン・ライン内に縮小されるだけである。グリーン・ラインは、ユダヤとアラブとの境界として国際的に認知されているが、国連決議のような明確な国際法的根拠に基づくものではない。

とはいえ、〇四年にブッシュ大統領が一九六七年以前の境界へのイスラエルの撤退は「非現実的」であり、和平交渉は「新しい現実を基礎におく」ことを認めなければならないとの書簡をイスラエル政府に送っていたことに比べて、オバマ大統領の演説は歴代のアメリカ大統領として初めて、第三次中東戦争後のイスラエルの占領地からの撤退を事実上要求する内容となっている点で画期的といえる。「イスラム社会との和解」を提唱したオバマ・イニシアティブの一環と解釈することができるだろう。

しかし、このパレスチナ問題におけるオバマ・イニシアティブは、「核兵器のない世界」など他のオバマ・イニシアティブと同様に、あるべき将来へ進むべき道筋を提起したという意義はあっても、具体的な成果は乏しかった。一一年九月にパレスチナ自治政府が国連への加盟を申請する方針を表明すると、オバマ大統領は国連総会での演説で、国連加盟によってパレスチナ国家樹立が達成できるわけではなく、イスラエルとパレスチナの直接交渉による和平実現まで加盟申請を自重するよう求めた。同年一〇月に国連教育科学文化機関（UNESCO）総会がパレスチナの加盟申請を受けて正式加盟を可決すると、アメリカ政府は同様の理由で反対を表明した。そして、国際的に独立が承認されていない組織が加盟する国際機関への分担金拠出を禁じる国内法に基づくとして、ＵＮＥＳＣＯへの拠出分担金八〇〇〇万ドル（ＵＮＥＳＣＯ総予算の二二％）のうち一一月支払い予定の六〇〇〇万ドルとそれ以降の支払いの凍結を発表した。[19] これらは、二期目の大統領選挙を控えて、アメリカ国内のユダヤ勢力の政治的影響力への配慮が必要だったための措置と推測されている。

一二年の大統領選挙でオバマ大統領は再選され、ケリー国務長官の仲介でイスラエルとパレスチナの和平交渉担当者が会談するなどの部分的進展はあったものの、一四年の連邦議会の中間選挙で共和党が圧勝したこともあって、オバマ大統領の任期中にパレスチナ問題をめぐる中東和平プロセスは顕著に進展することはなかった。一六年の大統領選挙ではトランプ候補が勝利したが、オバマ政権は任期終了直前の一二月二三日、国連安保理でのイスラエルのユダヤ人入植活動についての決議案の採決において、拒否権を行使せず棄権した。同決議案は、イスラエルが一九六七年から占領している東エルサレムを含むパレスチナ地域における入植活動は明白な国際法違反であり、「二国家併存」による和平の達成の主要な障害となっていることを再確認するとして、ユダヤ人入植活動の即時完全停止を要求するものである。こうした決議案に対してアメリカは従来反対していたが、今回は棄権したためにその他の一四理事国すべての賛成によって安保理決議二三三四として採択されたのである。任期末にオバマ・イニシアティブの最後の一矢を報いたということなのかもしれない。

この決議に対して、イスラエルのネタニヤフ首相は「恥ずべき行動」とオバマ大統領を非難し「友人」のトランプ次期大統領との協力を進めると述べた。実際、イスラエルは一七年一月のトランプ大統領就任後にユダヤ人入植活動を活発化させていく。一月二四日にイスラエル政府はヨルダン川西岸地区でのユダヤ人入植者住宅二五〇〇戸の建設を承認し、三一日にはさらに同地区での二五〇〇戸の建設と、東エルサレムでの五五〇戸の建設を承認した。二月六日には、イスラエル国会がヨルダン川西岸地区のパレスチナ人私有地に無許可で建設されたユダヤ人入植地と入植者住宅を合法化する法案を可決した。トランプ大統領就任後にイスラエル政府が建設を承認したユダヤ人入植者住宅は六〇〇〇戸以上に上っている。[20]二月一五日にはトランプ大統領はネタニヤフ首相との会談で、パレスチナの和平に資するのであれば「二国家併存」にこだわらず「一国家」案を受け入れる用意があると表明している。

さらに一二月六日、トランプ大統領はエルサレムをイスラエルの首都と認定すると宣言し、国務省に対してアメリカ大使館をテルアビブからエルサレムへ移転するよう指示した。パレスチナ自治政府や中東・イスラム諸国はこの「宣言」を激しく非難し、パレスチナ自治区と東エルサレムでは、この「宣言」に対するパレスチナ人の大規模な抗議行動が行なわれ、イスラエル治安部隊の鎮圧行動によって九日までにパレスチナ人一〇〇〇人以上が死傷した。九日の国連安保理の緊急会合ではアメリカを除く一四理事国が「宣言」を批判し、一八日の安保理では「宣言」を無効とする決議案が採決された。アメリカを除く一四理事国が賛成したが、アメリカの拒否権行使により同決議案は廃案となった。しかし、二一日の国連総会では「宣言」を無効とする決議案が賛成一二八、反対九、棄権三五で採択された。トランプ大統領はこの採決の前日に、同決議案に賛成する国に対する経済支援を削減すると警告している。

九三年のオスロ合意では、パレスチナ側が将来のパレスチナ国家の首都と位置づける東エルサレムの帰属問題も含めて和平交渉を行なうことが定められていたため、クリントン大統領以降の歴代政権は議会が承認したアメリカ大使館のエルサレムへの移転を棚上げにしてきたのである。この「宣言」は、歴代政権のパレスチナ問題への配慮を否定するものである。トランプ大統領は大統領選挙期間中からイスラエルとユダヤ勢力を重視し、イスラム教勢力・イスラム圏諸国を敵視する主張を繰り返していたが、この「宣言」によって前政権までのアメリカの対パレスチナ政策の基本方針を大きく転換したのである。

第1章末でも述べたように、トランプ政権が「対テロ戦争」の通奏低音としてのパレスチナ問題への適切な配慮をせず、「対テロ戦争」での軍事的強硬手段を実行すれば、「暴力による憎悪と報復の連鎖」はさらに拡大し強化されることになるだろう。アフガニスタン、イラク、シリア、パレスチナなど中東地域での「対テロ戦争」によって多数の民間人が犠牲となり、これら地域の多くの都市が廃墟と化し、数百万人の住民が避難生活を余儀なくされている現状では、アルカイダやＩＳのような過激主義思想が台頭する基盤がマグマのように拡大している可能性は大きい。二一世紀が「終わらない対テロ戦争」の世紀となる危険性を秘めているのである。

17　決議には、イスラエルが「国連加盟国となった日から国連憲章の諸義務を無条件で容認し、それらを尊重することを約束する」と宣言したことを理由の一つとして加盟を承認するという文言がある。

18　組織名称はアラビア語の「パレスチナ解放民族闘争」の頭文字を逆綴りにしたもので、一九五七年にアラファトを中心にクウェートで結成された。

19　イスラエル政府もＵＮＥＳＣＯの決定への対抗措置として、一一月一日に東エルサレムにユダヤ人入植者用住宅二〇〇〇戸を建設する計画を発表している。

20　ヨルダン川西岸地区の入植者人口は、二〇一二年初めの三四万二〇〇〇人から一六年末には四二万一〇〇〇人へと二三％増加している。この他に東エルサレムにはイスラエル人二〇万人以上が居住している。

第7章　「対テロ戦争」と日本

前章まででパレスチナ問題を通奏低音とする「対テロ戦争」は終わらない性格を持ち、宗教間・宗派間対立と民族間対立を内包しながら、その複雑性を増してグローバルに拡大していることを明らかにした。そのような「対テロ戦争」を発火させたのは、ドルの基軸通貨特権を死守するためのブッシュ政権の〝対テロ戦争〟戦略であった。そしてアメリカと同盟を結ぶ日本は、アメリカの〝対テロ戦争〟に追従し協力していったのである。さらに、安倍自民党政権は日米同盟を強化するため「積極的平和主義」を掲げ、これまでの憲法解釈を変更して、二〇一四年七月に集団的自衛権の行使容認を閣議決定し一五年九月には閣議決定を法制化する安全保障関連法（平和安全法制整備法と国際平和支援法）を成立させた。

本章では、二一世紀が「対テロ戦争」の世紀となる危険性を秘めている現在、日米同盟を強化することが日本の国家安全保障にとってどのような意味を持つのかを考察する。日本の国家安全保障は日米安全保障条約体制（以下、日米安保体制）を基軸としており、この日米安保体制はアメリカのグローバルな国家安全保障戦略の一環として存在するものである。そして、日米安保体制のもとでの集団的自衛権の行使とは、アメリカの軍事行動とのいっそうの一体化またはその補完的役割を強化することを意味する。したがって、以下では日米安保体制の特徴とその変化を、アメリカのグローバルな軍事戦略・国家安全保障戦略およびその変化と関係づけながら検討していく。

第1節　日本の再軍備の開始と日米安保体制の成立

日本国憲法の平和主義の原則

第二次世界大戦後の対日占領政策の最優先の目的は日本の非軍事化であり、この目的のために日本を「民主化」する諸改革が実行されていった。日本国憲法の制定（大日本帝国憲法の改正）もその一環である。日本国憲法の「前文」は以下のように宣言している。

日本国民は、正当に選挙された国会における代表者を通じて行動し、われらとわれらの子孫のために、諸国民との協和による成果と、わが国全土にわたつて自由のもたらす恵沢を確保し、政府の行為によつて再び戦争の惨禍が起ることのないやうにすることを決意し、ここに主権が国民に存することを宣言し、この憲法を確定する。そもそも国政は、国民の厳粛な信託によるものであつて、その権威は国民に由来し、その権力は国民の代表者がこれを行使し、その福利は国民がこれを享受する。これは人類普遍の原理であり、この憲法は、かかる原理に基くものである。われらは、これに反する一切の憲法、法令及び詔勅を排除する。

日本国民は、恒久の平和を念願し、人間相互の関係を支配する崇高な理想を深く自覚するのであつて、平和を愛する諸国民の公正と信義に信頼して、われらの安全と生存を保持しようと決意した。われらは、平和を維持し、専制と隷従、圧迫と偏狭を地上から永遠に除去しようと努めてゐる国際社会において、名誉ある地位を占めたいと思ふ。われらは、全世界の国民が、ひとしく恐怖と欠乏から免かれ、平和のうちに生存する権利を有することを確認する。

われらは、いづれの国家も、自国のことのみに専念して他国を無視してはならないのであつて、政治道徳の法則は、普遍的なものであり、この法則に従ふことは、自国の主権を維持し、他国と対等関係に立たうとする各国の責務であると信ずる。

日本国民は、国家の名誉にかけ、全力をあげてこの崇高な理想と目的を達成することを誓ふ。

そして「第二章　戦争の放棄」は、次のように規定している。

第九条　日本国民は、正義と秩序を基調とする国際平和を誠実に希求し、国権の発動たる戦争と、武力による威嚇又は武力の行使は、国際紛争を解決する手段としては、永久にこれを放棄する。

二　前項の目的を達するため、陸海空軍その他の戦力は、これを保持しない。国の交戦権は、これを認めない。

これらを素直に読めば、戦争への道を突き進んだ戦前の体制への痛切な反省のもとに、日本は国際間の紛争において戦争や武力によらずに解決するよう努力すること、そのために一切の戦力を持たないことを、国の最高法規である憲法によって宣言したということになるだろう。(1) 実際、憲法改正が審議された大日本帝国議会の議事録を読むと、特に戦争放棄を規定した第九条をめぐる質疑での議員の質問と政府側の答弁双方には、この「痛切な反省」と戦争放棄による平和の実現への決意が明確に現れている。一九四六年六月二六日に吉田茂首相は次のような答弁をしている。(2)

近年の戦争は多く自衛権の名において戦われたのであります、満洲事変然り、大東亜戦争また然りであります。今日我が国に対する疑惑は、日本は好戦国である、何時再軍備をなして復讐戦をして世界の平和を脅かさないとも分らないということが、日本に対する大なる疑惑であり、また誤解であります。まずこの誤解を正すことが今日我々としてなすべき第一のことであると思うのであります。

またこの疑惑は誤解であるとは申しながら、全然根底のない疑惑とも言はれない節が、既往の歴史を考へて見まするると、多々あるのであります。ゆえに我が国においてはいかなる名義を以てしても交戦権はまず第一自ら進んで放棄する。放棄することによって全世界の平和の確立の基礎をなす。全世界の平和愛好国の先頭に立って、世界の平和確立に貢献する決意をまずこの憲法において表明したいと思うのであります。(拍手)

なぜ、日本国憲法は戦争の放棄と戦力の不保持を規定しているのだろうか。対日占領政策の最優先の目的は日本の非軍事化であったから、日本国憲法の制定はその目的を実現し、さらに占領終了後も将来にわたって確保するための手段であったと解釈することもできる。しかし、一九四五年四〜六月のサンフランシスコ会議（五〇カ国）で国際連合憲章草案が採択され、同年一〇月に国連が正式発足していたこととの関連も無視するわけにはいかない。

国連憲章の前文は、二度の世界大戦の経験の反省から、将来の世代においてそのような惨禍が繰り返されないために、基本的人権の尊重、男女や各国の同権を確認し、国際平和と安全の維持のために協力し合うことを宣言している。そして第一章第一条において、国連の目的を国際平和および安全を維持すること、経済・社会・文化・人道上の国際問題の解決および人種・性・言語・宗教上の差別なく、すべての人々の人権と基本的自由の尊重のために、国際協力を達成することとし、第二条では、この目的のために加盟国に対して、国際紛争を平和的手段によって解決することを義務づけ、他国の領土や政治的独立に対する武力による威嚇や武力の行使を禁じている。第七章第五一条では、加盟国の個別的および集団的自衛権を認めているが、それは「安全保障理事会が国際の平和及び安全の維持に必要な措置をとるまでの間」という限定付きのものである。

日本国憲法の三原則とこれらを具体化する各条項、とりわけ前文と第九条はまさにこの国連憲章の精神、すなわち国際協調による平和への志向と個人の自由・人権の尊重という当時の国際的な思潮を体現したものといえよう。憲法草案を作成したGHQ民政局の若いメンバーたちが、敗戦をきっかけとしてこれから生まれ変わろうとしている国において、戦後の国際社会が掲げる理想を現実化しようとする熱意の反映でもあるだろう。この熱意が当時の日本国民や政治家にも共有されていたことは、前述の新憲法制定のための帝国議会での質疑応答からもうかがい知ることができる。また、GHQの憲法草案は高野岩三郎や鈴木安蔵たちの憲法研究会が発表した「憲法草案要綱」を参照して作成されたが、これ以外にも、戦争終了直後に民間人によって作成された複数の民間の憲法草案が発表されている。その背景には、明治期の多数の私擬憲法や大正デモクラシー期の立憲政治運動のように国民が民主主義を求めてきた歴史と上述の国際的思潮、そして戦前の体制への痛切な反省が存在しているのである(3)(→第6章第1節)。

しかし、歴史は米ソ対立の激化・冷戦の開始へと動いていく。その結果として国連の国際平和維持機構としての機能は麻痺し、日本国憲法の平和主義の原則の基盤が失われた。占領目的は日本をアジアにおける「反共の防壁」とすることに転換され、民主化政策もその目的に沿うように変更されていった。そして一九四九年のソ連の原爆実験成功と中華人民共和国の成立、一九五〇年六月の朝鮮戦争の勃発をきっかけとして、アメリカはソ連陣営を軍事的に封じ込めるための全般的な軍事力の増強とグローバルな反共軍事同盟網の形成、および同盟国の軍事力の強化という内容の冷戦戦略を採用する(→第3章第3節)。この冷戦戦略に沿って日本の再軍備が開始され、政府の憲法解釈は次々と変更されていくのである。

再軍備の開始と憲法解釈の変更

一九五〇年七月八日、対日占領軍のマッカーサー司令官から吉田首相宛ての「日本警察力の増強に関する書簡」で「事変・暴動等に備える治安警察隊」として、七万五〇〇〇名の「National Police Reserve」の創設が要請され、八月一〇日にポツダム政令として警察予備隊令が公布される。吉田首相は警察予備隊設置の目的は治安維持であり、その性格は国際紛争を解決する軍隊ではなく、再軍備の目的もないと国会で答弁している（七月二九日）。しかし、警察予備隊の訓練はアメリカの軍事顧問の下で行なわれ、その装備も迫撃砲、対空自走砲、軽戦車、榴弾砲など重装備化が進められていく。

この時期、対日平和条約と日米安保条約の署名後の国会審議（一九五一年一一月七日）において、集団的自衛権と憲法第九条との関係について注目すべき質疑応答が行なわれている。対日平和条約は日本が個別的・集団的自衛権を保有することを規定しており、[4]朝鮮戦争中に日米安保条約とともに署名されたという時代背景を反映して、国連またはアメリカの要請によって日本が集団的自衛権を行使して国外での軍事行動を行なう可能性が議論されたのである。外務省条約局長は憲法第九条を根拠として、在日米軍基地が攻撃された場合であっても日本が海外派兵をする可能性を明確に否定している。

対日平和条約は五二年四月に発効し、日本の主権が（引き続きアメリカの施政権下に置かれた沖縄等を除いて）回復した後の八月に保安庁法が成立し、一〇月に保安隊が設置された。保安隊は警察予備隊以上に重装備となり、単に国内の治安維持に必要というには無理が生じてくるのだが、それでも名目上の目的は「国内の保安」であった。そこで戦力の保持を否定する第九条第二項との整合性を図るために、五二年一一月、「戦力とは近代戦争を遂行できるような実力を持った装備・編成を備えるものをいう。戦力に至らざる程度の実力を保持し、これを直接侵略防衛の用に供することは違憲ではない」という政府の統一見解が示された。保安隊の実力は近代戦争を遂行できるようなものではないから戦力ではなく、したがって違憲ではないという解釈に変更されたのである。しかし、自衛隊が創設される段階になるとこの抗弁も成立しなくなる。

自衛隊創設・軍事力増強を可能にするための憲法解釈

一九五四年三月の日米相互防衛援助協定締結によって、日本はアイゼンハワー政権の冷戦・軍事戦略の一部として位置づけられ、七月に自衛隊が発足した。自衛隊の目的は「直接および間接の侵略を未然に防止し、万一侵略が行なわれるときにはこれを排除し、もって民主主義を基調とする我が国の独立と平和を守ることにある」とされ、その後、四次にわたる防衛力整備計画によって着実に軍事力増強が実行されていく。しかし、こうした再軍備・軍事力増強は当然、憲法制定当初の自衛戦争をも否定した政府答弁と矛盾する。さらに、外部からの侵略の未然防止と排除が自衛隊の目的として明文化され、しかも在日米軍の補完の役割を果たすためには、自衛隊の実力を近代戦争が遂行できるような装備・編成へと増強しなければならなくなったのである。

そこで、憲法を現状に合わせるための解釈の変更が行なわれていくことになる。五四年四月の自衛隊法審議過程での政府答弁や同年一二月の政府統一見解では、国連憲章において各国の自衛権と自衛力は認められており、日本国憲法も自衛権を否定していないのだから、日本が自衛力を持つことも否定されていない、したがって外部からの侵略に対処しうる実力を持つことは違憲ではないという解釈に変更された。自衛隊創設段階以前の、近代戦争を遂行できるような実力という戦力の定義自体が曖昧なものであったが、それでも装備・編成をその量や性能という一定程度客観的な側面から制約する意味合いはあった。それが、自衛の目的という前提はあるものの、外部からの侵略に対処するために必要な実力であれば、憲法が禁止する戦力ではなく違憲ではないという解釈に変更されたのである。外国が日本への軍事侵略を意図した場合、当然近代戦争を遂行できる装備・編成によって武力を行使するだろうから、武力によって対処するには侵略国と同等かそれ以上の実力を持つ必要がある。したがって、この解釈変更は、戦力とは近代戦争を遂行できるような実力というこれまでの定義を放棄したことになる。装備・編成の制約を量的にも性能的にも取り払い、第九条第二項の戦力の不保持規定をなかば公然と無視する解釈となったのである。

また、自衛隊に必要とされる実力は、侵略を意図する可能性のある他国の戦力との関係で変化するため、事実上軍事力増強の制約はなくなり、論理的には核武装でさえも容認されることになる。冷戦下の軍拡競争のなかで支配的となった抑止力の考え方（→第3章第3節）に立てば、相手からの核攻撃を抑止するという理由づけによって核武装も正当化されるからである。さらに、軍事的には、相手から実際に攻撃を受ける前に相手の戦力を破壊する方が容易で効率的であるから、相手から攻撃を受ける前に他国を攻撃する予防戦争も自衛権の行使として容認されかねない。憲法制定過程での吉田首相の帝国議会答弁のように、過去において自衛の名の下に侵略戦争が行なわれてきたという反省、一定の見識さえも捨て去られたといいえよう。実際、日本の防衛関係費（軍事費）は増額され続けていくの

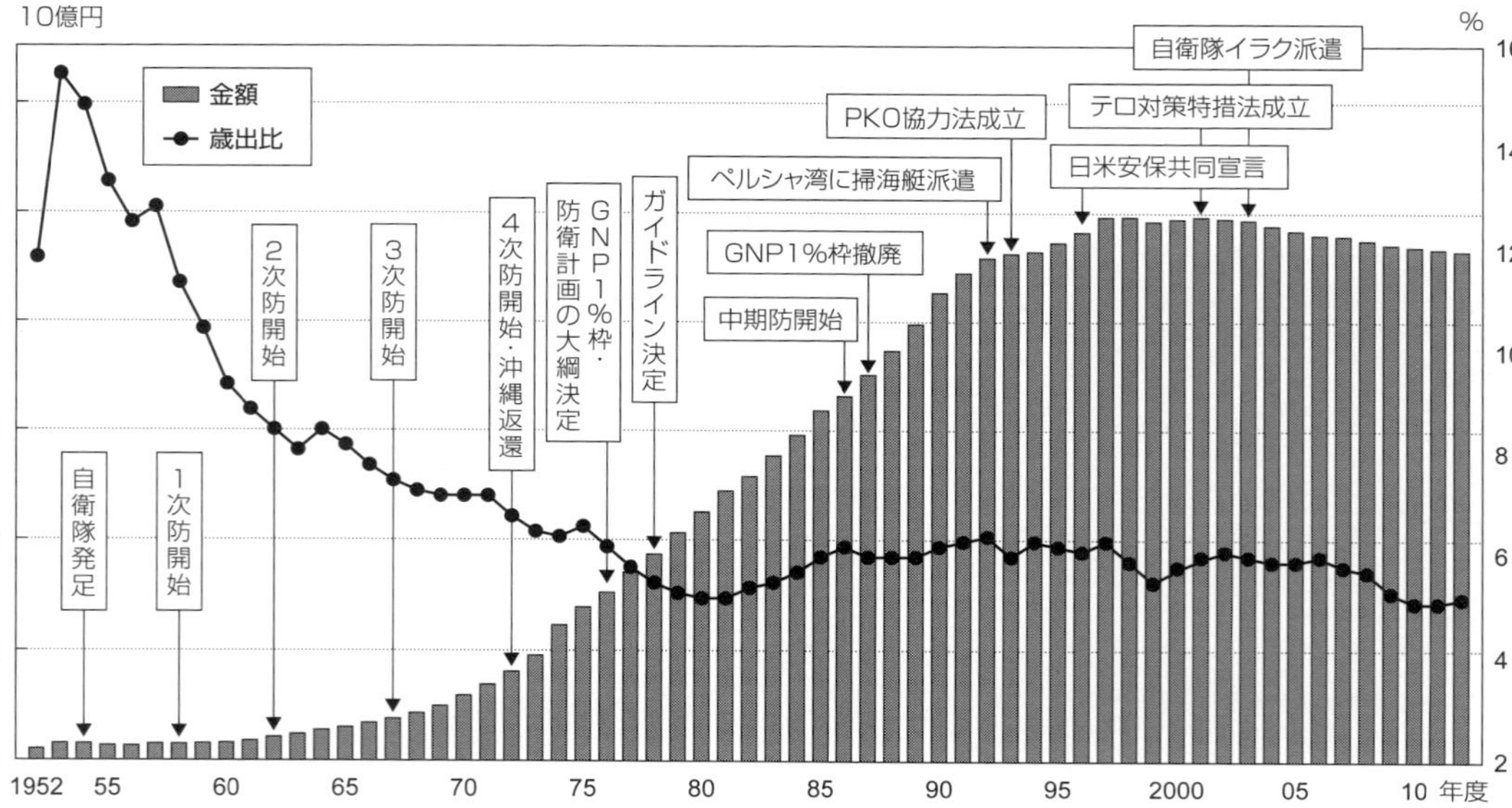

第 7-1 図　日本の防衛関係費の推移

［資料出所］防衛省資料（http://www.mod.go.jp/）より作成。

である（第７－１図）。

軍事力増強の「制約」のための憲法解釈

日本が核武装も含む際限のない軍事力増強によって軍事大国化する危険性に対する国内外の危惧を受けて、例えば一九五七年に岸信介首相は参議院予算委員会で、憲法に核兵器を禁止する明文規定はないが、もし防御的な核兵器が開発されたとしても、日本は自衛目的であっても核武装をしないという趣旨の答弁をしている。また、六七年三月には佐藤栄作首相が参議院予算委員会で、他国の軍事力増強に対する抑止力として日本も自衛力を増強していかなければならないが、憲法が許しているのは他国に対して侵略的な脅威を与えないという自衛力であり、それが自衛隊の実力の限界であるという趣旨の答弁をしている。さらに、佐藤首相は同年一二月の衆議院予算委員会で非核三原則を政府の政策とすることを表明し、七〇年二月の核兵器不拡散条約（ＮＰＴ）への署名（七六年六月批准）を経て、七一年一一月の沖縄返還協定の衆議院本会議での承認の際に、沖縄を含めて非核三原則を遵守することが決議された。また七六年には三木武夫政権が「防衛関係費はＧＮＰ比一％以下を目途にする」ことを閣議決定した。こうした経緯から内閣法制局がまとめた憲法解釈は次のようなものである。

一九七八年四月三日の参議院予算委員会での真田秀夫内閣法制局長官の答弁

政府が従来から憲法第九条に関してとっている解釈は、同条が我が国が独立国として固有の自衛権を有することを否定していないことは憲法の前文をはじめ全体の趣旨に照らしてみても明らかであり、その裏付けとしての自衛のための必要最小限度の範囲内の実力を保持することは同条第二項によっても禁止されておらず、右の限度を超えるものが同項によりその保持を禁止される「戦力」に当たるというものである。

核兵器であっても仮に自衛のための必要最小限度の範囲内にとどまるものがあるとすれば、憲法上その保有を許されるとしている意味は、もともと、単にその保有を禁じていないというにとどまり、その保有を義務付けているというものでないことは当然であるから、これを保有しないこととする政策的選択を行うことは憲法上何ら否定されていないのであって、現に我が国は、そうした政策的選択の下に、国是ともいうべき非核三原則を堅持し、更に原子力基本法及び核兵器不拡散条約の規定により一切の核兵器を保有し得ないこととしているところである。

憲法第九条と自衛隊の存在との整合性を維持するための憲法解釈の柱が、「自衛のための必要最小限度の実力」という概念であり、その範囲内であれば他国に対して侵略的な脅威を与えないから、第九条第二項の「戦力」には当たらないという論理である。朝鮮戦争以降の再軍備・軍事力増強の過程で、憲法と実態との齟齬は拡大していく。その齟齬を糊塗するために憲法の解釈変更を繰り返し、行き着いたところが「自衛のための必要最小限度の実力」概念であり、その範囲内であれば自衛隊とその増強は違憲ではないという解釈なのである。ただし、この概念は依然として抽象的で曖昧性を持っているため、自衛権の発動が認められる条件として次の三つの条件が設定された。

(a)わが国に対する急迫不正の侵害があること
(b)この場合にこれを排除するために他に適当な手段がないこと
(c)必要最小限度の実力行使にとどまるべきこと

さらに政府見解や政策としてICBM、長距離戦略爆撃機などの攻撃的兵器の保有を否定し、自衛権を行使できる地理的範囲については「必ずしもわが国の領土、領海、領空に限られないが、それが具体的にどこまで及ぶかは、個々の状況に応じて異なるので一概にはいえない。しかし、武力行使の目的を持って武装した部隊を他国の領土、領海、領空に派遣するいわゆる海外派兵は、一般に自衛のための必要最小限度を超えるものであって、憲法上許されない」とする。集団的自衛権については、「自衛権の行使は、我が国を防衛するため必要最小限度の範囲にとどまるべきものであると解しており、集団的自衛権を行使することは、その範囲を超えるものであつて、憲法上許されない」と明確に否定している。

以上の憲法解釈変更の推移をまとめると、日本国憲法制定時点では政府および議会が、過去の日本が自衛を名目として周辺諸国・地域に軍事的侵略を行ない、国内外に多大な犠牲を強いた結果に対する真摯な反省に基づいて、武力によらずに国際紛争を解決することをめざし、一切の戦力を持たないことを武器として、国際平和のために積極的に貢献する決意を表明していたのである。これは前文や第九条を素直に読めば明らかな解釈であり、当時の国民一般が共有する意識でもあったであろう。しかし、米ソ冷戦がアジア地域に拡大するもとで、日本はアメリカ陣営に組み込まれて主権を回復する道を選択し、アメリカの同盟国として求められる軍事力の増強を行なっていく。それには戦争放棄を掲げる憲法との齟齬が生じる。そこで、政府は憲法制定当初の決意を捨て去り、自衛のために必要な範囲の実力を保持することを第九条は禁じていないという解釈によって、憲法の制約を突破したのである。

ここで注意すべきことは、政府はその憲法解釈や国会答弁で日本の自衛のためと強調しているが、日本の再軍備と自衛隊の増強、そして憲法解釈の変更は、決して日本の自衛のためだけではなく、アメリカの冷戦戦略・国家安全保障戦略と一体化したもの、世界に展開するアメリカの軍事戦略の一環としての在日米軍の補完という意味合いを強く持っているということである。アメリカが日本を防衛する第一の目的は、日本国民の生命や財産を守ることではなく、アメリカの国家安全保障と国益の確保・拡大にあり、そのための戦略の一環として日米同盟があり、日本の自衛力が必要とされるのである。在日米軍と基地の持つ意味も同様である（↓第3章第3節）。ベトナム戦争時には、沖縄の米軍基地は北爆などのベトナムでの軍事行動の前線基地とされたし、本土の米軍基地は兵站・補給基地としての役割だけではなく、横須賀基地などは米海軍のベトナムへの出撃基地とされたのである。

日本政府や国民に「日本はアメリカに守ってもらっている」とか「アメリカは日本を守ってくれる」という意識があるとすれば、それは情緒的で自己満足的な期待でしかない。アメリカが自らの国益に反する場合でも、米軍兵士の生命とアメリカ自体が攻撃される危険性を顧みることなく、「日本を守ってくれる」はずはないからである。日米安保体制は、日本が「アメリカに守ってもらう」ためのものではなく、日本がアメリカの安全保障・国益のために協力する体制であり、アメリカは自らの国益にかなうからこそ、日本に米軍基地を維持し日本を防衛しようとするのである。このことを見過ごせば、日本の安全保障にとって在日米軍・基地が持つ意味、日本の周辺諸国にとって日米安保体制が持つ意味、アメリカが世界で行なう軍事行動が日本にとって持つ意味、さらには安倍政権の「積極的平和主義」が日本の安全保障にとって持つ意味も充分に把握することはできないのである。

1　戦争放棄条項については、当時の幣原喜重郎首相が自らマッカーサー最高司令官に提案したと四六年二月に証言していたことが明らかになっている。証言の主旨は以下のとおり。

原爆が登場した以上、第三次世界大戦になれば人類が破滅するという危機感から、核兵器の軍拡競争の悪循環を断ち切るためには一切の軍備の廃止が必要であるという認識にいたった。それは現状では実現困難だが、自らの軍縮交渉の経験から、日本が自発的に軍備を捨てることによって「世界史の扉を開く……歴史的使命を日本が果たす」という考えにいたった。証言中の「軍縮交渉の経験」とは、一九二〇年代の一連の国際的軍縮条約の締結時に外相として交渉を担当し、協調外交を進めた経験を指すと思われる。

2　帝国議会の議事録は国立国会図書館の帝国議会会議録検索システム http://teikokugikai-i.ndl.go.jp/ により、一部表記を変更した。

3　対日占領政策の最高決定機関である極東委員会は、ＧＨＱ草案に基づく憲法改正の動きに対して権限逸脱と批判し、四六年三月二〇日付文書で憲法案が可決される前に同委員会で審査する機会が与えられるべきだと主張した。マッカーサー最高司令官は四月五日にＧＨＱの諮問機関である対日理事会で、憲法草案は日本国民が広範かつ自由に議論しており、連合国の政策に一致するものになるだろうと主張している。また、ＧＨＱのコールグローヴ憲法問題担当政治顧問は、日本で多くの知識人と接触して憲法草案が広く支持されていることを知り、極東委員会のマッコイ議長に対して、GHQの立場を擁護する書簡（四月二六日付）を送っている。（国立国会図書館資料 http://www.ndl.go.jp/constitution/）

4　第五条(c)は「連合国としては、日本国が主権国として国際連合憲章第五一条に掲げる個別的又は集団的自衛の固有の権利を有すること及び日本国が集団的安全保障取極を自発的に締結できることを承認する」と規定している。

第2節　アメリカの国家安全保障戦略の補完としての日米安保体制の強化・拡大

一九八〇年代の日米共同軍事体制の強化

一九八〇年代の中曽根康弘政権時には、自衛隊の増強によってアメリカの軍事戦略の補完をより積極的に果たそうとする姿勢が明確化される。八三年一月の中曽根首相訪米時の「日本列島不沈空母化」発言や「千島・津軽・対馬の三海峡封鎖」発言は、いずれもソ連空軍と海軍の対米軍事活動を日本が封じ込めようとする意図が明白である。

また、米ロッキード社製の対潜哨戒機P３Cオライオン一〇〇機を海上自衛隊に配備する計画が決定されたが、アメリカ海軍が世界に配備するP３Cは約二〇〇機である。これだけ多くのP３Cを日本が配備する必要があるのは、中東石油の輸入ルートとしての「シー・レーン」防衛が目的であるとされた。しかし、P３Cが収集したソ連原潜のスクリュー音等のデータを解析できるノウハウを海上自衛隊は持っていないため、データは在日米軍に提供されることになっていた。この計画の真の目的が、アメリカ本土への核ミサイル攻撃が可能なソ連の戦略ミサイル搭載潜水艦や、アメリカの戦略ミサイル搭載潜水艦を追跡し攻撃する目的の潜水艦の活動情報を入手し、アメリカに提供することにあったことは明らかである。

冷戦終結と日米安保体制の変質

米ソ首脳による冷戦終結の公式宣言後の一九九〇年八月にイラクがクウェートに侵攻し、翌年一月に米軍主導の多国籍軍がイラク攻撃を開始した。この湾岸戦争は日米安保体制にとっても画期となった。日本は憲法の制約によって戦闘行動に自衛隊を参加させることはなかったが、最終的に一三五億ドルの資金を戦費および周辺諸国援助として提供し、戦争終了後にはペルシャ湾の機雷除去のために自衛隊の掃海艇を派遣した(5)。この湾岸戦争への日本の支援・協力については、アメリカから「too little, too late」と酷評されたこと、クウェートが戦後にアメリカの新聞に出した感謝広告の中の「クウェート解放に貢献した三〇カ国」に日本が記されていなかったこと、ペルシャ湾の掃海業務についてはクウェートが感謝の意を表明したことなどから、「湾岸戦争のトラウマ」という言葉が生まれたほど、「人的貢献」なしには国際社会から評価されないという意識が、政府だけでなくマスメディアの報道を通じて一般国民にも普及した。

しかし、一三五億ドルという拠出金額はサウジアラビア、クウェートに次ぐ第三位で、アメリカの湾岸戦費の約二五％を負担したことになる。実際、九一年四月に海部俊樹首相が訪米した際のブッシュ大統領との共同記者会見で、大統領は「この機会に海部首相に対して日本が（湾岸戦争の）連合国の一員として果たした支援に対して心からの謝意を述べたい。日本は（イラク攻撃のための）砂漠の嵐作戦に対して充分な水準の財政的支援を提供してくれた」と述べている。[6] また、湾岸戦争を指揮したアメリカ中央軍のシュワルツコフ司令官はその回想録で、日本の資金提供がなければ（九〇年八月七日に開始されたサウジアラビア防衛を目的とする）「砂漠の盾作戦」は破産していた、と述べている。[7] 日本の協力は決して「too little, too late」ではなかったのである。

アメリカは日本を含む諸国からの拠出金の大半を受け取り、九一会計年度（九〇年一〇月～九一年九月）の国防支出は八・七％減少（翌年度は九・二％増加してほぼ九〇年度並みの金額）し、経常収支も八〇年代半ば以降の恒常的な赤字から、政府移転収支の黒字によって九一年のみ黒字となっている（↓第3章第2節）。アメリカの財政や国際収支にとっても日本の貢献は大きかったといえるのである。クウェートの感謝広告については、日本が拠出した一三五億ドルのうち、クウェートが手にしたのはわずか四五〇〇万ドル（六億円余り）に過ぎなかったのだから、国名リストに記されていなかったことも不思議ではない。

こうした事実関係にもかかわらず、アメリカ政府の一部や議会、マスメディアなどが湾岸戦争における日本の対応について、「ジャパン・バッシング」ともいえる言動をとった背景には、二つの要因があったと考えられる。第一の要因は、当時のアメリカが巨額の「双子の赤字」を抱え、日米間の貿易摩擦が、日米貿易不均衡の根本的原因を日本の経済構造自体に求める日米経済摩擦へと発展していたことである。「双子の赤字」の根本的原因はレーガン政策にあるのであるが（→第3章第2節）、アメリカ側は冷戦期に大軍拡の負担をしたにもかかわらず、日本は日米安保体制によって軍事費負担を回避して対米貿易黒字を増大させ、アメリカ企業の市場とアメリカ国民の雇用を奪っているアンフェアな国として、格好の攻撃対象とされたのである。

第二の要因は、冷戦終結後のアメリカの国家安全保障戦略における日米安保体制の位置づけである。日米安保体制は冷戦下で形成・強化されたものであるため、冷戦終結によって日本側から在日米軍基地の縮小や費用負担の削減、さらには日米安保体制における日本の役割の軽減が提起されてくる可能性が生じた。日本は、日米地位協定に規定された在日米軍基地や米軍の行動に関わる日本側費用負担以外にも、いわゆる「思いやり予算」によって在日米軍維持のための多額の費用を提供しており、アメリカにとってはアメリカ国内で軍隊を維持するよりも安上がりといえる状況となっている(8)。また米軍が戦闘能力の維持・強化のために行なう訓練や演習も、日本国内の方がアメリカ本土よりもはるかに自由に実施できるのである(9)。冷戦終結によってアメリカの軍事支出削減・軍事力の縮小は避けられない状況であったから、そのもとでもアメリカのグローバルな覇権を維持し続けるためには、日米安保体制を強化して軍事面での日本の役割を拡大するとともに、（アメリカの費用負担の少ない）在日米軍の活動範囲を東アジア以外にも拡大する必要があったのである。

これが、一九九〇年代、PKO協力法制定以降に自衛隊の海外派遣が常態化し、日米安保体制の見直し＝「再定義」が行なわれていく主な理由である。日米安保体制の「再定義」は、日本側に焼き付けられた「湾岸戦争のトラウマ」を利用し、グローバルな軍事同盟網の維持とその同盟国の役割の再編成・強化をめざすという、クリントン政権の冷戦後におけるアメリカの国家安全保障戦略の一環なのである。日米安保体制の「再定義」は、九二年以降の北朝鮮の核開発疑惑＝「朝鮮半島危機」（アメリカは北朝鮮に対する先制爆撃も検討）などを背景として、ジョセフ・ナイ国防次官補の主導のもとで日米両政府間で行なわれた。その総仕上げが九六年四月にクリントン大統領が訪日し、橋本龍太郎首相との首脳会談後に発表された日米安保共同宣言である。この宣言によって、日米安保体制はアジア太平洋地域における地域紛争への日米の共同対処のための体制と「再定義」されることになった。日米安保条約第六条は、「日本国の安全に寄与し、並びに極東における国際平和及び安全の維持に寄与するため、アメリカ合衆国は、その陸軍、空軍及び海軍が日本国において施設及び区域を使用することを許される」と規定しているが、この条文を修正することもなく「極東」が「アジア太平洋地域」へと拡大されたのである。

この「再定義」の具体化が、九七年の「日米防衛協力のための指針」（新ガイドライン）の策定、新ガイドライン実行のための九九年の周辺事態法の制定、自衛隊法と日米物品役務提供協定の改定などである。九〇年代にアメリカの国防支出が減少傾向（第3章の第3－5図）を示しているのとは対照的に、日本の防衛関係費が増加傾向（前掲第7－1図）となっているのは、アメリカの冷戦終結後の国家安全保障戦略と、それに規定された日本の軍事的役割を拡大する方向での日米安保体制の変質の反映である。日本はアメリカの国家安全保障戦略において、憲法の制約から戦闘行動への直接的参加はしていないものの、「最良の協力者」となっているといえよう。

「対テロ戦争」と日米安保体制の拡大

ブッシュ政権の〝対テロ戦争〟の開始とともに、自衛隊の活動は憲法の制約を超えて拡大し、日米安保体制の対象地域もさらに拡大されていく。二〇〇一年の九・一一同時多発テロ後の一〇月二九日に米軍主導のアフガニスタン攻撃支援のためのテロ対策特別措置法が制定され、小泉純一郎政権は一一月に海上自衛隊のイージス艦と補給艦をインド洋へ派遣した。活動は非戦闘地域での米軍・多国籍軍の後方支援に限るとされ、イージス艦はレーダー探知による情報提供、補給艦は米軍艦船などへの燃料補給を行なった。

さらに、〇三年三月のイラク攻撃開始後の七月二六日にはイラク復興支援特別措置法（イラク特措法）が強行採決によって成立し、一二月には航空自衛隊の先遣隊がクウェートに派遣され、翌〇四年一月に陸上自衛隊がイラク南部ムサンナ州サマワに派遣された(10)。自衛隊の活動範囲は日本の周辺地域をはるかに超えて中東地域にまで拡大されたのである。また、在日米軍基地はアフガニスタンおよびイラクの「対テロ戦争」のための米軍の出撃・兵站拠点とされており、日米安保体制は中央アジア・中東地域というアメリカ中央軍の作戦地域にまで拡大されているのである。

日本政府は、憲法第九条と自衛隊の存在との整合性を維持するために、武力行使を目的とする海外派兵は憲法上許されないとしてきた。海上自衛隊が派遣されたインド洋はアフガニスタンでの「対テロ戦争」の戦場からは遠く離れており、非戦闘地域での後方支援という任務の性格は明白であるから、この派遣は憲法に違反する海外派兵ではないという主張は成り立ちうる。しかし、イラクではフセイン政権が事実上崩壊したとはいえ、それに代わる暫定政権も成立していない段階であるから、有志連合国軍やＣＰＡ主導の暫定行政機構に対する攻撃は「内戦」ではなく、「国際的な武力紛争の一環としての」戦闘行為と解釈されうる。そうした戦闘行為の可能性がある地域に自衛隊を派遣することは、政府の憲法解釈が禁ずる「海外派兵」となりうるわけである。

イラク特措法の第二条は自衛隊の活動地域を、「現に戦闘行為（国際的な武力紛争の一環として行われる人を殺傷しまたは物を破壊する行為をいう）が行われておらず、かつ、そこで実施される活動の期間を通じて戦闘行為が行われることがないと認められる」、いわゆる「非戦闘地域」に限るとしている。自衛隊の活動が非戦闘地域に限られるのであれば、自衛隊が戦闘行為に関与することはなく、したがって武力行使を目的とする海外派兵ではないという論理である。憲法の制約と自衛隊のイラク派遣との矛盾を乗り越えようとする苦肉の策といえよう。しかし、この法案が審議されていた時点で、イラクの治安情勢はすでに不安定化していたし（→第4章第1節）、自衛隊がイラクで活動する期間（法案では四年間）と地域で、戦闘行為が発生する可能性を正確に予測するのが困難なことは明白である。

法案審議中の七月二三日に国会両院合同審査会の党首討論で、菅直人民主党代表の「今のイラクに非戦闘地域というのがあるんですか」という質問に対して、小泉首相は「どこが非戦闘地域で、どこが戦闘地域なのか、今この私に聞かれたってわかるわけがないじゃないですか。この法律に関していえば、自衛隊がいられるところが非戦闘地域ということになる」と答えている。答弁の前半部分は事実に照らせば正しい答弁ともいえるが、後半部分は法案の非合理性を事実上認めたに等しい。法案自体も政府側の答弁も「言葉遊び」というしかなく、憲法の制約との矛盾が明白である。イラクへの自衛隊の派遣によって自衛隊員に死傷者が出る可能性があること、あるいは自衛隊の「自衛」のための行動によってイラク民間人に犠牲者が発生する可能性があること、その場合に政府はどのような対応をするのか、などの重要な論点について充分に議論されることもなく法案は強行採決され、イラクに自衛隊が派遣されたのである。

二年間の時限立法であったテロ対策特別措置法はたびたび延長されたが、〇七年一一月に失効し海上自衛隊のインド洋での活動も終了した。イラク特措法は四年間の時限立法であったが、陸上自衛隊は期限前の〇六年七月に撤収した。航空自衛隊の多国籍軍や国連の人員・物資の輸送業務は継続され、特措法は〇七年に二年間延長されたが〇八年一二月に航空自衛隊も撤収を完了した。自衛隊の駐留期間中にイラクは内戦状態となったにもかかわらず、自衛隊員にもイラク人にも自衛隊の活動にともなう死者が発生しなかったのは幸運だったと言うしかない。また、〇三年一〇月にオサマ・ビンラーデンが日本を含む有志連合国の六カ国に対して、アメリカへの協力を続ければ攻撃の標的となりうるとの警告声明を発表し、実際〇四年三月にスペイン・マドリードの列車爆破テロ事件（死者一九一人、負傷者二〇〇〇人以上）、〇五年七月、イギリス・ロンドンの地下鉄と二階建てバスでの自爆テロ事件（死者五六人、負傷者約七〇〇人）が発生しているが、日本でこのような事件が起こらなかったことも幸運というしかない。

安倍政権の集団的自衛権の行使容認の危険性

二〇一二年末に民主党政権に代わって安倍自民党政権が成立して以来、日本経済の長期停滞とデフレ傾向に対して、アベノミクスと称される経済政策が実行され、株価の上昇、円安の進行による輸出産業の経営状態の改善、失業率の低下傾向などが見られた[11]。こうした経済の一定の好転という状況のもとで、一三年七月に行なわれた参議院選挙で自民党と公明党が大勝した。圧倒的な数の力を手にした安倍政権は一四年七月一日（自衛隊創設から六〇周年の日）、「戦後レジームからの脱却」の一環として、これまでの政権が違憲としてきた集団的自衛権の行使を容認する閣議決定を行なった。この閣議決定を法制化する安全保障関連法（平和安全法制整備法と国際平和支援法）が一五年九月一七日に成立、一六年三月二九日に施行された。

一五年六月の衆議院憲法審査会で参考人質疑に出席した三人の参考人は、審議中の安保関連法案について自民党推薦者も含めて全員が憲法違反との見解を述べている。にもかかわらず、安倍政権が集団的自衛権の行使が憲法違反ではないとする主張は、一四年五月に公表された「安全保障の法的基盤の再構築に関する懇談会（安保法制懇）」の報告書に依拠したものである。この報告書が憲法解釈変更を可能とする論理は以下のとおりである。

憲法解釈は終戦直後から国際情勢の変化にともなってたびたび変更されてきた。二一世紀に入って安全保障環境は劇的に変化している。ＷＭＤや弾道ミサイルの拡散、国際的テロリズムの拡大などに対して、国際社会の共同対処の動きが強まってきたが、現在の憲法第九条解釈は終戦直後・冷戦時代の状況を反映したものであって、激変した国際情勢および日本の国際的地位から妥当しなくなっている。日本は独立国家として個別的自衛権と集団的自衛権を保有しているが、第九条は自衛のための必要最小限度の実力の保有を認め、集団的自衛権の行使は認めていないというこれまでの解釈では、近年の北朝鮮の核兵器開発・弾道ミサイルの脅威や中国の急速な軍拡に対応できない。したがって、集団的自衛権の行使を容認し、米国などとの友好国との関係を強化することによって脅威に対する抑止力が生まれ、日本の安全保障は強化される。

つまり、安倍政権の憲法解釈の変更の目的は、主として北朝鮮や中国に対する抑止力を高めることにある。そして、憲法解釈変更後に集団的自衛権が行使されるべき事例として、①公海における米軍艦船の防護、②米国標的の可能性のある弾道ミサイルの迎撃、③国際的平和維持活動における武器使用をともなう駆け付け警護、④ＰＫＯ参加国への後方支援という四類型を提示している。①と②は対北朝鮮・対中国抑止力強化の具体化であり、③と④は自衛隊の海外での武力行使も可能にして「積極的平和主義」を実践するとともに、アメリカや友好国との関係強化を図る事例といえよう。ただし、アフガニタンやイラクの多国籍軍のような軍事力行使にも自衛隊の参加・支援を可能にすることになるから、安倍政権の「積極的平和主義」とは「軍事力による平和」をめざすものと解釈できる。

集団的自衛権の行使を容認することが友好国との関係を強化する（つまり日米同盟が強化される）ことになる理由とは、いわゆる「見捨てられ論」に基づいている。自民党の高村正彦副総裁は、集団的自衛権の行使を容認すればアメリカの戦争に巻き込まれるという危惧・批判に対して、容認しなければ有事の際に「アメリカは日本を守ってくれない」可能性があると強調した。これが「見捨てられ論」である。つまり、集団的自衛権行使を容認してアメリカの軍事行動を支援すれば、アメリカは日本を「見捨てない」で北朝鮮や中国の脅威から守ってくれる（だろう）という考え方なのである。

この「見捨てられ論」は〇三年のアメリカのイラク攻撃を日本政府が支持した理由の一つでもある。北朝鮮は湾岸戦争後の九〇年代に弾道ミサイルの開発を進め、核開発も計画しているとの疑惑が高まった。北朝鮮は、九四年六月にIAEAを脱退し、さらに〇三年一月にNPTからの脱退も宣言したことから、核兵器開発の疑惑はいっそう深まっていた。この「北朝鮮の脅威」を背景として、朝鮮半島有事の際にアメリカが日本を防衛するという信頼性を高めるためには、イラク攻撃を支持することが必要と説明されたのである。この説明は国民世論の一部がイラク攻撃を支持する理由ともなった。

この憲法解釈変更の論理を本書のこれまでの考察をもとに検討しよう。まず、「見捨てられ論」であるが、これは、日本が集団的自衛権の行使を容認すれば、アメリカは中国や北朝鮮の脅威から必ず日本を守ってくれるという前提がなければ成立しない論理である。もちろんアメリカが集団的自衛権の行使容認を歓迎することは間違いないだろう。日米安保体制の「再定義」以降のアメリカの国家安全保障戦略に合致するからである。

しかし、本章第1節で述べたように、アメリカにとって最優先されるのはアメリカの国家安全保障と国益の確保・拡大にあり、そのための戦略の一環として日米安保体制は意義を持っている。アメリカの国益に反する場合でも、米軍兵士の生命やアメリカ自体が攻撃対象となるリスクを顧みることなく、中国や北朝鮮の脅威から「日本を守ってくれる」はずはないのである。アメリカに限らずどの国も自国の利益を優先するのは当然である。実際、イラク攻撃開始直前の〇三年三月一一日に在日米軍司令官は、「日本が対イラク攻撃で米国を支援するかどうかと、米軍が北朝鮮危機で日本を守るかどうかは全く別の問題だ」と朝日新聞のインタビューに答えている。アメリカが日本を防衛するかどうかは、アメリカの国益にかなうと判断するかどうかにかかっているのである。

さらに、北朝鮮は〇六年一〇月に核実験に成功した後、核実験と長射程の弾道ミサイルの発射実験を繰り返し、一七年一一月二九日にはアメリカ本土を射程内とするＩＣＢＭの発射実験にも成功したとされている。ＩＣＢＭに搭載可能な核弾頭の小型化や大気圏内への再突入などの技術的なハードルは残っているが、近い将来にアメリカ本土への核ミサイル攻撃能力を保有すると推測されている。五〇年代末の米ソの相互抑止状態に近づきつつあると考えられるのである。そうなれば北朝鮮に対するアメリカの軍事的抑止力は低下する。アメリカは日本を防衛するために、本土が核攻撃を受けて甚大な損害を被るリスクを冒さないという推測が成り立つからである。

北朝鮮が弾道ミサイルと核兵器の開発を本格化させたのは、湾岸戦争の際に多国籍軍の圧倒的な戦力によってイラクが短期間に敗北したことが誘因となっている。また〇三年のイラク攻撃によってフセイン政権がやはり一カ月足らずという短期間で打倒されて以降、北朝鮮とイランは核開発と弾道ミサイル開発を加速させた。ブッシュ大統領がイラクとともに北朝鮮とイランを「悪の枢軸」と非難していたことと無縁ではないだろう。イランは各国の経済・金融制裁が効果を発揮し核開発を断念したが、北朝鮮は、経済制裁の強化と朝鮮半島地域での米韓合同軍事演習による威嚇にもかかわらず、核開発を加速していった。つまりアメリカが対北朝鮮政策として拒否的抑止力を強化しようとすればするほど、北朝鮮の軍事力による対抗すなわち懲罰的抑止力の追求を誘引しているのである(12)。第３章第３節で述べた「抑止力のジレンマ」の現実化である。

中国の軍拡と南シナ海や東シナ海への勢力拡大に対してもアメリカの軍事的抑止力は有効ではない。

これは中国もアメリカ本土を核攻撃できるＩＣＢＭを保有しているという軍事的理由だけではない。アメリカは依然として膨大な経常赤字を抱えており、そのファイナンスはドルの基軸通貨としての地位に基づく「危うい循環」に依存している。その「危うい循環」を支える重要な要素の一つが中国の巨額の貿易黒字を基礎とする対米投資である。中国が保有するドル資産を他の通貨建て資産に移動し対米投資を減らせば、ドルのスパイラル的な下落をもたらし、「危うい循環」が崩壊する危険性が高くなる。さらに、九〇年代以降、アメリカ企業の生産体制はグローバル化し、中国にも多数の企業が直接投資をしている（→第3章第2節）。アメリカは経済的にも中国に対して軍事力を行使しうる状況にはないのである。[13]もちろん、中国もドルが暴落すれば保有ドル資産の価値は激減するし、アメリカ企業の対中投資は中国経済の成長にとっても不可欠である。経済的な相互依存関係が深まれば深まるほど、双方とも軍事衝突を避ける必要が高まる、つまり戦争に対する「経済的抑止力」が強く働くことになるのである。

次に、集団的自衛権の行使容認によって脅威に対する抑止力が高まるという論理であるが、これは抑止力論の無理解または一九五〇年代の抑止力による軍拡の正当化の論理の焼き直しでしかない。集団的自衛権が抑止力を高めるのは、Ａ国のＢ国への攻撃がＢ国の同盟国Ｃ、Ｄ……の集団的自衛権行使による反撃も誘発し、Ａ国の損害をより大きくするとＡ国が予想した場合である。したがって、安倍政権が主張するように、集団的自衛権の行使容認によって日米安保体制がより強化され、有事の際にはアメリカが必ず核戦力を含む軍事力を行使して日本を防衛すると相手国が判断すれば、確かに抑止力は強化される。しかし、この抑止力の強化は相手国の核戦力を含む軍拡を誘引し、双方の軍拡競争と偶発戦争の危険性を高めるだけである。あるいは相手が優位に立つ前にその戦力を破壊する予防戦争への誘惑を高めることになる。結局は「抑止力のジレンマ」に帰結するのである。

集団的自衛権行使が行使されるべき事例についても検討しておこう。①の公海における米軍艦船の防護とは、例えば日本近海で軍事行動中の米軍艦船が相手国からミサイル攻撃を受けた場合、海上自衛隊の艦船、例えばイージス艦が近くを航行中であれば、ミサイルを迎撃して米軍艦船を防護するということである。しかし、アメリカの軍事力行使が日本にとっては国益に反するものだった場合、日本政府はどのような対応が可能と考えているのだろうか。安保法制懇の北岡伸一座長代理は「仮に米国が日本に集団的自衛権の行使を要請したとしても、時の政権が国民の納得を得られないと判断すれば、やらないだろう。『米国の戦争に巻き込まれる』と言う人もいるが、国民の世論が最大の歯止めになる」と述べている。[14] この場合、日本政府は米軍艦船の防護を「やらないだろう」ということになる。日米関係は悪化するかもしれないが、アメリカの戦争に巻き込まれないという国益は守られるという論理であろう。

しかし、この論理には重大な欠陥がある。アメリカの軍事力行使の相手国は、日本が集団的自衛権の行使を容認していることを認識しているはずである。相手国は、米軍の攻撃によって自国が深刻な損害を被る前に米軍艦船への攻撃を実行しようとする場合、日本が集団的自衛権を行使すると判断すれば、近くを航行中の日本のイージス艦によってその攻撃が無力化される前に、イージス艦も攻撃対象とするだろう。両国の軍事衝突が大規模であればあるほど、相手国はアメリカへの反撃だけでなく、日本本土も攻撃対象とする危険性は大きくなる。重要なのは日本が集団的自衛権を実際に行使するか否かではなく、相手国がどう判断するかによって、この危険性が現実化するか否かが決まるということである。

②の米国標的の可能性のある弾道ミサイルの迎撃は拒否的抑止（→第3章第3節）を想定したものであろうが、これも①と同様の危険性をもたらす。相手国がアメリカを標的とする弾道ミサイルを発射する場合とはまさに戦争状態である。そのような場合には、日本が迎撃するかどうか、迎撃できるかどうかとは無関係に、日本の迎撃システムや在日米軍基地も攻撃の標的とするのが軍事的合理性である。

③の国際的平和維持活動における武器使用をともなう駆け付け警護と、④のＰＫＯ参加国への後方支援については、「対テロ戦争」のような場合が想定されていると思われる。第６章第２節で述べたように、「対テロ戦争」においては抑止力論自体が成立しないから、これらは日米同盟が強化されたとしても日本の安全保障に寄与することはない。「駆け付け警護」は他国軍の部隊が武装勢力と戦闘状態になった際に、自衛隊が「駆け付け」て戦闘に参加することを意味する。その場では自衛隊の「駆け付け戦闘参加」によって武装勢力を壊滅または撤退に追い込み、他国軍兵士が救出されたとしても、それ以降、自衛隊も武装勢力の攻撃対象となる危険性が高くなる。「暴力による憎悪と報復の連鎖」がアフガニスタンやイラクの「対テロ戦争」を泥沼化させていった過程をみれば、この危険性が現実化するのは明らかといえよう。ＰＫＯ参加国への後方支援についても、アフガニスタンやイラクの状況で明らかなように、「対テロ戦争」では前線と後方支援の区別は存在しないから同様の危険性をもたらすことになる。

さらに、武装勢力の攻撃対象となるのは現地の自衛隊員だけではなく、前述のスペインとイギリスのテロ事件のように、日本の国民がテロ攻撃の対象となる可能性もある。ＩＳの台頭によって「対テロ戦争」はグローバルに拡大したのだから、集団的自衛権の行使を容認し日米安保体制を強化すればするほど、日本はアメリカの軍事行動と一体化したものとみなされ、日本が攻撃対象となる危険性はきわめて大きいといえるだろう。つまり③と④の事例は、日本の安全保障に寄与しないだけではなく、日本国民を危険にさらすことになりかねないのである。

日本が進むべき道とは？

以上みてきたように、「対テロ戦争」は軍事力によって解決できる戦争ではなく、むしろ軍事力の行使が「対テロ戦争」を泥沼化させ、グローバルに拡大させることになったのである。また、国家間の対立も軍事力によって対応しようとすれば「抑止力のジレンマ」に帰結し、かえって戦争の危険性を高めることになる。したがって、安倍政権の日米同盟を強化し軍事力およびその抑止力に依存する「積極的平和主義」は日本の安全保障を脆弱化させる可能性が高いのである。

では、「対テロ戦争」や国家間の対立に日本はどのように対応していくべきなのか。「対テロ戦争」には通奏低音としてのパレスチナ問題が存在し、またイスラム圏諸国は歴史的に列強の植民地支配やパワーゲームの舞台とされ、多大な犠牲を強いられてきたという意識もある。その意識の基礎上に、アフガニスタンでもイラクでも、ブッシュ政権の〝対テロ戦争〟によって国家体制が崩壊した後に復興が遅々として進まず、民衆が生活困難に陥ったことが反米武装組織の主張への一定の共感をもたらし、「対テロ戦争」の泥沼化の基盤となった。その状況をさらに力で抑え込もうとしたことが、かえって反米武装組織の勢力拡大、ＩＳの台頭につながったのである。欧米諸国でのテロも、イスラム教徒に対する社会からの差別や経済的格差を基礎として育まれた反体制的意識が、イスラム過激主義思想への共感の基礎になっていると思われる。とすれば、そうした意識を軍事力や治安対策の強化によって力で抑え込もうとすることは無意味である。力によって人の心や意思を一時的に抑え込むことは可能かもしれないが、いつまでも抑え込み続けることは不可能だからである。

日本はイスラム圏に対して欧米諸国のような歴史的関係（負い目）を持っていない。むしろ、オスマン帝国とは一九世紀末から親善関係を築いてきたし、中東地域諸国にも、日本が明治時代に立憲政のもとで西洋に伍して急速な近代化を進めたことに関心を持ち、立憲政による近代化を模索した歴史がある。日本はパレスチナ・中東問題の解決のための仲介者としての役割を果たし、「終わらない対テロ戦争」を終わらせる可能性を持っているのである。ただし、それは安倍政権の自衛隊の海外派兵による「積極的平和主義」によって実現されるのではない。これまで述べてきたように「対テロ戦争」は軍事力によっては「終わらない」のであって、日本が軍事的に関与することは「暴力による憎悪と報復の連鎖」に加わることになる。イスラム過激主義思想への共感の基礎にある生活困難、差別や格差を解消することこそが、この戦争を終わらせるのである。

パキスタン北西部とアフガニスタン東部で医療・灌漑・農業事業を三〇年以上続けている「ペシャワール会」の中村哲医師は、アフガニスタンの民衆が外国軍に反発するのは「復興援助が軍事介入と不分離で、民意をくまぬ支援」となっているからだという。米軍の誤爆が頻繁に起こり、実際、ペシャワール会の用水路建設現場に米軍ヘリが機銃掃射を加えたこともあるという。そして、「外国人がアフガンから撤退する理由に、しばしば治安の悪化が挙げられるが、その背景について深く考えてみる必要がある。私たちの活動に限っていえば、現地で必要とされる限り、住民や『テロリスト』に襲われる危険性は考えられない。むしろ住民が私たちを守ってくれるからである」と述べている。(15)

中村医師が医療だけでなく灌漑や農業事業も進めているのは、住民の生活基盤を整備し自立して生活できるようにすることこそが、アフガニスタンの復興に貢献するという考えからである。そして復興が進めば、それは結果として平和につながるであろう。これが本来の「積極的平和」主義なのである。「積極的平和」とはヨハン・ガルトゥング氏が提起した概念で、貧困・差別・抑圧など紛争や戦争の原因となる構造的暴力を排除するという考え方である。彼は二〇一五年八月に来日した際、「積極的平和」はまったく軍事的なものではなく、「安倍首相は『積極的平和』という言葉を盗用し、私が意図した本来の意味とは正反対のことをしようとしている」と安倍政権の「積極的平和主義」を批判している。「対テロ戦争」に軍事的に加担するのではなく、貧困や差別、格差の解決のための支援を行ない、本来の意味での「積極的平和」を追求すること、つまりは国連憲章の前文と第一条、そして日本国憲法前文の精神を現実化することこそが、日本の進むべき道なのである。

国家間の対立に対して日本がめざすべき方向も同様である。冷戦終結後のグローバリゼーションの急速な進展によって膨大な資金が瞬時に世界中を駆け巡るようになり、生産体制もグローバルに展開されて各国の経済的相互依存は著しく強まった。これは、〇八年九月に始まったアメリカの金融危機が即座に世界的金融・経済危機に発展したように、一国の経済的困難が世界経済に影響し、国際的な政策協調なくしては危機に対処できなくなったことを意味する。前述の米中関係だけではなく、どの国も国家間の対立を軍事力行使によって解決しようとすれば自国経済も深刻な影響を受けることになり、その意味で経済的相互依存関係が強まったことが戦争に対する「経済的抑止力」を強め、軍事的抑止力の効果を弱めたのである。もともと国家安全保障は軍事力のみによって確保されるものではなかったが、現代では「経済的抑止力」がきわめて重要な要素となっているのである。

軍事的抑止力の効果がゼロになったわけではないが、こうした状況の変化のもとでも軍事的抑止力の強化を追求すれば「抑止力のジレンマ」に陥り、偶発戦争の発生や予防戦争の強行という危険性を高めることになる。一七年九月の国連総会演説で、トランプ米大統領は「合衆国や同盟国の防衛を迫られれば北朝鮮を完全に破壊せざるをえない」と軍事力行使も辞さない意思を表明し、安倍首相は「必要なのは対話ではない。圧力だ」と述べて「米国の立場を一貫して支持する」と明言している。軍事攻撃の威嚇によって北朝鮮を交渉に応じさせる意図の発言なのかもしれないが、こうした戦争瀬戸際政策は偶発戦争発生の危険性をさらに高めるだけである。戦争になれば、北朝鮮は技術的に未完成であっても核攻撃を強行する可能性があるし、非核ミサイルでも原子力発電所が標的となれば核攻撃と類似の被害が発生する。北朝鮮、韓国、日本そしてアメリカも甚大な人的・物的被害を被り、国家破滅の危機となるのは明らかである。

こうした愚を犯さないためには、冷戦期の米ソ双方が拒否的抑止を追求したことによる軍拡競争が何をもたらしたのかという、「歴史の教訓の中から未来の知恵を学ばなければならない[16]」のである。相互不信を取り除くための信頼醸成措置や外交努力、経済的・文化的・人的な交流を深めることこそが、日本国憲法前文と第九条の精神を現実化し、「再び戦争の惨禍が起ることのないやうにする」ためのもっとも有効な手段である。この道を進むことこそが「積極的平和」主義の実践であり、日本が「国際社会において名誉ある地位を占め」ることになるのである。

理想論または書生論に過ぎないというありうべき批判にあらかじめ答えておく。「現実主義」は、ともすれば「現状追認主義」に陥りがちである。「歴史の教訓」は日本の安全保障が危機に向かって進みつつあることを指し示している。現状を追認し続ければ、その危機は現実のものとなる。理想に向かって一歩ずつ進むための「現実主義」を追求すべきなのである。

---

5 資金提供は、九〇年八月二九日に一〇億ドルを決定、アメリカ連邦議会の追加資金提供要求に対して九月一四日に三〇億ドルの追加を決定、多国籍軍のイラク攻撃開始から一週間後の一月二四日に九〇億ドルの拠出を決定、その後の円安による目減り分の補塡をアメリカに要求され七月に五億ドルを追加で支払った。なお、ドイツは日本と同様に憲法上の制約から派兵せず、七〇億ドルを資金提供した。

掃海艇派遣は、掃海母艦「はやせ」を中心とする補給艦一隻、掃海艇四隻の計六隻、隊員五一一名の部隊が、それぞれの母港の横須賀、呉、佐世保から九一年四月二六日に出発し、六月五日から九月一一日まで掃海業務を実施した。

6 The President's News Conference with Prime Minister Toshiki Kaifu of Japan in Newport Beach, California. http://bushlibrary.tamu.edu/research/public_papers.php?id=2842&year=1991&month=4

7　H. N. Schwarzkopf, 沼澤洽治訳『シュワーツコフ回想録――少年時代・ヴェトナム最前線・湾岸戦争』（新潮社、一九九四年）、三八二ページ。

8　二〇一七年度予算では、在日米軍基地で雇用される日本人労働者の労務費一二一九億円、光熱水道料二四七億円などの「思いやり予算」一九四六億円、基地周辺対策費など一八九〇億円、地代一六五七億円、基地交付金三八四億円、米軍再編関係費二〇一一億円など、総額七九一六億円に上る。在日米軍駐留経費のうち約七五％を日本が負担しており、在日米軍一人あたり約一五八〇万円で、在韓米軍や在独米軍の五倍以上である。

9　例えば、島根県沖から愛媛県にかけての空域は米軍岩国基地が航空管制の権限を持ち、米軍機が自由に訓練を実施できるため、民間機はこの空域を避けて飛ばなければならないし、松山空港を離着陸する場合米軍の許可が必要となる。また、新潟県南部から群馬県、東京都、神奈川県にまたがる空域は米軍横田基地の管制空域で、横田基地所属の米軍機や横須賀基地を母港とする空母の艦載機もこの空域で自由に訓練を行なっているため、羽田空港や成田空港を離着陸する民間機はこの空域を避けなければならない。この空域下には大都市がいくつもあるから騒音被害は深刻で、事故の危険性も高い。沖縄では住宅街に近接する地域で実弾砲撃演習や実弾射撃訓練が行なわれ、本島と周辺海域はもちろん米軍の管制空域である。

10　航空自衛隊は法案の成立に先立つ七月一〇日に、ＰＫＯ協力法に基づいてイラク向けの支援物資を輸送するためＣ１３０輸送機二機をヨルダンに派遣している。

11　アベノミクスおよびその理論的支柱であるリフレ派に対する私の見解は、前掲延近『21世紀のマルクス経済学』の第一一章をお読みいただきたい。

12　無用の誤解を避けるために念のため付言しておけば、私は決して北朝鮮の核兵器・弾道ミサイル開発を擁護しているわけではない。軍事的抑止力による安全保障を選択するのであれば、自らの行動を相手がどのように判断し行動するかを冷静に見極めて対応する必要があるということである。これはいわゆる日本人拉致問題についても妥当する。

北朝鮮の独裁体制によって実行された多数の日本人の拉致は、絶対に許されない非難されるべき行為である。〇二年九月に小泉首相が訪朝して日朝平壌宣言が合意された際、金正日国防委員長が拉致を認めて一〇月に被害者五人が帰国した。それまでの拉致「疑惑」が「事実」となった後、政府やマスメディアの多くが北朝鮮を強く非難し、世論も北朝鮮に対する非難一色に染まっていった。宣言に規定された両国の関係正常化交渉は進まず、北朝鮮は核兵器と弾道ミサイル開発を加速させた。

これも非難されるべき行為であるが、北朝鮮の最高権力者が拉致という国家犯罪を認めたという事実を重視すべきではなかったか。当時はブッシュ大統領が北朝鮮をイラク、イランとともに「悪の枢軸」と呼び、フセイン政権打倒のためのイラク攻撃の必要性を強調していた時期である。金委員長がアメリカの次の標的は北朝鮮と予想し、拉致を認めてでも日本に何らかの役割を期待していたとしてもおかしくない。とすれば、日本は対北朝鮮外交において優位に立っていたことになるが、日本政府はその優位を生かす機会を自ら放棄したといえるのではないだろうか。

13　オバマ大統領が一四年四月に訪日した際の安倍首相との共同記者会見で、日米安保条約第五条の適用範囲は尖閣諸島を含む日本全土と明言するとともに、「日米両国は、海事問題を含む地域的な紛争については結束して対応し、対話を通じて平和的な解決をめざす」ことを強調したのは、このことの明確な自覚に基づくと思われる。

14　朝日新聞二〇一四年三月一六日付のインタビュー記事による。

15　ペシャワール会のウェブサイト（http://www1a.biglobe.ne.jp/peshawar/index.html）に掲載の中村医師の現地活動報告から引用。原文は沖縄タイムス二〇〇三年一一月二三日付と二〇〇四年三月二八日付の中村医師の寄稿記事。

16　これは戦後七〇年にあたって閣議決定された「内閣総理大臣談話」、いわゆる戦後七〇年安倍首相談話の冒頭の文言である。

あとがき

私が対テロ戦争の研究を始めたのは、二〇〇三年二月初め、社会科学研究者の有志三六人が呼びかけ人となって、アメリカのイラク攻撃と日本の加担に反対する意見広告を新聞に掲載する運動が始まり、私も参加したのがきっかけである。その運動の一環としてウェブサイトを開設することになり、呼びかけ人から依頼されて、私がウェブサイトの作成・管理にあたることになった。さらに運動への賛同者名簿の作成、意見広告費用のカンパの受付、意見広告掲載後に読者から送られてくるメールへの対応などを担当した。運動は予想以上に拡大し、社会科学者以外の研究者も参加して賛同者は一五〇〇人を超えた。

この運動自体はイラク攻撃開始後の三月末に終了したが、呼びかけ人から研究者の運動の責任として、イラク戦争の資料と分析をウェブ上に発表するというアイデアが伝えられ、私はこの戦争の経過の記録を始めた。「はじめに」でも述べたように、私の研究は、国際政治や軍事を含む政治経済学の視角から現代経済を分析することだったからでもある。これは慶應義塾大学経済学部の私の研究会

（ゼミ）の基本視角でもあったから、ゼミの学生たちにこの戦争の背景や実態の分析を二〇〇三年度の共同研究のテーマとしてはどうかともちかけてみた。学生たちも現在進行中の深刻な問題をリアルタイムで取り扱うことに非常に興味を持ってくれ、「イラク戦争を考える」をテーマとする共同研究が出発した。

私が設定した分析のための基本視角に基づいて、学生たちと議論しながら研究を進めていくと、この戦争は複雑化・泥沼化していて、終わらない性格を持つ特異な戦争であることがわかってきた。さらに、アメリカが国際社会の反対にもかかわらずイラク攻撃を強行した理由として、ドルの基軸通貨特権を死守するためだという仮説がもっとも説得力があるという結論に至った。そこで〇四年度のゼミもこのテーマを継続し、八〇年代にアメリカ経済がドルの基軸通貨特権に依存する構造になったことの分析を中心として共同研究を進めたのである。

〇四年九月には私の講義とゼミのためのウェブサイト内に、サブサイトとして共同研究「イラク戦争を考える」を開設し、「対テロ戦争」の推移を記録した年表も掲載し、ほぼ毎日更新していった。イラク戦争についてのゼミの共同研究は〇四年度で終了したが、その後も私は年表の更新を続けるとともに、「対テロ戦争」による犠牲者数の集計データやこの戦争の情勢分析もウェブ上に掲載していった。この仕事にはかなりの時間と労力が必要であったが、犠牲者数を集計していると、住民も兵士たちも含めて命を奪われた人々の想いを想像することになり、このウェブサイトを更新し続けることに使命感のようなものを持つようになっていった。

さらに、時間の経過とともにこの問題を取り上げる他のウェブサイトもメディアの報道も少なくなると、新聞・雑誌・テレビ等のマスメディアからの取材の申込みや戦場ジャーナリストの方たちからの連絡が増えていった。また、ウェブサイト閲覧者からの質問や感想が寄せられたり、書籍や論文へのデータの引用許可の依頼も来るようになった。これらも年表の更新と「対テロ戦争」の分析という仕事を続けるモチベーションとなり、また責任も感じるようになった。本書の土台となっているこの仕事を続けられてきたのは、この戦争の犠牲者への想いと私の仕事への多くの人たちの関心に支えられた結果である。

また、私はこれまでに専門書として『薄氷の帝国 アメリカ――戦後資本主義世界体制とその危機の構造』（御茶の水書房、二〇一二年）、学生向けの教科書として『21世紀のマルクス経済学』（慶應義塾大学出版会、二〇一五年）を世に出すことができた。右記の仕事の一部は、現代資本主義の特質と「対テロ戦争」の関係を明らかにするため、これら拙著の中に生かすことができたので、二〇一七年度末に定年退職を迎える身であり、この仕事の役割も終わったという気持ちになりかけていた。しかし、ISの台頭とその住民支配の残酷さ、欧米諸国でのテロの頻発とその対処を理由とする市民の権利の侵害、トランプ政権のイスラム教徒敵視政策という状況に加えて、日本でもやはりテロ対策を理由の一つとする集団的自衛権の行使容認を含む安保法制と「共謀罪」法の成立、さらには憲法九条の改正が日程に上るなか、自分にはまだやるべき仕事が残っていた、本書を執筆し世に出さねばという思いが強くなった。

しかし、近年の出版事情の厳しさは自覚していたものの、本書のようなテーマの書籍を刊行してくれる出版社探しは予想以上に難航した。これまでに取材を受けた方たちに本書の原稿レジュメを送って出版社の紹介をお願いしたところ、その価値を認めて出版企画を提案していただいたのだが、「採算」という壁は厚く、いくつもの出版社の企画会議で却下された。最終的には、西日本新聞社の坂本信博記者の紹介によって明石書店が出版を快諾していただいたことで、本書を世に出すことができたのである。坂本さん、明石書店には深く感謝をしている。また、編集担当者として本書の完成度を上げるために「いい仕事」をしていただいた遠藤隆郎さん、および煩雑な図版や図表の編集を含む本書の完成のための作業でご苦労をかけたすべての方々にお礼を申し上げる。なお、本書の出版にあたって、慶應義塾経済学会から退職記念出版助成をいただいたことを記し、感謝を申し上げる。

本書の底流となっている私の平和への想いは子どもの頃から育まれたものである。戦争を経験した両親はもちろん、小学校高学年の担任として教えを受けた藤本和昌先生が、日本国憲法の平和主義の精神を熱く語られていたことも私の原点だったと思われる。また、中学校の修学旅行で広島の平和記念公園と原爆資料館を訪れたときの衝撃は、もう一つの私の原点である。藤本先生には拙著をお贈りしていたが、前著『21世紀のマルクス経済学』をお送りした直後に亡くなられた。奥様からの連絡では拙著に栞が挿んであったとのこと、旅立たれる直前までお読みいただいていたのだと涙が止まらなかった。お礼を申し上げる。その他にも多くの先生方のご指導が本書の基礎となっている。お名前をすべて記すことは控えるが、お礼を申し上げたい。

また、前述のように、本書はゼミでの共同研究が出発点となっているし、毎年のゼミのOB・OG会では私が講演しているが、その際の質疑応答も本書の執筆の参考となり、またモチベーションともなった。彼らとの交流が私の研究と教育に対する責任感を強め、持続させてくれたことに感謝する。

最後に、私が長年にわたって研究や執筆に集中できる環境づくりを心がけてくれた妻への感謝と、私の心身の健康を維持する役割を果たしてくれた愛犬たちへの感謝も記しておきたい。

二〇一八年三月

延近　充

OEF: Operation Enduring Freedom, 不朽の自由作戦
OFP: Oil for Food Program, 食料のための石油計画
OIF: Operation Iraqi Freedom, イラクの自由作戦
OPEC: Organization of Petroleum Exporting Countries, 石油輸出国機構
ORHA: Office of Reconstruction and Humanitarian Assistance, 復興人道支援局
PKO: Peace-Keeping Operations, 国連平和維持活動
PFLP: Popular Front for the Liberation of Palestine, パレスチナ解放人民戦線
PLO: Palestine Liberation Organization, パレスチナ解放機構
RPG: Rocket Propelled Grenade, ロケット推進式榴弾
SCIRI: Supreme Council for the Islamic Revolution in Iraq, イラク・イスラム革命最高評議会
SDI: Strategic Defence Initiative, 戦略防衛構想
SIGAR: Special Inspector General for Afghanistan Reconstruction, アフガニスタン復興担当特別監察官
SLBM: Submarine-Launched Ballistic Missile, 潜水艦発射弾道ミサイル
UIA: United Iraqi Alliance, 統一イラク同盟
UNAMA: United Nations Assistance Mission in Ahghanistan, 国連アフガニスタン支援団
UNAMI: United Nations Assistance Mission for Iraq, 国連イラク支援団
UNESCO: United Nations Educational, Scientific and Cultural Organization, 国連教育科学文化機関
UNMOVIC: United Nations Monitoring,Verification and Inspection Commission, 国連監視検証査察委員会
UNSCOM: United Nations Special Commission, 国連大量破壊兵器廃棄特別委員会
WMD: Weapons of Mass Destruction, 大量破壊兵器

略語一覧表

ABM: Anti-Ballistic Missile, 弾道ミサイル迎撃ミサイル
ALP: Afghanistan Local Police, アフガニスタン地方警察
APPF: Afghanistan Public Protection Force, アフガニスタン民衆防衛部隊
CIA: Central Intelligence Agency, 中央情報局
CPA: Coalition Provisional Authority, 連合国暫定当局
DIA: Defense Intelligence Agency, 国防情報局
EU: European Union, 欧州連合
FRB: Federal Reserve Board, 連邦準備制度理事会
GHQ: General Headquarters of the Supreme Commander for the Allied Powers, 連合国軍最高司令官総司令部
IAEA: International Atomic Energy Agency, 国際原子力機関
IBC: Iraq Body Count
ICBM: Intercontinental Ballistic Missile, 大陸間弾道ミサイル
IED: Improvised Explosive Device, 即席手製爆発装置
IMF: Internatinal Monetary Fund, 国際通貨基金
INA: Iraqi National Accord, イラク国民合意
INC: Iraqi National Congress, イラク国民会議
IS: Islamic State, イスラム国
ISI: Islamic State in Iraq, イラク・イスラム国
ISIL: Islamic State in Iraq and the Levant, イラクとレバントのイスラム国
ISIS: Islamic State in Iraq and Syria, イラクとシリアのイスラム国
ISAF: International Security Assistance Force, 国際治安支援部隊
IT: Infomation Technology, 情報技術
MD: Missile Defense, ミサイル防衛
MSF: Médecins Sans Frontières, 国境なき医師団
NATO: North Atrantic Treaty Organization, 北大西洋条約機構
NFL: National Front for the Liberation of the South Vietnam, 南ベトナム解放民族戦線
NPT: Treaty on Non-Proliferation of Nuclear Weapons, 核兵器不拡散条約
NSC: National Security Council, 国家安全保障会議
OAPEC: Organization of Arab Petroleum Exporting Countries, アラブ石油輸出国機構

参照ウェブサイト一覧表

（現在はウェブ上に存在しないか、リンク切れとなっているものもある）

Afghan Online Press: http://www.khaama.com/
AFP: http://www.afpbb.com/
AP: http://www.ap.org/
iCasualties: http://icasualties.org/
Information from occupied Iraq: http://www.uruknet.info/
Iraq Body Count: http://www.iraqbodycount.net/
Iraq News: http://www.iraqinews.com/
Iraqi Resistance: http://www.albasrah.net/moqawama/english/iraqi_resistance.htm
Islamic-World.Net: http://www.islamic-world.net/
Kurdistan News Agency: http://www.aknews.com/
National Iraqi News Agency: http://www.ninanews.com/
NATO (International Security Assistance Force): http://www.isaf.nato.int/
NATO (Resolute Support Mission): http://www.rs.nato.int/
UNAMA: http://unama.unmissions.org/
UNAMI: http://www.uniraq.org/
朝日新聞：http://www.asahi.com/
アメリカ国防総省：http://www.defense.gov/
アメリカ財務省：https://www.treasury.gov/
アメリカ商務省：http://www.commerce.gov/
アメリカ中央軍司令部：http://www.centcom.mil/
イラク駐留米軍：http://www.usf-iraq.com/
イギリス BBC：http://news.bbc.co.uk
イギリス国防省：http://www.mod.uk/
オーストラリア国防省：http://www.defence.gov.au/
カナダ国防省：http://www.forces.gc.ca/
共同通信：http://www.47news.jp/
産経新聞：http://www.sankei.co.jp/
日本経済新聞：http://www.nikkei.co.jp/
毎日新聞：http://mainichi.jp/
ロイター：http://www.reuters.com/

図表一覧

ま行

や行

ら行

わ行

は行

た行

な行

か行

索 引

（太字のページ番号はその用語の説明が記載されているページを表す）

数字／アルファベット

あ行

【著者紹介】
延近 充（のぶちか・みつる）
慶應義塾大学経済学部教授
1953 年 京都市生まれ、71 年 京都教育大学附属高等学校卒業、79 年 慶應義塾大学経済学部卒業、81 年 同大学大学院経済学研究科修士課程修了、84 年 同博士課程単位取得退学。
1981 年 慶應義塾大学経済学部助手、91 年 同助教授を経て、2012 年より現職。
専門はマルクス経済学、現代資本主義論。
主要業績：『薄氷の帝国 アメリカ ―― 戦後資本主義世界体制とその危機の構造』（御茶の水書房、2012 年)、『21 世紀のマルクス経済学』（慶應義塾大学出版会、2015 年)。

対テロ戦争の政治経済学
——終わらない戦争は何をもたらしたのか

2018年3月31日　初版第1刷発行

著　者　　延 近 充
発行者　　大江 道雅
発行所　　株式会社　明石書店

〒101-0021 東京都千代田区外神田6-9-5
電話 03（5818）1171
FAX 03（5818）1174
振替　00100-7-24505
http://www.akashi.co.jp/
装幀　明石書店デザイン室
印刷／製本　モリモト印刷株式会社

（定価はカバーに表示してあります）　ISBN978-4-7503-4659-5

安保法制の正体
「この道」で日本は平和になるのか

西日本新聞安保取材班 編

四六判／並製／248頁
◎1600円

2015年9月に強行採決された安保法案。2014〜15年にわたる西日本新聞の長期連載「戦後70年　安全保障を考える」をベースにまとめた本書は、日本をとりまく安全保障の現状を徹底検証するとともに、これからの日本の行方を探る。

内容構成
